OEUVRES
COMPLÈTES
DE BERQUIN.

4

PARIS, IMPRIMERIE DE E. POCHARD,
RUE DU POT-DE-FER, N. 14.

—Eh quel est ce vieillard?—C'est mon père, ma bonne dame.

OEUVRES
COMPLÈTES
DE BERQUIN

NOUVELLE ÉDITION

REVUE ET CORRIGÉE

PAR M. F. RAYMOND

AVEC UNE NOTICE SUR BERQUIN

PAR

M. BOUILLY

Auteur des *Conseils à ma Fille*, etc.

Ornée de quarante jolies Gravures.

AMI DES ENFANS.

TOME IV.

PARIS.

MASSON ET YONET, LIBRAIRES,

RUE HAUTEFEUILLE, N° 14.

1829

L'AMI DES ENFANS.

LES PETITES COUTURIÈRES.

Louise et Léonor travaillent dans leur chambre, assises auprès d'une table couverte d'étoffes taillées pour des habits d'enfans. Sophie est debout auprès de Louise, et lui présente une aiguillée de fil. La chambre est échauffée par un bon feu.

CHARLOTTE, *en entrant.*

Eh bien! vous voilà tristement assises, et occupées à coudre! moi qui croyais vous trouver jouant sur la neige dans le jardin. Venez, venez voir. Tous les arbres ont l'air de petits maîtres à tête bien poudrée. Il n'y a rien de si joli.

LOUISE.

Nous ne quitterions pas notre ouvrage pour tous les plaisirs du monde.

CHARLOTTE.

Moi, je quitte souvent à propos de rien. Et en avez-vous encore pour long-temps ?

LÉONOR.

Nous y avons travaillé tout hier, et nous y sommes aujourd'hui depuis sept heures. Le voilà bientôt achevé.

CHARLOTTE.

Depuis sept heures ? J'étais encore à neuf heures et demie au lit. D'où vient donc cette fureur de besogne ?

LOUISE.

Si tu savais pour qui nous travaillons, je suis sûre que tu voudrais être de la partie.

CHARLOTTE.

Non certes ; quand ce serait pour moi.

LÉONOR.

Oh ! nous n'irions pas de si bon cœur pour nous-mêmes.

SOPHIE.

Devine pour qui c'est.

CHARLOTTE.

Quand ce n'est pas pour soi, c'est pour sa poupée : c'est tout naturel. N'ais-je pas deviné ?

LÉONOR.

Oui, regarde si ce sont là des ajustemens de poupée. (*Elle soulève sur la table des camisoles et des tabliers.*)

CHARLOTTE.

Comment donc ! Voilà un trousseau complet. Laquelle de vous est-ce qu'on marie ?

LÉONOR, *d'un air piqué.*

Une jaquette pour habit de noces! Il n'y a que des folies dans sa tête. Je vois qu'elle ne devinerait jamais.

SOPHIE.

Eh bien! je vais lui dire, moi, ce que c'est. Tu connais ces petites filles qui n'ont que des habits tout percés, et qui meurent de froid?

CHARLOTTE.

Quoi! les enfans de cette pauvre femme dont le mari vient de mourir, et qui ne sait comment gagner sa vie?

LOUISE.

C'est pour cette misérable famille.

CHARLOTTE.

Mais ta maman et la mienne lui ont envoyé de l'argent.

LOUISE.

Il est vrai, mais il y avait des dettes à payer et des provisions à faire. Quant aux habits...

LÉONOR.

Oui, c'est nous qui nous en sommes chargées.

CHARLOTTE.

Pourquoi ne pas leur envoyer des vôtres? Vous vous seriez épargné la façon.

LOUISE.

Nos habits pourront-ils aller bien justes à ces petits enfans?

CHARLOTTE.

J'en conviens. Ils auraient traîné d'un quart

d'aune devant et derrière eux; mais leur mère aurait pu les mettre à leur taille.

LOUISE.

Elle n'est pas en état de le faire.

CHARLOTTE.

Pourquoi donc?

LÉONOR, *regardant fixement Charlotte.*

C'est que, dans son enfance, elle n'a pas été accoutumée à travailler.

LOUISE.

Comme nous sommes un peu exercées à la couture, nous avons prié maman de nous faire donner du coutil et de la futaine, et de nous tailler à vue d'œil, des patrons. C'est nous qui avons entrepris le reste.

LÉONOR.

Et, quand tout cela sera achevé, nous irons le porter nous-mêmes à la pauvre femme, pour que ses enfans soient un peu chaudement vêtus cet hiver.

SOPHIE.

Tu vois à présent pourquoi nous n'allons pas jouer sur la neige.

CHARLOTTE, *avec un soupir étouffé.*

Ah! je veux travailler aussi avec vous.

LOUISE.

Je te le disais bien.

LÉONOR.

Non, non, cela n'est pas nécessaire; nous allons achever.

LOUISE.

Pourquoi veux-tu la priver de ce plaisir? Tiens, ma bonne amie, voici un reste d'ourlet à faire; mais il faut que cela soit cousu proprement.

SOPHIE.

Si cela n'est pas propre, on ne s'en servira pas, d'abord.

CHARLOTTE.

Tu parles aussi, toi, petite morveuse, comme si tu y étais pour quelque chose?

LOUISE.

Comment donc Sophie nous a merveilleusement secondées. C'est elle qui tenait l'étoffe quand il y avait quelque bout à rogner; c'est elle qui nous présentait le peloton; c'est elle qui ramassait nos dés. Tiens, mon cœur, porte les grands ciseaux à Léonor.

CHARLOTTE.

Regarde un peu, ma chère amie, si c'est bien comme cela.

LÉONOR, *saisissant l'ouvrage.*

Fi donc! ces points sont trop allongés; et puis, c'est tout de travers.

LOUISE.

Il est vrai que cela ne tiendrait guère. Attends, je vais te donner quelque autre chose. Attache les cordons au collet de la jaquette.

CHARLOTTE.

Bon, je m'en tirerai un peu mieux.

LÉONOR, *jetant un coup d'œil en dessus sur l'ouvrage de Charlotte.*

Eh bien! ne voilà-t-il pas qu'elle ajuste le bout en dehors, au lieu de le mettre à l'envers? L'ouvrage nous ferait honneur, assurément.

LOUISE.

C'est ma faute de ne l'en avoir pas avertie. Bien comme cela, Charlotte.

CHARLOTTE.

C'est que l'on ne m'a pas appris comme à vous.

LÉONOR.

Tant pis pour toi, je te plains.

LOUISE.

Ne va pas la fâcher, ma sœur; elle fait de son mieux. Donne un peu, mon enfant. Comment donc? voilà un cordon de cousu. Vois-tu, Léonor?

LÉONOR, *tirant d'une main la jaquette, de l'autre le cordon.*

C'est dommage qu'il ne tienne pas. (*Le cordon et la jaquette se séparent, et on voit le fil qui va en zigzag de l'un à l'autre, comme le lacet d'un corset qu'on délace.*) Une bonne ouvrière que nous avons là! Elle ne fait rien et nous détourne.

CHARLOTTE, *tristement.*

Hélas! c'est que je n'en sais pas davantage.

LOUISE.

Ne te chagrine pas, ma bonne amie, tu y as mis de la bonne volonté, c'est autant que nous. Je me charge de ta besogne... Allons, voilà qui est fait. As-tu fini, Léonor?...

LÉONOR.

J'en suis à mon dernier point. Il n'y a plus que le fil à couper. Bon ; je vais maintenant faire un paquet de tout cela. (*Elle arrange les habits, les met l'un sur l'autre, et se dispose à nouer les bouts de la serviette qui les enveloppe. Madame de Valcourt entre.*)

SOPHIE.

Ah! voici maman.

Mme DE VALCOURT.

Eh bien! mes enfans, où en sommes-nous? Avez-vous besoin d'un peu de secours?

LOUISE.

Non, maman ; Dieu merci, nous venons d'achever.

Mme DE VALCOURT.

Déjà? voyons un peu. Mais c'est fort propre. Pour toi, ma chère Sophie, le temps a dû te paraître bien long.

SOPHIE.

Non, maman ; j'ai toujours eu quelque chose à faire. Demandez à mes sœurs.

LOUISE.

Nous ne serions pas venues si tôt à bout de notre entreprise, sans ses petits secours. Elle ne nous a pas quittées d'un instant.

Mme DE VALCOURT.

Je suis ravie de ce que tu me dis. Ah! voilà aussi notre voisine Charlotte. Elle vous a aidées, sans doute?

LÉONOR, *d'un ton ironique.*

Elle a voulu essayer; mais...

LOUISE.

Nous allions finir lorsqu'elle est arrivée.

SOPHIE.

Elle a fait deux ou trois points. Ah! elle n'en sait guère plus que moi. Si vous aviez vu, maman, comme c'était torché!

LOUISE.

Paix donc, Sophie.

Mme DE VALCOURT.

Allons, puisque vous avez été si diligentes, j'ai un grand plaisir à vous annoncer pour récompense de votre zèle....

SOPHIE.

Et quoi donc, maman?

Mme DE VALCOURT.

La pauvre femme et ses filles sont en bas dans le salon. Je vais vous envoyer les enfans; vous les habillerez vous-mêmes, pour jouir de la surprise de leur mère.

LOUISE.

Ah! maman, comme vous savez assaisonner nos plaisirs!

SOPHIE.

Voulez-vous que je les ailles chercher!

Mme DE VALCOURT.

Oui, suis-moi, tu remonteras avec elles. Dans cet intervalle, je vais avoir un mot d'entretien avec la mère, et je saurai à quoi on peut l'employer pour lui faire gagner sa vie. *Elle sort, tenant Sophie par la main.)*

LOUISE.

Reste avec nous, Charlotte; nous aurons besoin de toi. Il faut que tu donnes un coup de main à la toilette.

CHARLOTTE.

Ma chère amie, que je sens tout ton bon cœur! (*Elle l'embrasse.*)

LÉONOR.

J'ai eu un petit brin de malice; ma sœur m'en fait rougir. Veux-tu bien me pardonner?

CHARLOTTE, *l'embrassant aussi.*

Ah! de toute mon âme!

LOUISE.

J'entends les petites filles qui montent. Les voici. (*Sophie entre, précédant d'un air de triomphe les deux petites paysannes.*)

SOPHIE, *bas à Louise.*

Elles vont être bien surprises. Je ne leur ai pas dit ce qui les attend.

LOUISE.

Tu as bien fait. Elles n'en seront que plus aises, et nous aussi.

LÉONOR.

Moi, je m'empare de Jacqueline.

LOUISE.

Moi, je me charge de Margoton.

CHARLOTTE.

Sophie et moi, nous vous présenterons les épingles. (*Elles se mettent en devoir de déshabiller les enfans.*)

JACQUELINE, *d'un ton pleureur.*

Nous avons déjà bien assez de froid. Est-ce que vous voulez encore nous ôter nos pauvres habits?

LOUISE.

Ne crains rien, ma petite. Tu vas voir. Viens, approchons-nous un peu plus du feu. Tu es toute transie.

MARGOTON.

Nous ne nous sommes pas chauffées d'aujourd'hui.

JACQUELINE.

Quoi? c'est pour nous ces beaux habits neufs?

MARGOTON.

Ah! mon Dieu, que va dire ma mère? Elle nous prendra pour vos sœurs, de nous voir si braves.

LOUISE.

Et vous le serez aussi. Vous ne nous donnerez plus que ce nom.

JACQUELINE.

O ma belle demoiselle, nous ne sommes que vos servantes.

LOUISE.

Tais-toi, tais-toi. Passe ton bras seulement. L'autre..... Mais comme c'est court! il ne lui va qu'aux genoux. (*A Léonor.*) Eh bien! étourdie, voilà de tes œuvres! Tu m'as donné l'habit de la plus petite pour la plus grande.

LÉONOR.

Mon Dieu! je ne savais aussi ce que c'était. Jacqueline en avait sous les pieds, et je m'apercevais que je ne lui voyais pas encore la tête. Il n'y a qu'à changer. Voilà le tien.

LOUISE.

Dépêchons-nous. Toi, Sophie, cours faire signe à maman de venir.

SOPHIE.

J'y vole. (*Elle sort.*)

LOUISE.

Ah! je m'y reconnais à présent. Tourne un peu. Encore. Fort bien. Prenez-vous par la main, et marchez devant nous. *Les deux petites filles vont côte à côte, et se regardent l'une l'autre toutes ébahies.*)

CHARLOTTE.

Comme elles sont bien ajustées! Les voilà jolies à croquer! Il ne faut plus qu'une chose. (*A Jacqueline.*) Tiens, voici un mouchoir blanc; crache, que je te débarbouille. (*A Margoton.*) A toi. Qu'est-ce qui leur manque? là, voyons. Si on bichonnait pourtant leurs cheveux?

LOUISE.

Va, Charlotte, et ils leur vont mieux tout pendans; n'est-ce pas, Léonor?

LÉONOR.

Un petit coup de peigne pour les démêler. Laissez, laissez, je m'en charge

SOPHIE, *entrant et sautant de joie.*

Voici maman! voici maman! (*Madame de Valcourt la suit de près, tenant la pauvre femme par la main. Toutes les petites filles courent au devant d'elle.*)

LA PAUVRE FEMME.

O Dieu! que vois-je? Sont-ce là mes enfans? Ma noble et généreuse dame! (*Elle veut se jeter à ses genoux.*)

Mme DE VALCOURT, *la relevant.*

Non, ma bonne amie, vous ne me devez aucune reconnaissance. Mes enfans ont voulu essayer leur adresse à la couture, et je leur en ai laissé le plaisir. (*Elle examine l'habillement des petites paysannes.*)

Mais cela n'est point si mal, pour un premier ouvrage! Louise, tu auras là un bon métier.

LA PAUVRE FEMME, *courant vers Louise, Léonor et Sophie.*

Ah! mes bonnes demoiselles, que je vous remercie! Je prie Dieu de vous en récompenser. (*Elle leur baise la main, malgré leur résistance. Elle aperçoit Charlotte qui s'est retirée seule dans un coin.*)

Ah! pardon, ma petite demoiselle, je ne vous avais pas vue. Que je vous fasse aussi mes remercîmens. (*Elle veut lui baiser la main.*)

CHARLOTTE, *la retirant avec un grand soupir.*

A moi? à moi? Non, non, je n'ai rien fait à l'ouvrage.

Mme DE VALCOURT.

Ne t'afflige pas, mon enfant. On ne fait rien avec des soupirs, mais avec une ferme résolution. Dis-moi, crois-tu qu'il soit utile et agréable à une jeune demoiselle de s'accoutumer de bonne heure au travail?

CHARLOTTE.

Oh! si je le crois!

Mme DE VALCOURT.

De quel plaisir touchant tu te vois aujourd'hui privée, pour avoir négligé de te former aux occupations de ton âge!

LA PAUVRE FEMME.

Ah! ma chère petite demoiselle, apprenez, apprenez à travailler, tandis qu'il en est temps. Plût à Dieu que j'eusse reçu, dans mon enfance, la même leçon. Je pourrais aujourd'hui m'être utile à moi-même, au lieu de me voir à la charge des honnêtes gens.

Mme DE VALCOURT.

Franchement, ma bonne amie, cela aurait été beaucoup plus heureux pour vous, quoique j'y eusse perdu le plaisir de vous obliger. Mais vous êtes encore assez jeune pour réparer le temps que vous avez perdu. Vous saurez, mes enfans, que je lui ai trouvé de l'emploi chez le tisserand du voisinage; et, lorsqu'elle n'aura rien à faire chez lui, elle viendra travailler ici au jardin.

SOPHIE.

Ah! bon, bon! j'irai lui aider tant que je pourrai.

Mme DE VALCOURT.

A l'égard de ses filles, je veux que ma maison soit leur école; Louise, et toi, Léonor, vous avez mérité que je vous confie leur instruction. J'en fais vos élèves pour la lecture et pour le travail.

CHARLOTTE.

Me permettez-vous d'être aussi de l'apprentissage ?

Mme DE VALCOURT.

Très-volontiers, Charlotte, si ta mère le trouve bon. Tu seras l'émule de Sophie. (*A la pauvre femme.*) Ma bonne amie, êtes-vous contente de cet arrangement ?

LA PAUVRE FEMME.

Dieu ! si je le suis ! Ah ! ma noble et généreuse dame, je vous devrai tout mon bonheur, et celui de ma pauvre petite famille. Mes chères et jolies demoiselles, rendez grâces à Dieu tous les jours de votre vie, de vous avoir donné une si bonne maman, qui vous accoutume de bonne heure à la diligence et au travail. Vous le voyez, c'est la source de toutes les joies pour nous et pour nos semblables.

L'AMOUR DE DIEU ET DE SES PARENS.

Hélène et Théophile étaient tendrement chéris de leurs parens, et les aimaient avec la même tendresse.

Depuis quelques jours ils avaient pris l'habitude de courir au fond du jardin après leur déjeûner, et de n'en revenir qu'au bout d'un quart d'heure, pour se mettre à leur travail.

Cette conduite fit naître la curiosité de M. de Florigni, leur père. Ses deux enfans, jusqu'alors, avaient été fort studieux; et il avait su leur rendre le travail si agréable, qu'ils laissaient souvent leur déjeuner à moitié, pour courir vite à leurs leçons.

Que devons-nous penser de ce changement, dit-il à son épouse? Si nos enfans prennent une fois le goût de l'oisiveté, nous leur verrons bientôt perdre les heureuses dispositions qu'ils avaient montrées. Nous perdrons nous-mêmes nos plus chères espérances, et le plaisir que nous avions à les aimer.

Madame de Florigni ne put lui répondre que par un soupir.

Le même jour, elle dit à ses enfans : Qu'allez-vous donc faire de si bonne heure dans le jardin ? Vous pourriez bien attendre que votre travail fût fini, pour vous livrer à vos récréations.

Hélène et Théophile gardèrent le silence, et embrassèrent plus tendrement que jamais leur maman.

Le lendemain au matin, lorsqu'ils crurent n'être vus de personne, ils s'acheminèrent doucement vers le berceau de chèvrefeuille qui était au bout de la grande allée.

Madame de Florigni attendait ce moment, et les suivit sans être aperçue, à la faveur d'une charmille épaisse, le long de laquelle elle se glissa sur la pointe des pieds.

Lorsqu'elle fut arrivée près du berceau, et qu'elle fut postée dans un endroit d'où elle pouvait tout remarquer à travers le feuillage : Dieu ! de quelle joie son cœur maternel fut saisi, lorsqu'elle vit ses deux enfans joindre leurs mains, et se mettre à genoux.

Théophile disait cette prière. Hélène la répétait après lui.

« Seigneur, mon Dieu, je te prie que nos parens ne meurent pas avant nous. Nous les aimons tant, et nous aurons tant de plaisir de faire leur bonheur, lorsque nous serons devenus grands !

« Rends-nous bons, justes et sages, pour que notre papa et notre maman puissent tous les jours se réjouir de nous avoir donné la vie.

« Entends-tu, mon Dieu ? Nous voulons aussi faire tout ce qui est dans tes commandemens ? »

Après cette prière, ils se levèrent tous deux, s'embrassèrent tendrement, et retournèrent à la maison, en se tenant par la main.

Des larmes de joie coulaient le long des joues de leur mère. Elle courut à son époux, le pressa sur son sein, lui redit ce qu'elle avait entendu ; et ils furent l'un et l'autre aussi heureux que s'ils avaient été transportés tout d'un coup, avec leur famille, dans les délices du paradis.

LA MONTRE.

Au retour d'une visite qu'elle venait de rendre à l'une de ses meilleures amies, la jeune Charlotte rentrait chez ses parens d'un air triste et pensif. Elle trouva ses frères et ses sœurs qui jouaient ensemble avec cette joie vive et pure dont le ciel semble prendre plaisir à assaisonner les amusemens de l'enfance. Au lieu de se mêler à leurs jeux, et de les animer par son enjouement naturel, seule dans un coin de la chambre, elle paraissait souffrir de l'air de gaîté qui régnait autour d'elle, et ne répondait qu'avec humeur à toutes les agaceries innocentes qu'on lui faisait pour la tirer de son abattement. Son père, qui l'aimait avec tendresse, fut très-inquiet de la voir dans un état si opposé à son caractère. Il la fit asseoir sur ses genoux, prit une de ses mains dans les siennes, et lui demanda ce qui l'affligeait. Ce n'est rien, rien du tout, mon papa, répondit-elle d'abord à toutes ses questions. Mais enfin, pressée plus vivement, elle lui dit que toutes les petites demoiselles qu'elle venait de voir chez son amie avaient reçu de leurs parens de très-jolis cadeaux pour leur foire, quoique, sans vanité, aucune d'elles ne fût si avancée pour les talens et pour l'instruction. Elle cita surtout mademoiselle de Richebourg, à qui son oncle avait donné une montre d'or entourée de brillans. Oh! quel plaisir, ajouta-t-elle, d'avoir une si belle montre à son côté!

Voilà donc le sujet de ta peine? lui dit M. de Fonrose en souriant. Dieu merci, je respire. Je te croyais attaqué d'un mal plus sérieux. Que voudrais-tu donc faire d'une montre, ma chère Charlotte?

CHARLOTTE.

Eh! mon papa, ce qu'en font les autres. Je la porterais à ma ceinture, et je regarderais à tout moment l'heure qu'il est.

M. DE FONROSE.

A tout moment? Tes quarts d'heures sont-ils si précieux? ou est-ce que les jours de la soumission et de l'obéissance te paraîtraient si longs?

CHARLOTTE.

Non, mon papa; vous m'avez dit souvent que je suis dans la saison la plus heureuse de la vie.

M. DE FONROSE.

Si ce n'est donc que pour savoir quelquefois où tu en es de la journée, n'as-tu pas au bas de l'escalier une pendule qui peut te l'apprendre au besoin?

CHARLOTTE.

Oui; mais lorsqu'on est en haut bien occupée de ce que l'on fait, on ne l'entend pas toujours sonner. On n'a pas toujours du monde autour de soi pour leur demander l'heure. Il faut se tourner et descendre. C'est du temps perdu; au lieu qu'avec une montre on voit cela tout de suite, sans importuner personne, et sans se déranger.

M. DE FONROSE.

Il est vrai que c'est fort commode, quand ce ne serait que pour avertir ses maîtres que l'heure de leur leçon est finie, lorsque, par politesse ou par attachement, ils voudraient bien la prolonger quelques minutes de plus.

CHARLOTTE.

Quel plaisir vous prenez toujours à me désoler par votre badinage !

M. DE FONROSE.

Eh bien ! si tu veux que nous parlions plus sérieusement, avoue-moi avec franchise quel est le motif qui te fait désirer une montre avec tant d'ardeur.

CHARLOTTE.

Je vous l'ai dit, mon papa.

M. DE FONROSE.

C'est le véritable que je demande. Tu sais que je ne me paie pas de raison en paroles. Tu crains peut-être de te l'avouer. Je vais te l'apprendre, moi, qui me pique envers toi d'une plus sincère amitié que toi-même. C'est pour que l'on s'écrie en passant à ton côté : Ho, ho ! voyez quelle belle montre a cette petite demoiselle ! il faut qu'elle soit bien riche ! Or, dis-moi, si c'est une gloire bien flatteuse que de se faire croire plus riche que les autres, et d'étaler des choses plus brillantes aux yeux des passans ! As-tu jamais vu des gens raisonnables en considérer davantage une petite fille pour la richesse de son père ? En considères-tu davantage celles qui sont plus riches que toi ? En voyant une belle montre au côté d'une jeune personne que tu ne connaîtrais pas, au lieu de dire : Voilà une demoiselle d'un caractère bien estimable, qui porte cette montre ! tu dirais plutôt : Voilà une montre d'un travail bien estimable, que porte cette demoiselle ! Si une montre peut faire honneur, c'est à l'habileté de l'horloger qui l'a faite, et au goût de celui qui l'a commandée ou choisie. Mais, pour celui qui la porte, je ne lui dois que du mépris, s'il veut en tirer vanité.

CHARLOTTE.

Mais, mon papa, vous semblez toujours me parler comme si c'était par ce motif que je l'eusse désirée.

M. DE FONROSE.

Je ne te cacherai point que je le soupçonne terriblement. Tu ne veux pas en convenir encore ; à la bonne heure. Je me flatte de t'amener bientôt à cet aveu.

CHARLOTTE.

Ne parlons point de cela, s'il vous plaît. Mais il faut qu'une montre soit un meuble bien utile, puisque vous en avez une, vous qui êtes si philosophe !

M. DE FONROSE.

Il est vrai que je ne pourrais guère m'en passer. Tu sais que les occupations de mon cabinet sont interrompues par des devoirs publics, qui demandent de l'exactitude et de la ponctualité.

CHARLOTTE.

Et moi, n'ai-je pas aussi vingt exercices différens dans la journée? Que diriez-vous, si je ne donnais pas à chacun la mesure de temps qu'il exige?

M. DE FONROSE.

C'est juste. Tu vois que je ne suis pas obstiné. Quand on m'allègue des raisons frappantes, je m'y rends. Eh bien, ma fille, tu auras une montre.

CHARLOTTE.

Badinez-vous, mon papa?

M. DE FONROSE.

Non certainement. Et dès ce jour même, pourvu que tu n'oublies pas de la prendre quand tu sortiras.

CHARLOTTE.

Pouvez-vous me le demander? Oh! je suis bien fâchée de ne l'avoir pas eue aujourd'hui, quand je suis allé chez mademoiselle de Montreuil.

M. DE FONROSE.

Tu pourras y retourner demain.

CHARLOTTE.

Oui, vous avez raison. Mademoiselle de Richebourg y sera peut-être. Donnez, donnez, mon papa.

M. DE FONROSE.

Tu sais ma chambre à coucher? A côté de mon lit, tu trouveras une montre suspendue à la tapisserie. Elle est à toi.

CHARLOTTE.

Quoi! cette grande patraque du temps du roi Dagobert, qui lui servait peut-être de casserole pour le dîner de ses chiens?

M. DE FONROSE.

Elle est fort bonne, je t'assure. On ne les faisait pas autrement, du vivant de mon père. Je l'ai trouvée dans son héritage, et je me faisais un devoir de la garder pour moi-même. Mais, en te la donnant, elle ne sortira pas de la famille; et j'aurai plus souvent occasion de le rappeler à mon souvenir, en la voyant tout le jour à ton côté.

CHARLOTTE.

Oui; mais que diront ceux qui ne descendent point de mon grand-papa?

M. DE FONROSE.

Eh! c'est là précisément où je t'attendais. Tu vois que ce motif d'utilité, que tu m'alléguais avec tant d'importance, n'est qu'un vain prétexte dont ta vanité cherchait à se couvrir, puisque cette montre te rendrait le même service que tu pourrais attendre d'une montre d'or, enrichie des plus beaux diamans. Pourquoi t'embarrasser des vains propos des autres? D'ailleurs ils ne pourraient que faire honneur à ton caractère. La solidité de la montre passerait pour l'emblême de celle de tes goûts.

CHARLOTTE.

Mais ne pourrais-je pas en avoir une qui fût en même temps solide et d'une forme agréable!

M. DE FONROSE.

Tu crois donc que cela ferait ton bonheur?

CHARLOTTE.

Oui, mon papa; je me croirais fort heureuse.

M. DE FONROSE.

Je voudrais que ma fortune me permît de te convaincre, par ta propre expérience, combien la félicité qu'on attache à de pareilles bagatelles est frivole et passagère. Je parie que dans quinze jours tu ne regarderais guère plus ta montre, qu'au bout d'un mois tu oublierais de la monter, et que bientôt elle ne serait pas mieux réglée que ta folle imagination.

CHARLOTTE.

Ne pariez point, mont papa ; vous perdriez, j'en suis sûre.

M. DE FONROSE.

Je ne veux pas aussi parier, non par la crainte de perdre, mais parce qu'il faudrait risquer l'épreuve, et qu'elle pourrait te coûter pendant tout le reste de ta vie les plus cruels regrets.

CHARLOTTE.

Ainsi vous pensez qu'une belle montre, au lieu de faire mon bonheur, ne servirait qu'à me rendre malheureuse ?

M. DE FONROSE.

Si je pense, ma fille ? Tout notre bonheur sur la terre consiste à vivre satisfaits du poste où nous a placés la Providence, et des biens qu'elle nous a départis. Il n'est aucun état si humble ou si élevé, dans lequel une vaine ambition ne puisse nous faire accroire qu'il nous faudrait encore ce qu'un autre possède auprès de nous. C'est elle qui va tourmenter le laboureur au sein de l'aisance, pour lui faire jeter un œil d'envie sur quelques sillons du champ de son voisin, tandis qu'elle persuade au maître d'un vaste royaume que les provinces qui le bornent manquent à ces États pour les arrondir. De là naissent, entre les princes, ces guerres cruelles qui désolent la terre, et, entre les particuliers, ces procès ruineux qui les dévorent, ou ces haines de jalousie qui les bourellent et les avilissent. Quels étaient tes propres sentimens envers mademoiselle de Richebourg, en regardant la montre qu'elle avait à son côté? Retrouverais-tu dans ton cœur ces mouvemens d'inclination qui te portaient autrefois vers le sien? Lui aurais-tu rendu, dans ce moment, ces services dont tu te serais fait hier une joie si pure? Mais cette inimitié secrète que sa montre t'inspirait contre elle, ta montre ne l'inspirerait-elle pas contre toi à tes meilleures amies, et peut-être à tes frères et tes sœurs? Vois cependant pour quelle méprisable jouissance de vanité tu aurais rompu les plus doux nœuds du cœur et du sang, les plus tendres affections de la nature? Pourrais-tu te croire heureuse à ce prix?

CHARLOTTE.

Oh! mon papa, vous me faites frissonner!

M. DE FONROSE.

Eh bien! ma fille, ne forme donc plus de ces souhaits déraisonnables qui troublent ton repos? Que manque-t-il à tes véritables besoins dans la condition où le ciel t'a fait naître? N'as-tu pas une nourriture saine et abondante, des vêtemens propres et commodes pour toutes les saisons? Ne t'ais-je pas donné des maîtres pour cultiver ton esprit, tandis que je forme ton cœur, pour te procurer des talens agréables qui puissent un jour faire rechercher ton commerce dans la société? Tu veux aujourd'hui une montre d'or enrichie de diamans! Si je te la donne, de quel œil regarderas-tu demain ton collier et tes boucles d'oreilles de perles fausses? Ne faudra-t-il pas que, pour te satisfaire, je les change bientôt en pierres précieuses? Encore te faudra-t-il de plus des dentelles, de riches étoffes, et des femmes pour te servir. On ne va point à pied avec un pompeux attirail de parure. Elle exige un grand nombre de domestiques, une voiture brillante, de superbes chevaux. Tu me les demanderais, il ne te manquerais plus rien alors, il est vrai, pour te produire dans les assemblées, et visiter les personnes du plus haut rang. Mais, pour les recevoir à ton tour, ne te faudrait-il pas un hôtel magnifique, une table splendide, et des ameublemens précieux? Vois combien une première fantaisie satisfaite engendre d'innombrables besoins. Ils vont toujours ainsi en s'accroissant, jusqu'à ce que, pour avoir voulu s'élever un moment au-dessus de son état, on retombe pour toujours au-dessous des plus étroites nécessités de la vie. Tourne les yeux autour de toi, et regarde combien de personnes gémissent aujourd'hui dans la plus affreuse misère, qui consumaient hier peut-être les derniers débris d'une fortune suffisante pour leur bonheur. Pense à ce qui te serait arrivé à toi, à tes sœurs et à tes frères, si ma tendresse et mes réflexions ne m'avaient fait profiter, pour votre avantage, de toutes ces déplorables expériences. Il m'a souvent été pénible d'aller à pied dans les rues. Un bon carrosse aurait peut-être ménagé mes forces, autant qu'il aurait flatté ma vanité. En employant à cette dépense ce qu'il m'en coûte pour votre entretien, votre instruction et vos plaisirs, j'aurais été en état de la soutenir pendant quelques années. Mais enfin, quels auraient été alors mon sort et le vôtre? Je vous aurais vu croître dans le désordre et la stupidité. Je n'aurais pu attendre de vous, dans ma vieillesse, des soins que je vous aurais refusés dans votre enfance. Pour quelques jours passés dans l'éclat insolent du luxe, j'aurais langui long-temps dans les mépris d'une juste misère. De quel front aurais-je pu répondre à l'Éternel sur les devoirs qu'il m'impose envers vous, lorsque je ne vous aurais laissé pour héritage que l'exemple de mon indigne conduite ? J'aurais fini ma vie dans les convulsions du remords, du désespoir et de la terreur; et vos malédictions m'auraient poursuivi jusques au au-delà de ma tombe.

O mon papa! quelle était ma folie, s'écria Charlotte, en se jetant à son cou! Non, non, je ne veux plus de montre; et, si j'en avais une, je vous la rendrais à l'instant.

M. de Fonrose, charmé de voir le cœur de sa fille s'ouvrir avec tant de franchise aux impressions du sentiment et de la raison, l'accabla de caresses.

Dès ce jour même, Charlotte reprit sa première gaîté; et, lorsqu'elle voyait quelques bijoux précieux à l'une de ses jeunes compagnes, elle était bien plus tentée de la plaindre que de lui porter la plus légère envie.

CAROLINE.

PREMIÈRE ANECDOTE.

L'AIMABLE petite Caroline, dont je vous ai déjà parlé quelquefois, était allée à la campagne, avec sa mère, à deux petites lieues de Paris. Elle y avait apporté quelques paires de souliers neufs; mais, à force de courir dans le jardin, ils se trouvaient tout percés à grands ou petits jours, au bout de son pied. On lui en fit acheter pour le moment dans le village. Comme sa mère en avait aussi besoin elle-même, elle envoya dire au cordonnier de la ville de lui en faire de nouveaux, et de les lui apporter. Le cordonnier vint au bout de quelques jours. Lorsque sa mère eut essayé les siens, on chercha partout la petite fille pour lui faire prendre mesure. On va l'appeler dans la cour, dans le jardin, dans tous les appartemens. Point de Caroline. Le cordonnier, après l'avoir long-temps attendue, se retire. Il n'était pas au bout de l'allée que Caroline reparaît tout-à-coup.

Où étiez-vous donc, ma fille, lui dit sa mère?

Là, maman, lui répondit-elle en soulevant le rideau de son lit.

Pourquoi donc n'en êtes-vous pas sortie lorsque le cordonnier était ici?

Maman, c'est qu'il y était.

Eh bien! est-ce que votre cordonnier vous fait peur?

Non, maman; mais il aurait bien vu, à mes souliers, que ce n'était pas lui qui les avait faits. J'aurais eu beau dire, il aurait cru que je lui aurais ôté ma pratique. Le pauvre M. David! il aurait été tout fâché.

DEUXIÈME ANECDOTE.

Madame P....., jeune femme aussi distingée par les grâces et la tournure piquante de son esprit que par la délicatesse de ses sentimens et la force de son caractère, reprenait un jour Pauline, sa fille aînée, d'une légèreté bien pardonnable à son âge. Pauline, touchée de la douceur que sa mère mettait dans ses reproches, versait des larmes de repentir et d'attendrissement. Caroline, âgée alors de trois ans, voyant pleurer sa sœur, grimpe sur les barreaux d'une chaise, pour atteindre jusqu'à elle; d'une main prend son mouchoir, dont elle lui essuie les yeux, et de l'autre lui glisse dans la bouche un bonbon qu'elle roulait dans la sienne. Il me semble que M. Creuze pourrait faire un tableau charmant de ce sujet.

LES OIES SAUVAGES.

Le jeune Raimond voyait un jour une troupe d'oies sauvages qui traversaient les airs à demi cachées dans les nues, et il admirait la hauteur et l'ordre de leur vol.

M. de Laval était en ce moment près de lui. Mon papa, lui dit Raimond, vous prenez soin de faire nourrir les oies que nous avons dans notre basse-cour ; mais, les oies sauvages, qui les nourrit ?

M. DE LAVAL.

Personne, mon ami.

RAIMOND.

Comment font-elles donc pour vivre ?

M. DE LAVAL.

Elles cherchent elles-mêmes leur nourriture. N'ont-elles pas des ailes ?

RAIMOND.

Celles de notre basse-cour en ont aussi. D'où vient qu'elles ne savent pas voler ?

M. DE LAVAL.

C'est que toutes les bêtes apprivoisées sont des animaux dégénérés, qui ont perdu en partie l'usage de leurs forces et de leur instinct.

RAIMOND.

Elles ne doivent pourtant pas se trouver plus à plaindre, puisque Marguerite leur fournit abondamment tout ce qu'il leur faut.

M. DE LAVAL.

Il est vrai, mon fils, qu'on les nourrit avec soin; mais tu sais dans quelles vues; pour les manger aussitôt qu'elles seront engraissées. Les autres ne craignent pas ce malheur. En se procurant toutes seules leurs alimens, elles peuvent jouir de tous les droits de la liberté. Il en est ainsi dans la vie sociale. Un homme qui serait assez lâche pour se reposer entièrement sur les autres du soin de sa subsistance, perdrait toute l'énergie de son esprit, et serait obligé de se vendre pour un morceau de pain. Celui qui se sent, au contraire, assez de courage pour pourvoir de lui-même à ses nécessités, jouit d'une noble indépendance et ne perd rien de la vigueur de son âme. Ce n'est pas que chacun de nous doive vivre à part, uniquement occupé de lui-même. Ces oiseaux, dont je te propose l'exemple, forment entre eux des sociétés fort bien réglées; on les voit couver les œufs et soigner les petits des mères qui perdent la vie par quelque malheur. Ils se soutiennent aussi mutuellement, lorsqu'ils sont fatigués dans leur vol. Chacun se met à son tour à la tête de la troupe, pour guider les autres et leur faciliter le voyage. Raimond, ces deux espèces d'oiseaux n'en formaient qu'une originairement. Tu vois quelle différence a mise entre eux leur manière de vivre.

RAIMOND.

Oh! mon papa! ne me parlez pas de ramper dans une basse-cour. Vive ceux qui savent fendre les airs!

~~~~~~~~~~~~~~~~~~~~~~~~~~~

UN PETIT PLAISIR

CHANGÉ CONTRE UN PLUS GRAND.

LOUISE.

Bonjour, ma petite maman. Voyez-vous, nous sommes déjà prêtes. Oh! si le bateau pouvait arriver tout de suite!

Mme DELORME.

Patience, il n'est que six heures. Venez, nous pourrons, en attendant, faire quelques tours dans le jardin.

HENRIETTE.

Oui, oui; allons nous promener dans l'allée qui conduit à la rivière. Quand le bateau viendra, nous pourrons y entrer sans perdre une minute. (*Elles courent dans le jardin, et entraînent leur mère vers l'allée.*)

CHARLOTTE.

Ah! ma chère maman, comme le temps est beau! on ne découvre pas un nuage dans tout l'horizon. Et voyez-vous comme le soleil brille dans la rivière! on dirait qu'il y jette des millions de diamans. Ce sera un plaisir! un plaire! n'est-il pas vrai? Quelle joie de revoir la bonne Marthe, qui a servi si longtemps chez nous!

Mme DELORME.

Oui, mes enfans; elle sera bien aise de vous voir aussi, j'en suis sûre.

HENRIETTE.

Combien y a-t-il d'ici chez elle? Nous serons à peu près une heure sur l'eau; ensuite il y aura bien trois quarts d'heure de marche, car sa maison n'est pas sur le bord de la rivière.

CHARLOTTE.

Tant mieux, tant mieux; nous en trouverons plus de goût à notre déjeûner. Et après cela, dites-nous encore, ma chère maman, que ferons pour nous divertir?

Mme DELORME.

Nous irons nous promener dans un petit bosquet qui est dans le voisinage. Là, vous pourrez gambader, courir, cueillir des fleurs et attrapper des papillons.

CHARLOTTE.

Laissez-moi vous conduire, j'ai déjà fait le voyage avec maman. Je vous mènerai au bord d'un petit ruisseau, si clair qu'on peut voir au fond des cailloux.

Mme DELORME.

Tu as raison, je me veux mal de l'avoir oublié. Nous pourrons nous asseoir à l'ombre sur la rive, et je vous lirai quelque chose d'un petit livre que j'ai apporté.

HENRIETTE.

Ah! c'est bon, cela. Y a-t-il de drôles d'histoires?

Mme DELORME.

Tu verras.

CHARLOTTE

Ah ça! maman, il ne faut pas revenir à la maison que la lune ne soit levée; et alors vous nous chanterez cette jolie romance qui fait tant pleurer. Revenir par eau au clair de la lune, et entendre votre douce voix, cela doit être au-dessus de tous les plaisirs.

HENRIETTE, *qui, dans l'intervalle, est allée sur le bord de la rivière.*

Le bateau! le bateau! Le voici qui vient! Où est Louise? N'est-elle pas au bout du jardin, quand le bateau nous attend? Louise! (*Elle court vers elle.*) Louise! le bateau! le bateau!

LOUISE, *accourt en sautant.*

Le bateau, ma sœur! Oh! c'est bon. Faites-moi d'abord à vous deux une pièce de vingt-quatre sous. Il y a là-bas une femme et un vieillard avec quatre enfans à qui je les porterai. Je serai bientôt de retour.

Mme DELORME.

Où as-tu donc vu ces pauvres gens?

LOUISE.

Le jardinier a ouvert la porte qui donne sur le grand chemin, pour y jeter de mauvaises herbes. J'ai voulu voir s'il passait du monde. Deux pauvres enfans sont venus à moi. Oh! maman, comme ils sont déguénillés, et comme ils ont l'air d'avoir faim! Il y en a dux autres tout petits, petits comme mon frère Paulin.

Mme DELORME.

Venez, mes amies, il faut les aller voir.

LOUISE.

Oui, oui, je leur ai dit d'attendre, que je leur apporterai quelque chose. (*Elles vont toutes ensemble à la petite porte du jardin, où elles trouvent la pauvre famille. Le vieillard est assis sur une borne. La femme est appuyée sur la muraille, tenant un enfant contre son sein. Une jeune fille d'environ dix ans en porte un autre dans son bras. Un petit garçon joue sur le chemin avec des cailloux.*)

Mme DELORME, *bas.*

O Dieu, qu'elle misère! (*Haut*) Pauvre femme, vous avez peine à vous soutenir. Asseyez-vous sur cette pierre. D'où venez-vous donc?

LA PAUVRE FEMME.

Du bord de la mer, ma bonne dame. Mon mari était pêcheur; on est venu l'enlever de son canot, pour faire une campagne sur un vaisseau du roi. Il est revenu rouge du scorbut et de misère. Il avait perdu ses forces, et ne pouvait plus jeter ses filets. Il m'a fallu les vendre pour le faire guérir. Mais sa maladie traînait trop long-temps. Nos créanciers ont pris ce qui nous restait; et, comme nous ne pouvions pas payer notre loyer, on nous a mis à la porte. Un de nos voisins, aussi pauvre que nous, peu s'en faut, nous a recueillis. Il ôtait le pain de sa bouche et de celle de ses enfans, pour nous en donner. Bientôt je suis tombée malade de chagrin, et, quelques jours après, mon pauvre homme est mort. Aussitôt que je me suis un peu rétablie, je n'ai pas voulu être plus long-temps à charge à notre bon voisin. Je me suis mis en route pour aller trouver une dame que j'ai servie autrefois à Abbeville. Mais il y a bien loin encore, et je ne sais comment y arriver. Il nous est impossible d'aller plus avant.

Mme DELORME.

Et quel est ce vieillard ?

LA PAUVRE FEMME.

C'est mon père, ma bonne dame. Il a toujours vécu avec nous, et je me faisais une gloire de pouvoir le soulager dans sa vieillesse. Hélas ! c'est sa misère qui me rend la mienne plus dure. Comme il n'a pas de souliers, hier, en marchant, il s'est enfoncé dans le pied une épine. Je l'ai ôtée ; mais la fatigue a enflammé la plaie. Sa jambe est toute enflée, et il ne peut l'appuyer à terre sans de grandes douleurs. Si vous vouliez me faire donner un chiffon de vieux linge pour le panser, et un morceau de pain pour mes pauvres enfans.....

Mme DELORME.

Vous aurez tout ce qu'il vous faut. Je vais y pourvoir. Entrez dans le jardin pour nous attendre, et asseyez-vous sur ces sièges. (*Elle s'éloigne avec ses filles, qui ont attentivement écouté le récit de la pauvre femme. Charlotte a témoigné son attendrissement par des larmes. Louise a partagé entre les enfans de petits gâteaux qu'elle avait dans sa poche pour le voyage. Hen-*

rietle, après avoir donné la main au vieillard pour le soutenir, est allée prendre le plus petit enfant des bras de la jeune fille qui les laisse tomber à ses côtés de fatigue et d'épuisement; puis madame Delorme, s'adressant à ses filles, marchant vers la maison :) Eh bien ! que dites-vous de ces malheureux ! Charlotte, cours avec tes sœurs, leur faire préparer un petit repas. Je vais dans la garde-robe de votre père chercher du linge et des souliers pour le pauvre vieillard. Je suis fâchée de n'avoir que ces légers secours à leur donner.

CHARLOTTE.

Vraiment oui ; c'est bien peu de chose pour leur misère. Vous avez entendu qu'ils avaient encore à faire beaucoup de chemin. Ils ne peuvent aller à grandes journées, à cause du vieux estropié. S'ils allaient tomber malades sur la route ! Maman ! vous êtes si bonne envers les pauvres ! Si vous leur donniez de l'argent pour se faire conduire en charrette, et qu'il leur en restât un peu en arrivant, jusqu'à ce qu'ils eussent trouvé cette dame qu'ils vont chercher !

Mme DELORME.

Me connais-tu assez peu, ma chère fille, pour croire que je n'aurais pas eu cette idée de moi-même, si je le pouvais ! Mais, hélas ! ce n'est pas en mon pouvoir. Tu sais que nous ne sommes pas riches ; je suis hors d'état de faire la dépense qu'il faudrait pour cela.

CHARLOTTE.

S'il ne fallait que ce que nous avons.

HENRIETTE.

Ah! ce serait de bon cœur.

Mme DELORME.

Et combien avez-vous?

CHARLOTTE.

J'ai six francs, moi.

HENRIETTE.

Moi, trois livres.

Mme DELORME.

Et toi, Louise?

LOUISE.

Je n'ai plus rien, maman. J'ai glissé six sous, que j'avais, dans la poche du pauvre vieillard.

Mme DELORME.

Vous n'avez donc que neuf francs à vous deux? cela ne suffirait pas de moitié. Je ne vois qu'un moyen de compléter la somme.

CHARLOTTE.

Et lequel, s'il vous plaît?

Mme DELORME.

Je n'ose vous le dire.

HENRIETTE.

Pourquoi donc?

LOUISE.

Dites, dites toujours, maman.

Mme DELORME.

Cette partie de plaisir que nous devons faire aujourd'hui, il y a long-temps que je vous l'ai promise: elle est la récompense de votre bonne conduite. Je me suis déjà refusé bien des choses pour en faire les frais. Car il ne faut pas seulement payer le bateau, il faudra, dans le premier village, acheter de quoi offrir un petit présent à Marthe, pour la dédommager des dépenses qu'elle fera pour nous recevoir. Cet argent est dans ma bourse, mais il vous appartient, et vous êtes libres d'en faire tel usage qu'il vous plaira. En le joignant à celui que vous avez de vos épargnes, il serait possible d'avoir un charriot pour les pauvres gens, et de les défrayer sur la route jusqu'à Abbéville. Mais le sacrifice est trop grand ; je n'ose vous le proposer. Notre voyage ne pourrait plus avoir lieu cette année.

LOUISE.

Oh! ce serait bien fâcheux.

Mme DELORME.

J'en aurais moi-même quelque regret. Louise, va dire au batelier de préparer sa voile.

LOUISE.

Tout à l'heure, maman. (*Elle reste, et regarde ses sœurs.*)

HENRIETTE.

Nous n'avons encore rien décidé.

CHARLOTTE.

Je sais bien ce que j'aurais à faire, pour moi.

HENRIETTE.

Et moi aussi, sans la pauvre Louise.

LOUISE.

Moi, mes sœurs? il n'y a que Marthe qui me fâche ; mais je lui écrirai.

CHARLOTTE, *avec joie*.

Eh bien! maman, nous voilà toutes les trois d'accord. Prenez, prenez notre argent pour ces pauvres malheureux.

Mme DELORME.

Vous n'avez peut-être pas bien fait encore toutes vos réflexions. Voyez comme le temps est beau, et quel plaisir nous aurions dans notre promenade!

CHARLOTTE.

Ah! je n'en aurais plus, dès qu'il me viendrait cette pensée : Tu te fais voiturer bien à ton aise, et toute une honnête famille meurt de lassitude par ta dureté.

HENRIETTE.

Ne sont-ils pas de la même espèce que nous. Ils auront bien assez à souffrir dans leur vie, pour avoir une petite joie en passant.

Mme DELORME.

Tu ne dis rien, Louise?

LOUISE.

Maman, je pensais que tout notre plaisir n'est pas perdu; nous accompagnerons la charrette un petit bout de chemin; ce sera toujours une promenade.

Mme DELORME, *en les embrassant*.

O mes chères filles! quelle félicité pour moi, de voir des cœurs si compatissans et si généreux! Vous ne manquerez jamais de plaisir sur la terre, puisque vous savez vous en faire de vos privations, et de vos sacrifices. Venez, ne perdons pas un moment pour cette douce jouissance. (*Madame Delorme rentre* dans sa maison, d'où elle envoie congédier le batelier, en lui payant sa journée. Les trois petites demoiselles vont et viennent de la cuisine au jardin, pour donner des soins à la pauvre famille. Charlotte aide la femme à panser le pied du vieillard. Henriette et Louise font manger les enfans. Elles retournent ensuite auprès de leur mère.)

HENRIETTE.

Ah! ma chère maman, il aurait fallu voir comme ces enfans ouvraient de grands yeux, quand nous leur avons porté, moi, une grande écuelle de lait, et Louise, du pain. Ils se pressaient autour de leur mère, en frappant dans leurs mains de surprise et de joie.

LOUISE.

Je craignais qu'ils ne voulussent me manger moi-même; tant ils paraissaient affamés!

CHARLOTTE.

Il faut que l'aînée soit une bien bonne enfant. Elle n'a pas voulu prendre un morceau, jusqu'à ce qu'elle ait eu donné à manger à son petit frère, qui ne sait pas encore se nourrir tout seul.

Mme DELORME.

La pauvre fille est bien à plaindre. Si elle demeure toujours chargée du soin des plus petits, elle n'aura pas le temps de s'instruire, et la voilà pour toute sa vie une femme très-misérable; au lieu que si elle avait le moyen d'apprendre un métier, elle pourrait un jour être fort utile à sa mère, et l'aider à nourrir les autres enfans.

LOUISE.

Eh bien! maman, faites une chose. Mettez-la près de nous. Je me charge de lui montrer tout ce que vous m'avez fait apprendre. Elle pourra bientôt coudre et tricoter; ensuite vendre son ouvrage, et en envoyer l'argent à sa famille.

HENRIETTE.

Ce n'est pas une mauvaise tournure, au moins, dont Louise s'est avisée.

CHARLOTTE.

Oui, maman, faites-nous ce plaisir. Pensez-vous, si cette bonne fille allait devenir fainéante comme la vieille femme que nous vîmes l'autre jour, il faudrait qu'elle en revînt à mendier, et nous ne l'aurions servie en rien du tout.

Mme DELORME.

Mais savez-vous bien, mes enfans, à quoi vous vous engagez? Prenez-y garde.

CHARLOTTE.

A qui donc, maman?

Mme DELORME.

Je vais vous le dire. Si nous prenions cette petite fille à la maison, il faudra lui donner des habits, et je n'en ai guère le moyen. Je me trouverais obligée de retrancher sur les vôtres ce que les siens pourraient coûter. Au lieu de fourreaux de taffetas dont je voulais vous faire présent, vous ne pourriez en avoir que de toile; au lieu de plumes et de fleurs d'Italie, vous n'auriez qu'un ruban tout simple sur votre chapeau; et je ne vois plus que la serge et l'étamine pour faire vos déshabillés.

CHARLOTTE.

J'avais pourtant dit à Rosalie que j'aurais bientôt un habit de soie, tout comme elle.

HENRIETTE.

La toile ne pare jamais si bien, n'est-il pas vrai?

M.me DELORME.

Non; sans doute.

HENRIETTE, *après avoir fait quelque réflexion.*

Mais si je n'ai pas si bonne mine qu'en taffetas, la pauvre petite fille ferait encore bien plus triste figure avec ses haillons.

CHARLOTTE.

Et puis, si elle les portait plus long-temps, ne courrait-elle pas le risque de devenir malade? Vous m'avez dit souvent que rien n'était si malsain que la malpropreté.

M.me DELORME.

Cela est vrai aussi, ma fille. Et toi, Louise, que dis-tu de ma proposition? Serais-tu contente de porter un habit de laine?

LOUISE.

Oh! très-contente, maman: on n'en saute que mieux. Je me souviens de l'histoire de Marthonie.

M.me DELORME.

Voilà qui s'arrange à merveille; cependant ce n'est pas tout. Louise, c'est toi qui t'es offerte la première pour donner à la petite fille des leçons de couture. Naturellement, je te devrais la préférence; mais tu es un peu trop évaporée pour remplir cet emploi; d'ailleurs tu n'en es pas encore assez capable. Charlotte, ni moi, nous ne pouvons nous en charger; les soins du ménage ne nous donnent que trop d'occupations. C'est à toi que je le destine, Henriette.

HENRIETTE.

Ah! grand merci, maman.

Mme DELORME.

Attends quelques jours pour m'en remercier. Tu ne sais peut-être pas combien il faut de patience pour l'état que tu prends. Je te connais; tu es vive et emportée. La petite fille ne pourra pas d'abord retenir tes leçons; tu voudras la reprendre. Si tu la maltraitais, je serais forcée, malgré moi, de te punir. Eh bien! oserais-tu me promettre de ne te laisser jamais emporter par ta pétulance?

HENRIETTE.

Oh! maman, je ne puis vous en donner ma parole. Vous savez, l'autre jour, lorsque vous me reprîtes, j'aurais parié, sur ma vie, que cela ne me serait plus arrivé. Bon! à peine fûtes-vous sortie que Louise, en se chaussant, laissa échapper une maille tout du long de son bas. J'eus tant de peine à la reprendre, que je me mis en colère contre ma sœur et que je la battis. J'en eus ensuite une grande honte; mais c'était fait.

Mme DELORME.

Il est singulier que les enfans, qui ont besoin de tant d'indulgence pour eux-mêmes, n'en aient presque jamais pour les autres. Vraiment; tu jouerais un joli personnage dans la société, si tu laissais invétérer en toi ce défaut.

HENRIETTE.

Je ne demande pas mieux que de m'en guérir.

CHARLOTTE.

Tenez, maman, je crois que c'est un fort bon moyen pour cela, de lui donner la petite fille à gouverner.

HENRIETTE.

Oui, je peux quereller ma sœur, parce qu'elle me le pardonne aisément, et qu'elle ne me doit rien. Mais je serais plus patiente et plus douce envers une élève. Elle pourrait imaginer que j'aurais du regret de l'avoir obligée.

Mme DELORME.

Avec de pareils sentimens, je ne suis plus inquiète de ta résolution. Ah ça, Louise, il te faudra tous les jours travailler une heure de plus, afin que la petite fille ait bientôt ses chemises et ses bas.

LOUISE.

Oh! je m'en charge de tout mon cœur; je craignais qu'Henriette ne prît pour elle toute la besogne.

Mme DELORME.

Charlotte, il faudra, je te prie, avoir un peu l'œil sur leurs travaux.

CHARLOTTE.

Oui, maman; je serai l'inspecteur général.

Mme DELORME.

Allons, mes filles, hâtons-nous de porter tant de

bonnes nouvelles à nos pauvres gens. J'espère que leur joie vous servira d'encouragement et de récompense.

MATHILDE.

Vous vous souvenez encore, mes chers amis, des violentes chaleurs qui ont régné cet été. Je ne me les rappelle moi-même qu'avec chagrin, parce qu'en abattant mes forces, elles m'ont empêché, pendant quelque temps, de répondre à votre flatteuse impatience. Pour vous dédommager de ce retard involontaire, je vais vous raconter un trait intéressant, auquel elles ont donné occasion.

J'étais à Windsor chez une jeune dame, qui, par les principes déclarés qu'elle transmet à ses enfans, justifie si bien le choix qu'on a fait de sa respectable mère pour présider à l'éducation d'une auguste famille. Nous nous amusions à de petits jeux de société, lorsqu'il survint un orage furieux. Le tonnerre roulait avec un fracas épouvantable, dont toute la maison était ébranlée, tandis que les éclairs semblaient à chaque instant l'embraser. Une jeune demoiselle de le compagnie ne put se défendre de quelque émotion. On entendait aussi les cris d'effroi d'une femme de chambre. Au milieu de ce trouble, la petite Mathilde avait disparu. Sa mère, qui passait dans la chambre voisine, l'aperçut agenouillée dans un coin.

LA MÈRE.
Que faites-vous là, ma fille?

MATHILDE.
Oh! rien, maman.

LA MÈRE.
Est-ce que vous êtes effrayée de l'orage?

MATHILDE.
Non, maman; vous m'avez appris à ne pas le craindre, et vous avez bien vu que je ne le craignais pas tout à l'heure.

LA MÈRE.
Pourquoi donc êtes-vous à genoux?

MATHILDE.
C'est que j'ai vu frissonner Élise, j'ai entendu crier Kitty; cela m'a fait de la peine. Je priais Dieu our elles, et pour tous ceux qui ont peur.

L'ESPRIT DE CONTRADICTION.

Mᵐᵉ DE CELLIÈRES, HENRIETTE, sa fille.

HENRIETTE.
Non, maman, j'aimerais mieux achever cette bourse.

Mme DE CELLIÈRES.

Mais, ma fille, Caroline serait certainement plus flattée de recevoir le sac à ouvrage. Tu sais combien le tien lui a paru joli; et celui-là est sur le même modèle.

HENRIETTE.

Malgré cela, maman, je suis sûre que la bourse lui fera encore plus de plaisir.

Mme DE CELLIÈRES.

A la bonne heure; mais sera-t-elle achevée! Il faut bien des tours encore pour la finir, au lieu qu'il n'y a plus rien à faire au sac à ouvrage, que d'y passer des rubans. Tu ne voudrais pas manquer d'apporter à ta cousine un petit présent au jour de sa fête?

HENRIETTE.

Oh! pour cela, non. Mais vous verrez, maman, la bourse sera bientôt achevée.

Mme DE CELLIÈRES.

Fais-bien tes réflexions. Ton père doit partir à quatre heures précises; et celle qui n'aura pas achevé son ouvrage n'ira pas avec lui.

HENRIETTE.

C'est à cinq heures, maman, et non à quatre.

Mme DE CELLIÈRES.

Henriette, Henriette, ne te corrigeras-tu jamais de ce vilain défaut, de vouloir toujours savoir les choses tout autrement qu'on ne les a dites?

HENRIETTE.

Mais, maman, quand je suis sûre que mon papa, ne doit partir qu'à cinq heures!

Mme DE CELLIÈRES.

Eh bien! nous verrons qui aura le mieux entendu. Je te conseille toujours, en amie, de te tenir prête pour l'heure que je te dis.

HENRIETTE.

Oh! je le serais même pour ce temps-là. Tenez, voyez-vous, c'est presque fini. J'avancerais encore d'un quart d'heure, si j'allais travailler là bas sous le berceau.

Mme DE CELLIÈRES.

Et pourquoi donc?

HENRIETTE.

C'est que j'y verrais beaucoup mieux.

Mme DE CELLIÈBES.

Mais c'est du temps que tu vas perdre à aller et revenir.

HENRIETTE.

Oh! ne craignez pas, je le regagnerai. La besogne en ira cent fois plus vite.

Mme DE CELLIÈRES.

Comme tu voudras, ma fille; mais souviens-toi que je t'ai avertie de ce qui peut t'arriver.

HENRIETTE.

Soyez tranquille, maman, je réponds de tout. Je vais courir à toutes jambes.

Elle y courut en effet, et si vite, qu'elle arriva tout essoufflée. Il lui fallut près d'un demi-quart d'heure pour reprendre haleine. Ses mains étaient toutes tremblantes de l'agitation de sa course, et son aiguille enfilait une maille pour une autre. Enfin, elle acheva de se remettre, et il faut convenir qu'elle poussa vigoureusement son travail. Cependant, malgré toute sa diligence, il semblait s'étendre et s'allonger sous ses doigts. Sa mère, qui craignait toujours pour elle, vint la trouver.

Mme DE CELLIÈRES.

Eh bien! Henriette, où en sommes-nous? As-tu achevé?

HENRIETTE.

Non, pas encore, maman. Aussi n'est-il pas cinq heures.

Mme DE CELLIÈRES.

Tu as raison; mais il en est quatre. L'horloge vient de sonner.

HENRIETTE.

Elle n'a pas sonné, maman. Je le sais bien, moi qui écoutais.

Mme DE CELLIÈRES.

Je ne sais donc pourquoi je l'ai entendue, moi. Ton père va partir.

HENRIETTE.

Oh! que non, maman, cela ne se peut pas.

Mme DE CELLIÈRES.

Cependant on a mis les chevaux, et voilà tes frères et tes sœurs qui sont tout prêts.

HENRIETTE.

O mon Dieu! que me dites-vous?

FRÉDÉRIC, *qui s'avance.*

Eh bien! Henriette, où es-tu donc? On n'attend plus que toi.

HENRIETTE.

Un moment! un moment!

FRÉDÉRIC.

Quatre heures sont déjà sonnées; et tu sais que mon papa nous a dit à dîner qu'il partirait à la minute précise, parce qu'à cinq heures et demie il y a ici un rendez-vous.

Mme DE CELLIÈRES.

Eh bien! ma fille, que t'avais-je dit?

HENRIETTE.

Mais, maman...

AMÉDÉE, VICTOIRE, ADÉLAÏDE, *accourent tous à la fois, en criant:*

Henriette! Henriette! Henriette!

HENRIETTE, *d'un ton d'impatience.*

Doucement donc, enfans.

FRÉDÉRIC.

Comment! est-ce que tu n'as pas achevé ta bourse? Tiens, vois le joli petit paysage que je vais porter à ma cousine.

AMÉDÉE.

Et moi, ce bouquet de fleurs de mon jardin.

VICTOIRE.

Et moi, ces nœuds de rubans.

ADÉLAÏDE.

Et moi, ces jarretières que je lui ai tricotées. Allons, allons, voici mon papa.

M. DE CELLIÈRES.

Henriette, nous partons. Tu sais que jamais je ne me fais attendre, mais aussi que jamais je n'attends personne. Si tu es prête, suis-moi ; si tu ne l'es pas, tu n'as qu'à rester.

HENRIETTE.

Ma bourse n'est pas encore finie ; il ne s'en faut que de quatre ou cinq tours.

M. DE CELLIÈRES, *faisant signe aux autres enfans de le suivre.*

Adieu, ma fille ; je me charge de tes complimens pour Caroline. (*Il sort avec Frédéric, Amédée, Victoire et Adélaïde.*)

HENRIETTE, *à sa mère, en pleurant.*

Les voilà partis ! il faut que je reste à me désoler à la maison, moi qui attendais une si grande joie de cette soirée ! Ma cousine va recevoir un cadeau de chacun de mes frères et de mes sœurs ; et moi qui suis l'aînée, je ne suis pas de la fête ! Que pensera-t-elle de moi ?

Mme DE CELLIÈRES.

En effet, c'est fort malheureux, d'autant plus qu'il ne tenait qu'à toi d'éviter cette disgrâce. Je t'avais avertie encore assez à propos. Si, au lieu de t'obstiner à finir ta bourse, tu avais passé des rubans au sac à ouvrage, si tu n'avais pas perdu de temps à courir ici, si tu n'avais pas étourdiment fourré dans ta tête que ton père ne devait partir qu'à cinq heures, voilà un chagrin amer que tu te serais épargné. Le malheur est venu, il ne te reste plus qu'à le supporter avec courage.

HENRIETTE.

Mon oncle et ma tante, que diront-ils ? Ils vont

croire que je suis en pénitence, ou que je n'aime pas ma cousine.

Mme DE CELLIÈRES.

Tu conviendras qu'ils seraient fondés à la soupçonner.

HENRIETTE.

Ah! maman, au lieu de me donner des consolations, vous augmentez encore ma peine.

Mme DE CELLIÈRES.

Non, ma fille, j'en souffre autant que toi : et je puis la finir, si tu veux.

HENRIETTE.

O maman! que vous êtes bonne! Oui, je vais achever ma bourse, et puis nous irons nous deux la porter. Mon oncle, ma tante et ma petite cousine vont être bien agréablement surpris. Ils verront que ce n'est pas ma faute. Voulez-vous que j'envoie chercher une voiture? Je finirai en attendant.

Mme DE CELLIÈRES.

Non, ma fille, ce serait désobéir à ton père, et te dérober à toi-même le fruit d'une importante leçon. Tu n'iras point d'aujourd'hui chez ta cousine, mais tu peux te rendre encore aussi heureuse que tu l'aurais été par ta visite. J'en ai un moyen sûr à te proposer.

HENRIETTE.

Et quel est-il, maman, je vous prie?

Mme DE CELLIÈRES.

C'est de bien prendre, dès ce moment, sur toi-même, de ne plus arranger tout ce qu'on te dit au gré de ta fantaisie ; te défaire surtout de cette manie insupportable de contredire sans cesse, en opposant tes folles idées aux conseils des personnes plus sages et plus expérimentées que toi. Je te connais assez de courage pour prendre un parti ferme, et le soutenir.

HENRIETTE.

Oh ! oui, maman ; je le veux, je le veux.

Mme DE CELLIÈRES.

Je n'en attendais pas moins de la force de ton caractère. Eh bien ! si je te vois persister le reste de la semaine dans ta courageuse résolution, nous irons dimanche prochain chez ta cousine. Nous lui porterons la bourse, et, de plus, le sac à ouvrage, pour la dédommager. Elle croira que nous n'avons retardé de quelques jours que pour lui faire un cadeau plus digne d'elle, et de notre propre générosité.

HENRIETTE, *se jetant dans ses bras.*

Ah ! ma chère maman, que je vous embrasse ! vous me rendez le calme et la joie.

Mme DE CELLIÈRES.

Je les sens aussi rentrer dans mon âme. Tu viens de fonder, peut-être, en ce moment, le bonheur de toute ta vie.

EUPHRASIE.

EUPHRASIE, *à sa poupée.*

Eh bien, mademoiselle, vous ne voulez donc pas m'obéir? Vous tiendrez toujours votre cou roide comme un piquet? Tenez, voyez comme ces petits airs de tête me vont bien. Allons, oh! que vous êtes maussade! Prenez-y garde, ne me faites pas mettre en colère. Je me fâcherai encore plus que maman lorsque je battis hier mon épagneul.

Mme DE SELIGNY, *qui a entendu ces derniers mots.*

Tu me parais un peu sérieuse, Euphrasie. Est-ce que ta poupée ne s'est pas bien conduite envers toi?

EUPHRASIE.

Je lui montre comment il faut se donner des airs gracieux, et elle ne veut pas les prendre.

Mme DE SELIGNY.

Je conviens qu'il est assez triste de prodiguer inutilement d'aussi utiles instructions. Mais tu parlais de te mettre en colère?

EUPHRASIE.

Oh! non. Je lui reprochais seulement... Vous avez peut-être entendu ce que je lui ai dit?

Mme DE SELIGNY.

Supposé que je n'en ai rien entendu, et que je te

prie de me confier le sujet de tes entretiens, craindrais-tu de me mettre dans la confidence?

EUPHRASIE.

Non, maman; je sais que les petites filles ne doivent avoir aucun secret pour leur mère.

Mme DE SELIGNY.

Très-bien, mon cœur. Redis-moi donc ce que tu disais à ta poupée.

EUPHRASIE.

C'est qu'elle ne voulait pas porter un peu de côté sa tête; et je lui disais que, si elle refusait de m'obéir, je me mettrais en colère, et que je me fâcherais encore plus que vous lorsque je battis hier mon épagneul.

Mme DE SELIGNY.

Tu penses donc que je me mis en colère?

EUPHRASIE.

Vous ne me regardiez pas du même œil qu'auparavant; je pensai que vous aviez de l'humeur contre moi.

Mme DE SELIGNY.

Ce n'était pas de l'humeur, c'était de la tristesse; car, d'abord, j'eus de la peine de voir que tu faisais mal à ton chien; ensuite je craignis qu'il ne s'avisât de te mordre si tu continuais de le frapper. Je t'en avertis; et, comme tu semblais recevoir de mauvaise grâce mes conseils, je tremblais de te voir désobéissante; et c'est pour cela que je fus si affligée, que les larmes m'en vinrent aux yeux. Tu te figuras alors que j'étais en colère. En colère! Fi donc! Je me serais aussi mal comportée envers toi, que toi envers ton chien.

EUPHRASIE.

Mais vous n'êtes pas fâchée non plus de ce que je disais à ma poupée?

Mme DE SELIGNY.

Il y aurait bien quelque chose à te dire au sujet de ces airs de coquetterie que tu voulais lui donner, et que tu commençais par prendre toi-même.

EUPHRASIE.

Je croyais en être plus aimable. La petite Aglaé m'a dit que ces tours de tête me siéraient fort bien.

Mme DE SELIGNY.

Il me semble que je dois en savoir là-dessus un peu plus que ton amie; et je ne serais pas du tout de son avis.

EUPHRASIE.

J'essayai pourtant hier des airs penchés devant le miroir, et je trouvai qu'ils m'allaient à merveille.

Mme DE SELIGNY.

Tu penses donc que les contorsions et les simagrées puissent valoir les grâces naturelles de ton âge? Et puis, tu ignores peut-être à quoi ces grimaces conduisent infailliblement.

EUPHRASIE.

Et à quoi donc, maman, je vous prie?

Mme DE SELIGNY.

A prendre le goût de l'affectation, et à mettre bientôt dans son cœur la même fausseté que l'on met dans son maintien.

EUPHRASIE.

Oh! mon Dieu! que me dites-vous? Je suis bien heureuse de vous en avoir parlé : je serais peut-être tombée dans ce vice, sans m'en apercevoir.

Mme DE SELIGNY.

Et moi, pleine de confiance en ta candeur, je ne m'en serais peut-être aperçue que lorsque le mal aurait eu fait des progrès, et qu'il eût été bien difficile d'y porter du remède. Tu vois par là combien il est important de te défier des conseils de jeunes enfans aussi inexpérimentés que toi-même, et de me consulter, de préférence, dans toutes les occasions.

EUPHRASIE.

Oh! oui, maman, je vous le promets puisque vous voulez avoir cette bonté. Que serais-je devenue, si vous m'en aviez fait le reproche devant toute une assemblée! J'en serai morte de honte.

Mme DE SELIGNY.

Je suis obligée quelquefois de prendre ce moyen pour te rendre la leçon plus frappante; mais nous pouvons former un arrangement pour t'épargner les humiliations publiques.

EUPHRASIE.

Ah! je ne demande pas mieux. Voyons quel est-il?

Mme DE SELIGNY.

C'est de m'obéir au premier coup-d'œil, lorsque je te ferai signe de faire ou de ne pas faire une chose. Tu chercheras à réfléchir en toi-même, pour en sentir la raison. Si elle ne se présente pas à ton esprit, obéis toujours; et ensuite, lorsque nous serons seules tu pourras me la demander ; je me ferai un plaisir de te la faire comprendre.

EUPHRASIE.

Ah ! maman, voilà qui est fort commode. Que vous m'allez épargner de chagrins et de sottises !

Euphrasie, pénétrée de la sagesse de cette instruction, ne se permit plus une action tant soit peu douteuse, sans avoir d'abord pris le conseil de sa maman. Elle parvint bientôt à lire dans le signe le plus léger le parti qu'elle devait prendre dans toutes les circonstances où elle se trouvait embarrassée. Peu à peu, les tendres avis de sa maman, et ses propres réflexions, lui formèrent une expérience au-dessus de son âge. Tout le monde était aussi surpris qu'enchanté de la prudence de sa conduite et de la maturité de sa raison. Avant l'âge de douze ans, elle avait acquis tout le bonheur qu'on peut goûter sur la terre ; savoir, la satisfaction intérieure de son propre cœur, l'attachement solide de ses amis, et la tendresse de ses parens.

LE PARRICIDE.

Quel temps affreux ! je meurs de froid, et je n'ai point d'asile contre les vents et les frimats, point de lit où réchauffer mes membres engourdis. Je suis vieux, et mes forces sont épuisées par le travail. Fils barbare! Cette pensée me navre et me déchire! Fils barbare! c'est moi qui t'ai donné le jour; c'est moi qui t'ai nourri, c'est moi qui t'ai soigné dans les maladies de ton enfance. En te voyant souffrir, mes larmes coulaient sur tes joues. Tu m'aimais alors, et tu me disais, en me caressant : Mon papa, qu'as-tu donc à pleurer? Je ne suis plus malade; ne t'afflige plus, voilà que je me porte bien. Tu te relevais sur ton lit, tes petites mains jouaient dans ma chevelure; tu me disais encore : Ne sois plus chagrin, je suis guéri; et, en disant ces mots tu retombais de faiblesse. Tu voulais parler, et tu ne pouvais pas. Enfin, ton corps s'est fortifié. Tu es devenu sain et robuste. Tu aurais dû être le soutien de ma vieillesse. J'avais travaillé toute ma vie pour toi, et tu me chasses de ta maison dans les vents et dans la neige. Nous ne pouvons plus vivre ensemble, mon père, m'as-tu dit en fureur. Et pourquoi donc, mon fils? que t'ai-je fait? je t'ai exhorté à la vertu; voilà mon crime. En te voyant consumer dans la débauche, les fruits de soixante ans de travail, ces biens dont je m'étais fait une joie de me dépouiller pour t'enrichir, je t'ai montré l'abîme où tu courais te précipiter. Dieu m'est témoins que j'étais plus inquiet sur toi-même. N'avais-je pas gardé assez long-temps le silence, dans la crainte de t'affliger? Mais mon silence et mes gémissemens secrets, tu ne les entendais pas. Il a donc fallu parler. J'ai cru devoir alors reprendre les droits d'un père. J'ai cependant tempéré l'autorité par la douceur. Mes discours étaient aussi tendres que pressans. Je t'ai parlé de ta mère, que tes désordres ont fait mourir de chagrin. Je t'ai parlé de moi-même, qu'ils allaient aussi plonger dans le tombeau. Je t'ai montré mes joues creusées par les larmes que tu m'as fait répandre. Je t'ai montré mes cheveux blancs, hérissés sur ma tête, d'angoisse et de douleur. Je t'ai ouvert mes bras pour t'inviter à venir sur mon sein. Je serais tombé à tes genoux, si ton père, dans cette humiliante posture, avait pu t'attendrir. Et toi, mon fils... Non, je ne puis le croire encore ; tu es venu contre moi d'un air menaçant ; ton bras s'est roidi, et ta porte s'est refermée sur moi. Toi, mon fils ? tu ne l'es plus. Pourquoi sens-je encore dans mes entrailles que je suis ton père ? Que je voudrais pouvoir te maudire ! Mais non ; je n'ose même exhalter tout haut mes plaintes. Je crains que Dieu ne les entende, et que cette maison dont tu me chasses ne s'écroule sur toi. Je vais me coucher sur cette pierre, devant ta porte. Demain tu ne pourras sortir sans me voir. Je ne puis penser que ton cœur ne s'attendrisse en voyant ce que j'aurai souffert dans cette affreuse nuit. Mais si la rigueur de la saison, si l'épuisement de ma vieillesse, et plus encore les déchiremens de ma douleur, ont terminé ma vie, frémis de ton crime, pleure sur moi, pleure encore plus sur toi-même ; je bénirai ma mort, si elle peut servir à te changer.

Telles furent les plaintes de ce vieillard ; et l'aquilon emporta ses soupirs dans toute la longue durée de la nuit. Les airs retentissaient d'affreux sifflemens ; la forêt courbait ses arbres fracassés ; toute la nature semblait frémir d'horreur sur ce crime. Le lendemain au matin on trouva le vieillard mort sur la pierre. Il avait les mains jointes, et le visage tourné vers le ciel. Le nom de son fils était le dernier mot qu'il avait prononcé. Il avait prié jusqu'au dernier moment pour le parricide.

CASTOR ET POLLUX.

M. de Sainval élevait deux jeunes chiens qu'il avait appelés Castor et Pollux, dans l'espérance qu'ils s'aimeraient l'un l'autre comme les deux héros célèbres dont ils portaient les noms. Mais quoiqu'ils fussent nés de la même mère, qu'ils eussent toujours été nourris ensemble, et traités avec une égalité parfaite, ils ne tardèrent pas à manifester un caractère bien opposé.

Castor était doux, affable, docile; Pollux, mutin, hargneux et querelleur.

Castor bondissait de joie lorsqu'on lui faisait des caresses ; mais il ne trouvait pas mauvais qu'on caressât aussi son frère. Pollux, même quand M. de Sainval le tenait sur ses genoux, trouvait encore à grogner qu'il adressât un sourire à Castor, ou qu'il lui fît le signe le plus léger d'amitié.

Lorsque les amis de M. de Sainval se faisaient suivre de leur chien, en lui rendant visite, Castor allait les joindre, et cherchait à s'amuser avec eux. Comme il était d'un naturel souple et liant, et qu'il avait les manières très-prévenantes, ses camarades se trouvaient tout de suite à leur aise avec lui. On les voyait jouer et caracoler ensemble, comme s'ils avaient été amis de collége. Le généreux Castor semblait chercher à faire briller leur grâce et leur légèreté, pour leur procurer quelques amitiés de son maître, et les rendre agréables à ses yeux.

Que faisait Pollux pendant tout ce temps ? Il se tenait dans un coin, d'où il ne cessait d'aboyer contre les étrangers. Quelqu'un d'eux, par malheur, l'approchait-il de trop près, il lui montrait les dents, et souvent lui mordait la queue ou les oreilles. S'il voyait M. de Sainval en caresser un pour sa gentillesse, il poussait des cris effroyables, comme si la maison eût été au pillage.

M. de Sainval avait remarqué dans Pollux ce caractère odieux, et il commençait déjà à ne plus l'aimer. Castor, en revanche, gagnait tous les jours quelque chose dans son affection.

Un jour qu'il était à table, il résolut de les éprouver d'une manière encore plus décidée qu'il n'avait fait jusqu'alors.

Les deux frères étaient auprès de lui. Pollux était le plus avancé, parce que l'honnête Castor, pour éviter les querelles, se faisait un plaisir de lui céder le pas. M. de Sainval donna à Pollux un morceau de viande succulent, qu'il se mit tout de suite à manger. Castor n'en parut point mécontent, et il attendait sans murmure que son tour arrivât. Son maître ne lui jeta qu'un os décharné : il le reçut d'un air satisfait ; mais à peine Pollux eut-il aperçu que son frère avait eu aussi sa part, quoique bien inférieure à la sienne, qu'il rejeta avec indignation le morceau qu'il tenait à la gueule, et se jeta sur lui pour lui arracher le sien. Castor ne lui opposa point de résistance ; et, imaginant que son os flattait peut-être davantage le goût capricieux de son frère, il se fit une joie de le lui céder.

N'allez pas croire, mes amis, que cette condescendance de la part de Castor fût un effet de sa faiblesse ou de sa pusillanimité. Il avait fait ses preuves de force et de courage dans une occasion où son frère s'était mis sur les bras, par ses grogneries, un dogue du quartier. Pollux, après avoir provoqué le combat, avait pris lâchement la fuite. Castor, quoique resté seul, le soutint en héros, et il eut la gloire de faire mordre la poussière à son ennemi.

M. de Sainval savait cette anecdote : ainsi le caractère de Castor était déjà bien établi dans son esprit ; il l'appela, lui fit prendre le morceau choisi qu'il avait jeté à Pollux, et que celui-ci avait négligé, et il dit : Castor, mon brave chien, il est juste que tu aies la portion de ton frère, puisqu'il t'a enlevé la tienne.

Pollux le regardait en grondant. M. de Sainval ajouta : Puisque tu as été complaisant et généreux envers celui qui ne te montrait qu'une jalouse envie, tu seras désormais mon chien d'appartement, et ton frère ne sera que chien de basse-cour. Allons, qu'on mette Pollux à la chaîne, et qu'on lui construise un chenil.

Pollux fut enchaîné dans la basse-cour, et Castor eut ses allées franches dans tous les appartemens.

Pollux eût peut-être joui insolemment de sa faveur, s'il avait obtenu l'avantage dans le jugement de M. Sainval; mais le bon cœur de Castor saignait de la disgrâce de son frère; et il chercha tous les moyens de lui en adoucir les amertumes. Lorsqu'on lui donnait un morceau friand, il le prenait promptement dans sa gueule, et le portait à Pollux; il frétillait de la queue pour l'inviter à s'en régaler. La nuit, il allait le trouver dans son chenil, pour le distraire de ses peines et réchauffer ses membres engourdis par le froid.

Mais l'envieux Pollux, loin d'être sensible à des attentions si tendres et si délicates, ne le recevait qu'avec des hurlemens et des morsures. Bientôt la rage alluma son sang, ulcéra son cœur, et desséchoa ses entrailles. Il mourut en désespéré.

O vous, enfans! s'il en était quelqu'un du caractère affreux de Pollux, voyez le sort qui vous menace; une vie pleine d'humiliations et de chagrins, suivie d'une mort cruelle.

LE PARVENU.

Dans une belle soirée du mois de septembre, M. de Ruffay sortit de sa maison avec Eugène, son fils, et ils tournèrent leurs pas vers les riantes campagnes qui environnent les murailles de la ville. L'air était doux, le ciel pur; le bruit des eaux et le frémissement des arbres portaient à une tendre rêverie. Quelle charmante soirée, s'écria Eugène dans l'enchantement où le plongeaient les beautés ravissantes de la nature! Il pressa la main de son père, et lui dit : Si vous saviez, mon papa, quels sentimens agitent mon cœur! Il se tut un moment, éleva ses regards vers le ciel; et, les yeux humides de larmes, il s'écria : Je te remercie, mon Dieu, de la douce soirée que tu nous donnes. Ah! si tout le monde pouvait en jouir comme moi! si tous les hommes étaient aussi joyeux que je le suis en ce moment! Je voudrais être roi d'un grand royaume, pour faire le bonheur de tous mes sujets.

M. de Ruffay embrassa son fils. Mon cher Eugène, lui dit-il, les souhaits bienfaisans que tu viens d'exprimer sont d'une âme aussi noble que sensible. Mais ton âme ne changerait-elle pas si tu changeais de fortune? Conserverais-tu, dans ton élévation, les dispositions qui t'animent dans l'état de médiocrité où le ciel t'a fait naître ?

EUGÈNE.

Pourquoi me faites-vous cette question, mon papa ? Est-ce qu'on ne peut devenir riche, sans devenir dur et méchant.

M. DE RUFFAY.

Cela n'arrive pas toujours, mon ami. Il est des parvenus qui gardent la mémoire de leur misère passée, et dans qui ce souvenir excite un sentiment de bienfaisance pour les infortunés. Mais, à la honte du cœur humain, le changement altère souvent les affections les plus tendres et les plus compatissantes. Tant que nous sommes malheureux, nous croyons que le ciel impose à tous les hommes le devoir de soulager nos peines ; si la main de la Providence écarte de nous le malheur, nous croyons toutes ses vues dans l'univers remplies, et nous ne songeons plus aux misérables qui restent au fond de l'abîme dont elle nous a fait sortir. Nous en avons un exemple dans cet homme qui vient quelquefois me demander des secours, et auquel je ne les donne qu'avec une répugnance dont je me fais un reproche, mais que je ne suis pas le maître de surmonter.

EUGÈNE.

Effectivement, mon papa, je me suis aperçu que vous lui mettiez sèchement votre aumône dans la main, sans lui adresser jamais ces paroles de consolation que vous adressez à tous les autres pauvres.

M. DE RUFFAY.

Tu vas voir, mon fils, s'il les mérite.

M. Lafargue était un marchand mercier de la place Maubert. Quoiqu'il eût beaucoup de peine à vivre des profits de son petit commerce, jamais un indigent ne s'était présenté inutilement à sa porte. C'était là tous les plaisirs qu'il se permettait d'acheter ; et il se trouvait heureux d'en jouir, quoiqu'il ne pût s'y livrer de toute l'étendue des vœux de son cœur.

Ses affaires l'appelèrent un jour à la bourse. Il vit, dans un coin, plusieurs gros négocians rassemblés, qui parlaient d'entreprises brillantes, et du profit immense qu'ils en attendaient. Ah! dit-il en lui-même, en poussant un soupir, que ces gens sont heureux! Si j'étais aussi riche, Dieu sait que je ne le serais pas pour moi seul, et que les pauvres partageraient mes jouissances. Il entre chez lui plein de pensées ambitieuses ; mais comment son petit commerce pourrait-il remplir ses vastes désirs? A peine suffisait-il, malgré sa rigoureuse économie, pour le faire subsister frugalement pendant le long cours de l'année. Je serai toute ma vie au même point! s'écria-t-il, il n'y a aucun moyen qui puisse me tirer de la médiocrité où je languis.

Un colporteur de loterie se présente en ce moment à sa porte, et lui propose de s'intéresser dans une société de billets. Il saisit avidement cette proposition, comme une inspiration de la fortune ; et, sans réfléchir combien sa cupidité pouvait le mettre à la gêne, il place à la loterie un louis, le seul qu'il eût alors dans son comptoir.

Avec quelle impatience il attendit les six jours qui devaient encore s'écouler jusqu'au tirage! Tantôt il se repentait d'avoir hasardé si follement une mise dont la perte aurait été fort considérable pour lui; tantôt il se représentait les richesses entrant comme un torrent dans sa maison. Enfin le jour arriva.

EUGÈNE.

Eh bien! mon papa, gagna-t-il?

M. DE RUFFAY.

Dix mille francs.

EUGÈNE.

Ah! comme il dut sauter de joie!

M. DE RUFFAY.

Il courut aussitôt chercher cette somme, la porta chez lui, passa plusieurs jours à la considérer; et, quand il s'en fut bien rassasié: Je peux, dit-il, en tirer un parti plus avantageux qu'une vaine contemplation. Il acheta diverses marchandises, étendit son commerce; et, par son intelligence et son activité, il eut bientôt doublé son capital.

En moins de dix ans, il était devenu un des plus riches particuliers de la ville.

Il faut dire, à sa louange, qu'il avait été jusqu'alors fidèle au vœu qu'il avait fait d'associer les pauvres à son aisance. Il se souvenait, sans rougir, de son premier état, à la vue d'un homme malheureux, et ce souvenir n'était jamais sans fruit pour celui qui le rappelait à sa mémoire. Porté peu à peu dans des sociétés brillantes, il y prit le goût du luxe et des dissipations. Il acheta, aux portes de la ville, une maison superbe, avec de vastes jardin; et sa vie devint un cercle d'amusemens et de plaisir. Les fantaisies les plus dispendieuses ne lui coûtaient rien à satisfaire. Il ne tarda guère à s'apercevoir qu'elles avaient fait une brèche considérable à sa fortune. Le commerce, qu'il avait abandonné pour se livrer tout entier à ses jouissances, ne lui fournissait plus les moyens de la réparer. D'un autre côté, l'habitude de la mollesse, et un vil sentiment de vanité ne lui permettaient pas de rabattre de ses dépenses. J'en aurai toujours assez pour moi, se dit-il secrètement, que les autres songent à se pourvoir à eux-mêmes. Son cœur, endurci par cette résolution, fut dès-lors fermé à tous les malheureux. Il entendait autour de lui les cris de la misère comme on entend gronder la tempête, à l'abri de ses fureurs. Des amis qu'il avait alors soutenus vinrent solliciter de nouveaux secours. Il les repoussa durement. N'ai-je donc amassé mes biens, leur dit-il, que pour les disperser sur vous? Faites comme moi, vous pourrez vous suffire. Sa mère, à qui il avait retranché la moitié de sa pension, vint le prier de lui donner un asile dans un coin de son hôtel, pour y finir ses vieux jours. Il eut la barbarie de la refuser, et il la vit, d'un œil sec, mourir dans le désespoir. Ce crime ne demeura pas long-temps impuni. La débauche dans laquelle il était plongé épuisa bientôt toutes ses richesses, et lui ôta les forces nécessaires pour gagner sa subsistance par son travail. Il fut réduit à l'état de mendicité où tu le vois. Il cherche aujourd'hui son pain de porte en porte; et il est l'objet du mépris et de l'indignation de tous les gens de bien.

EUGÈNE.

Ah! mon papa, puisque la fortune peut rendre si méchant, je veux rester comme je suis.

M. DE RUFFAY.

Mon cher Eugène, je fais le même vœu pour ton bonheur; mais si le ciel te destine à un état plus élevé, qu'il te laisse toujours la noblesse et la générosité de ton âme. Pense souvent à l'histoire que je viens de te raconter. Apprends, par cet exemple, qu'on ne peut goûter un véritable bonheur, sans être sensible à l'infortune; que le devoir de l'homme puissant est d'adoucir les peines du faible, et qu'il peut être plus heureux par la joie intérieure qu'il trouve à le remplir, que par l'éclat de son faste et de ses jouissances.

Le soleil allait descendre sous l'horizon, et ses derniers feux faisaient briller d'un vif éclat les nuages, qui paraissaient former des rideaux de pourpre autour de sa couche. Toute la nature respirait le calme et la fraîcheur. Les oiseaux, en répétant leurs dernières chansons, ranimaient leurs voix mélodieuses. Le feuillage des arbres semblait, par un doux murmure, se mêler à leurs concerts. Tout inspirait un sentiment de joie et de plaisir; mais Eugène et son père, au lieu de ce ravissement qu'ils avaient d'abord éprouvé, ne rentrèrent chez eux qu'avec un sentiment profond de mélancolie.

LA POULE.

Que Cyprien était heureux d'avoir un père d'un cœur si tendre et d'un esprit si équitable ! Lorsqu'il avait été pendant quelques jours sage et diligent, il pouvait se promettre que M. de Tourville ne manquerait pas de lui en témoigner sa satisfaction, par une récompense flatteuse. Il avait du goût pour la culture des fleurs et pour le jardinage. Son papa s'en était aperçu; et il profita de cette marque pour lui procurer, par ce moyen, de nouveaux plaisirs.

Ils étaient un jour à table. Cyprien, lui dit son père, ton précepteur vient de me dire que tu commençais aujourdhui l'Histoire Romaine et la Géographie de l'Italie : si, dans huit jours, tu peux me rendre un compte exact de ce que tu auras appris, je te défie d'imaginer le prix que je réserve à ton application.

Cyprien, comme on peut le croire, retint aisément ce discours. Il travailla toute la semaine sans se rebuter. Que dis-je ? il y prit tant de plaisir, qu'en vérité c'eût été à lui d'en récompenser son papa.

Le jour de l'épreuve arriva sans l'inquiéter. Il

soutint à merveille son examen. Il savait déjà toute l'histoire des rois de Rome, et il traçait lui-même sur la carte les accroissemens progressifs de cet empire naissant.

M. de Tourville, transporté de joie, prit et serra la main de son fils. Allons, lui dit-il en l'embrassant, puisque tu as cherché à me causer du plaisir, il est juste que je t'en procure à mon tour. Il le conduisit à ces mots dans le jardin, et, en lui montrant un carré : Je te le céde, lui dit-il. Tu peux le diviser en deux parties, cultiver dans l'une des fleurs, et dans l'autre des légumes à ton choix. Ils allèrent ensuite vers une petite loge adossée à la cabane du jardinier. Cyprien y trouva déjà une bêche, un arrosoir, un rateau, et tous les autres instrumens du jardinage, fabriqués exprès pour sa taille, et proportionnés à ses forces. Les murs étaient tapissés de paniers et de corbeilles. On voyait sur des planches, des boîtes remplies de griffes et d'ognons de fleurs, et des sachets pleins de graines d'herbages ; le tout bien étiqueté d'une belle écriture, avec une carte pendante, qui marquait le temps des semailles et des récoltes.

Il faudrait être encore à l'âge heureux de Cyprien, pour se représenter l'excès de sa joie. Son petit coin de terre était pour lui un grand royaume ; et toutes les heures de relâche qu'il perdait auparavant à polissonner, il les employait utilement à cultiver son jardin.

Un jour qu'il en sortait, il oublia imprudemment

de tirer la porte après lui. Une poule s'aperçut de son étourderie, et eut la fantaisie d'aller à la chasse sur ses terres. Les planches de fleurs étaient couvertes d'un terreau bien gras, et par conséquent abondant en vermisseaux. La poule, friande de cette nourriture, se mit à gratter de ses pieds, et à creuser de son bec, pour en déterrer. Elle établit de préférence ses fouilles dans un endroit où Cyprien venait de transporter des œillets.

Quelle fut la colère du petit garçon, lorsqu'à son retour, il vit cette jardinière nouvelle labourer de la sorte ses plates-bandes! Ah! maudite bête, lui cria-t-il, tu vas me le payer! Il courut aussitôt fermer la porte, de peur que la victime n'échappât à sa vengeance; et, ramassant du sable, des cailloux, des mottes de terre, tout ce qu'il pouvait saisir, il les lui jetait, en la poursuivant.

La pauvre poule, tantôt courait de toute sa vitesse, tantôt, prenant l'essor, cherchait à s'élever au-dessus des murs; son vol n'allait pas à cette hauteur. Elle retomba malheureusement une fois sur les planches de Cyprien, et s'embarrassa des pieds et des aîles dans les touffes de ses plus belles jacinthes.

Cyprien, qui la vit ainsi enchevêtrée, crut tenir sa proie. Deux planches de tulipes et de giroflées le séparaient encore d'elle; emporté par sa rage, il les foule lui-même impitoyablement sous ses pieds, pour franchir plus tôt l'intervalle. Mais la poule, redoublant d'efforts à l'approche de son ennemi, vient à bout de se dégager, et s'élève de plus belle, emportant à sa pate une jacinthe rose-tendre à dix cloches. Cyprien avait aussi son rateau ; il le lance de toute la roideur de son bras. Le rateau, tournoyant, au lieu d'atteindre son but fugitif, n'atteignit qu'une glace du pavillon du jardin, qu'il mit en pièces ; et se fracassa lui-même deux dents en retombant sur le pavé.

Le petit furibond, plus acharné par tous ces malheurs, avait couru prendre sa bêche ; et le nouveau combat aurait eu des suites funestes pour son adversaire, qui, de fatigue et d'étourdissement, s'était allé rencoigner contre une tonnelle, si, M. de Tourville, que le bruit avait, dès le commencement, attiré à sa fenêtre, ne fût venu à son secours.

À peine Cyprien l'eut-il aperçu qu'il s'arrêta tout confus, et lui dit : Voyez, voyez, mon papa, le ravage que cette maudite poule a fait dans mon jardin.

Si tu en avais fermé la porte, lui dit froidement son père, ce dommage ne serait pas arrivé. J'ai vu ta conduite. N'as-tu pas eu honte de rassembler toutes tes forces contre une poule ? Elle est privée des lumières de la raison ; et si elle a fourragé tes œillets, ce n'était pas pour te nuire, mais pour chercher sa pâture. Te serais-tu mis en fureur contre elle si elle n'avait gratté que dans les orties ? et d'où peut-elle avoir appris à faire une différence entre les orties et les œillets ? C'est à toi seul qu'il faut t'en prendre des trois quarts du dégât. Il fallait la chasser avec précaution, pour ne rien endommager de plus. Ma glace et ton rateau ne seraient pas en

Il fallait la chasser avec précaution, ma glace et ton rateau ne seraient pas en pièces.

pièces; toute la perte se serait bornée à quelques fleurs. Il n'y a donc que toi de punissable. Si je coupais une branche de ce noisetier, et que je te fisse éprouver le même traitement que tu voulais faire subir à la poule, ne serais-je pas plus juste que toi? Je n'en ferai rien, pour te convaincre qu'il ne dépend que de nous de retenir notre colère. Mais, pour la glace que tu m'as cassée, tu voudras bien me la payer de l'argent de tes semaines. Je ne dois pas souffrir de la folie de tes emportemens.

Cyprien se retira confondu, et de toute la journée il n'osa lever les yeux sur son père.

Le lendemain, M. de Tourville lui demanda s'il ne serait pas bien aise de l'accompagner à la promenade. Cyprien le suivit, mais d'un air de tristesse qu'il s'efforçait vainement de cacher. Son père s'en aperçut, et lui dit : Qu'as-tu donc, mon fils? tu me parais affligé.

CYPRIEN.

Eh! mon papa, n'ai-je pas sujet de l'être! Il y a un mois que j'économise sur mes plaisirs, pour faire un petit présent à ma sœur. J'ai ramassé douze francs que je destinais à lui acheter un joli chapeau; et il faut que je vous en donne peut-être la moitié pour la glace que j'ai cassée.

M. DE TOURVILLE.

Je crois que tu aurais eu bien du plaisir à donner à ta sœur cette marque d'amitié, mais il faut que ma glace soit payée la première. Cette leçon t'apprendra, pour toute ta vie, à ne pas t'abandonner à tes fureurs, crainte d'empirer le premier mal.

CYPRIEN.

Ah! je ne laisserai jamais la porte du jardin ouverte, et je ne m'en prendrai plus aux poules de mes étourderies.

M. DE TOURVILLE.

Mais crois-tu que, dans ce vaste univers, il n'y ait que les poules qui puissent te fâcher?

CYPRIEN.

Eh! mon Dieu, non. Tenez, la semaine dernière, j'avais laissé ma mappemonde sur la table. Ma petite sœur vint dans mon cabinet, prit une plume et de l'encre, et brouilla si bien toute la face du globe, qu'il n'est plus possible de distinguer l'Europe de l'Amérique.

M. DE TOURVILLE.

Tu as donc à te préserver du tort que peuvent te faire aussi tes semblables?

CYPRIEN.

Hélas! oui, mon papa.

M. DE TOURVILLE.

Sans vouloir te dégoûter de la vie, je t'annonce que tu auras à y supporter bien d'autres dommages que ceux qu'une poule et ta petite sœur ont pu te causer. Les hommes cherchent leurs plaisirs et leurs intérêts, comme les poules cherchent les vermisseaux; et ils les chercheront aux dépens de tes biens, comme les poules aux dépens de tes fleurs.

CYPRIEN.

Je le vois bien par l'exemple de Juillette, puisque le petit plaisir qu'elle a pris à faire ses griffonnages m'a coûté ma plus belle carte de géographie.

M. DE TOURVILLE.

Ne pouvais-tu pas prévoir cette perte, en serrant la mappemonde dans ton portefeuille?

CYPRIEN.

Vraiment oui.

M. DE TOURVILLE.

Songe donc à te comporter toujours si prudemment, que personne ne puisse te faire de tort réel; mais si, malgré tes précautions, tu as le malheur d'en éprouver, sache le supporter de manière à ne pas te le rendre encore plus préjudiciable.

CYPRIEN.

Et par quel moyen, mon papa?

M. DE TOURVILLE.

Par de l'indifférence, s'il est léger; par du courage, s'il est grave. J'ose te proposer pour exemple ma conduite envers M. Duclion.

CYPRIEN.

Ah! ne me parlez pas de cette homme. Depuis deux ans, il ne vous regarde plus; et il n'y a sorte d'horreurs qu'il ne dise de vous dans le monde.

M. DE TOURVILLE.

Sais-tu ce qui le porte à ces indignités?

CYPRIEN.

Je n'ai jamais osé vous interroger là-dessus.

M. DE TOURVILLE.

C'est la préférence que j'ai obtenue pour un emploi que mon père avait exercé pendant trente-cinq ans avec honneur, et dans lequel j'avais été formé de bonne heure par ses instructions. Il n'avait d'autres titres, pour me le disputer, que son ignorance et son effronterie. Mes droits l'ont emporté sur toute sa faveur. Voilà ce qui m'a valu sa haine et ses calomnies.

CYPRIEN.

Ah! mon papa, si j'étais aussi grand que lui, je lui ferais bien rengaîner ses propos.

M. DE TOURVILLE.

Je suis de sa taille, et je le laisse dire. La conduite que tu aurais dû tenir avec la poule, je la garde précisément envers lui. Les œillets dont elle a dépouillé la racine en cherchant de quoi se nourrir, c'est l'estime publique dont je jouis, qu'il travaille à déraciner, pour trouver à assouvir le ver qui le ronge. En cherchant à le punir, je foulerais sous mes pieds le respect et la considération que je me dois à moi-même, comme tu as foulé sous les tiens tes giroflées et tes tulipes. La glace que tu m'as cassée, ton rateau que tu as édenté, ce sont mes biens, mon repos et ma santé, que je perdrais dans une vaine et maladroite vengeance. Instruit par l'accident que tu as souffert, tu fermeras désormais ton jardin à la poule; instruit par la méchanceté de mon ennemi, je mets, par ma bonne conduite, une barrière insurmontable entre nous deux. Inaccessible à ses atteintes, je goûte les fruits de ma modération, tandis qu'il se consume dans les efforts de sa malice, jusqu'à ce que les remords viennent le déchirer. En m'affectant de ces outrages, je me serais fait la victime qu'il n'aspirait qu'à immoler, et mes dignes amis m'auraient reproché ma faiblesse ; mon indifférence pour ses injures le livre à ses propres mépris, et soutient la haute opinion de mon caractère dans l'esprit de tous les gens de bien.

CYPRIEN.

Ah! mon papa, que de chagrins dans la vie je puis m'épargner, en me souvenant de ce que vous venez de m'apprendre !

Comme ils disaient ces mots, ils arrivèrent, sans y songer, à la porte de leur maison. Leur entretien roula sur le même sujet toute la soirée. Ils se séparèrent fort contens l'un de l'autre. Cyprien s'endormit le cœur plein d'une tendre reconnaissance pour les sages instructions qu'il avait reçues, et M. de Tourville avec la satisfacion la plus sensible à un bon père, celle de n'avoir pas vécu inutilement cette journée pour le bonheur de son fils.

LE GRAND JARDIN.

Monsieur Sage n'avait reçu de ses pères qu'une fortune bornée, mais à laquelle il avait su toujours conformer ses goûts et ses désirs; et quoi qu'il fût obligé de se priver de bien des choses dont il voyait les autres jouir en abondance, jamais un sentiment jaloux n'avait troublé l'égalité de son humeur et la paix de son âme.

Le seul regret qu'il eût éprouvé dans le cours de sa vie, était celui d'une épouse vertueuse, que la mort avait frappée dans ses bras. Un fils tout jeune encore, restait seul pour le consoler; et le bonheur de cet enfant devint l'objet de tous ses soins.

Philippe tenait de la nature une imagination très-sensible, par laquelle son père avait trouvé le secret de former, de bonne heure, sa raison. C'était en lui montrant tous les objets sous leur vrai point de vue, qu'il lui en avait donné les premières idées. Par une suite d'images fortes, présentées avec ordre, et dans un moment choisi pour leur effet, il avait déjà fait prendre à ses réflexions un caractère de justesse et de profondeur.

Satisfait de son sort, ce père tendre voulut surtout inspirer à son fils les principes auxquels il devait le calme de sa vie, et la sérénité de son cœur. Oui, se disait-il à lui-même, si je puis l'accoutumer à être content de ce qu'il possède, et à ne pas attacher un grand prix à ce qu'il ne peut obtenir, j'aurai travaillé plus utilement pour sa félicité, que si je lui laissais un immense trésor.

Occupé sans cesse de cette importante leçon; il mena un jour son fils, pour la première fois, dans un magnifique jardin, ouvert au public. Philippe, dès l'entrée, fut saisi d'un sentiment de surprise et d'admiration. L'éclat et le parfum des fleurs, la profusion des statues, la largeur imposante des allées, l'affluence d'hommes et de femmes qui se promenaient, superbement vêtus, sous des voûtes de verdure; les mouvemens confus de cette foule empressée, le murmure de leurs discours, le bruit des jets d'eau et des cascades, tout plongeait ses esprits dans une rêverie profonde. Il promenait ses yeux d'un air égaré, et frappait dans ses mains. Son père, le voyant bien pénétré de toutes ces impressions, l'emmena dans un bosquet plus solitaire, pour rendre un peu de repos à ses sens trop vivement émus. Il lui proposa ensuite de prendre quelques rafraîchissemens. Philippe y consentit avec joie; et, lorsqu'il eut satisfait son appétit : Mon papa, dit-il, comme on est bien ici. Ah! si nous avions un aussi beau jardin! Avez-vous fait attention au nombre de voitures qu'il y avait à la porte! et tous ces gens qui se promènent là bas, comme ils sont richement habillés! Je voudrais bien savoir pourquoi nous sommes obligés de vivre avec tant d'épargne, lorsque les autres ne se refusent rien? Je commence à voir que nous sommes pauvres. Mais pourquoi les autres sont-ils riches? Ils ne sont certainement pas plus honnêtes gens que nous deux.

Tu parles comme un enfant, lui répondit son père; je suis très-riche, moi.

PHILIPPE.

Où sont donc vos richesses?

4

M. SAGE.

J'ai un jardin beaucoup plus grand que celui-ci.

PHILIPPE.

Vous, mon papa ? Oh! je voudrais bien le voir.

M. SAGE.

Suis-moi ; je vais te le montrer.

Il prit son fils par la main, et le conduisit dans la campagne. Ils montèrent sur une colline, du haut de laquelle s'étendait une perspective admirable. A droite, on découvrait une vaste forêt, dont les extrémités se perdaient dans l'horizon. A gauche, on voyait s'entrecouper, dans un agréable mélange, de rians jardins, de vertes prairies, et des champs couverts de moissons dorées. Au pied de la colline serpentait un vallon arrosé, dans toute sa longueur, pas mille petits ruisseaux. Tout ce paysage était animé. Dans son immense étendue, on distinguait des pêcheurs qui jetaient leurs filets ; des chasseurs qui poursuivaient des cerfs fugitifs, avec leurs meutes aboyantes ; des jardiniers qui remplissaient leurs corbeilles d'herbages et de fruits; des bergers qui conduisaient leurs troupeaux au son des musettes ; des moissonneurs qui chargeaient des chariots de leurs dernières gerbes, et les précédaient autour de leurs bœufs. Ce tableau délicieux captiva long-temps, dans une extase muette, les regards de M. Sage et de son fils. Celui-ci, rompant enfin le silence, dit à son père : Mon papa, arriverons-nous bientôt à notre jardin ?

M. SAGE.

Nous y sommes, mon ami.

PHILIPPE.

Mais ceci n'est pas un jardin, mon papa, c'est une colline.

M. SAGE.

Regarde aussi loin que tu pourras voir autour de toi, voilà mon jardin. Cette forêt, ces champs, ces prairies, tout cela m'appartient.

PHILIPPE.

A vous? C'est vous moquer de moi.

M. SAGE.

Je ne me moque point. Je vais te faire voir tout à l'heure que j'en dispose en maître.

PHILIPPE.

Je serais charmé d'en être bien sûr.

M. SAGE.

Si tu avais tout ce pays, dis-moi, qu'en ferais-tu?

PHILIPPE.

Ce que l'on fait d'un bien qui est à soi.

M. SAGE.

Mais quoi, encore?

PHILIPPE.

Je ferais abattre des arbres dans la forêt pour me chauffer cet hiver, j'irais à la chasse du chevreuil, je pêcherais du poisson, j'élèverais des troupeaux de bœufs et de brebis, et je recueillerais les riches moissons qui couvrent ces campagnes.

M. SAGE.

Voilà un plan qui me paraît bien entendu, et je

me félicite de ce que nous nous rencontrons dans nos idées. Tout ce que tu voudrais faire, je le fais déjà, moi.

PHILIPPE.

Comment cela donc?

M. SAGE.

D'abord j'envoie couper dans cette forêt tout le bois dont j'ai besoin.

PHILIPPE.

Je ne vous ai jamais vu donner vos ordres.

M. SAGE.

C'est qu'on a l'attention de les prévenir. Tu sais qu'il y a du feu toute l'année dans notre cuisine, et tout l'hiver dans nos appartemens. Et, c'est du bois que j'en tire.

PHILIPPE.

Cela peut être; mais il faut le payer?

M. SAGE.

Si j'étais celui que tu crois le véritable propriétaire de cette forêt, ne serais-je pas obligé de le payer tout de même?

PHILIPPE.

Non, sans doute. On vous l'apporterait sans que vous eussiez rien à débourser.

M. SAGE.

Tu crois cela? Je pense, au contraire, qu'il me reviendrait peut-être plus cher. Car, alors, n'aurais-je pas à payer des gardes pour veiller à ma forêt, des maçons pour l'enclôre de murs, des bûcherons pour y exploiter les arbres?

PHILIPPE.

Passe pour cela; mais vous ne pouvez pas y aller chasser?

M. SAGE.

Et pourquoi veux-tu que j'y chasse?

PHILIPPE.

Pour avoir votre provision de gibier.

M. SAGE.

Est-ce que nous pourrions manger un cerf ou un chevreuil à nous deux?

PHILIPPE.

Il faudrait être de bon appétit.

M. SAGE.

Ne pouvant aller moi-même à la chasse, j'y envoie des chasseurs pour moi. Je leur donne rendez-vous à la halle, où ils m'apportent tout ce qui m'est nécessaire.

PHILIPPE.

Pour votre argent?

M. SAGE.

D'accord; mais c'est encore pour moi une bonne affaire, car je n'ai point de gages à leur payer; je n'ai besoin de leur fournir ni poudre, ni plomb, ni fusil. Tout ces furets, ces braques, ces chiens courans. Dieu merci, ce n'est pas mon pain qu'ils dévorent.

PHILIPPE.

Sont-elles aussi à vous, ces vaches et ces brebis qui paissent là bas dans la prairie?

M. SAGE.

Vraiment oui : ne manges-tu pas tous les jours du beurre et du fromage? Ce sont elles qui me le fournissent.

PHILIPPE.

Mais, mon papa, si tous ces troupeaux, si toutes ces petites rivières sont à vous, pourquoi n'avons-nous pas à notre table de grands plats de viande et de poisson comme les gens riches?

M. SAGE.

Est-ce qu'ils mangent tout ce qu'on leur sert?

PHILIPPE.

Non; mais ils peuvent choisir sur la table.

M. SAGE.

Et moi, je fais mon choix avant de m'y mettre. Tout le nécessaire m'appartient. Le superflu, il est vrai, n'est pas à moi. Mais qu'en ferais-je, s'il m'appartenait? il me faudrait aussi un estomac superflu.

PHILIPPE.

Les gens riches font bonne chère, et vous n'en faites pas.

M. SAGE.

Je la fais bien meilleure. J'ai une sausse qui leur manque presque toujours dans leurs grands festins : c'est le bon appétit.

PHILIPPE.

Et de l'argent pour satisfaire mille petites fantaisies, en avez-vous autant qu'eux?

M. SAGE.

Bien davantage, car je n'ai pas de fantaisies.

PHILIPPE.

Il y a pourtant du plaisir à les contenter.

M. SAGE.

Cent fois plus encore a être content, et je le suis.

PHILIPPE.

Mais enfin, le bon Dieu les aime plus que vous, puisqu'il leur a donné de grands trésors d'or et d'argent.

M. SAGE.

Philippe, te souviens-tu de cette bouteille de vin muscat que nous bûmes l'autre jour que nous avions prié ton oncle à dîner ?

PHILIPPE.

Oui, mon papa; vous eûtes la bonté de m'en donner un petit verre presque tout plein.

M. SAGE.

Tu vins m'en demander une seconde fois. J'aurais bien pu t'en donner, puisqu'il en restait encore. Pourquoi ne t'en donnai-je pas ?

PHILIPPE.

C'est que vous aviez peur que cela ne me fît mal.

M. SAGE.

Je me souviens de l'avoir dit. Penses-tu que j'eusse raison ?

PHILIPPE.

Oui, mon papa; je sais que vous m'aimez, et que vous ne cherchez que mon bonheur. Ainsi, vous ne m'auriez pas refusé un peu de vin muscat, si vous aviez pensé que cela pût me faire du plaisir sans m'incommoder.

M. SAGE.

Et crois-tu que le bon Dieu ait moins de tendresse pour toi que moi-même.

PHILIPPE.

Non, mon papa, je ne puis le croire; vous m'avez raconté tant de merveilles de sa bonté.

M. SAGE.

D'un autre côté, crois-tu qu'il lui fût difficile de te donner de grandes richesses?

PHILIPPE.

Oh! non, pas plus qu'à moi de faire présent à quelqu'un d'une poignée de sable.

M. SAGE.

Eh bien! si, pouvant t'en donner, il ne t'en donne pas, et que cependant il t'aime, que dois-je penser de son refus?

PHILIPPE.

Que les richesses que je lui demande pourraient m'être dangereuses.

M. SAGE.

Cela te paraît-il assez clair?

PHILIPPE.

Oui, mon papa, je n'y vois rien à dire; cependant...

M. SAGE.

Pourquoi secoues-tu la tête? Tu as certainement encore quelque poids sur le cœur; dis-le moi.

PHILIPPE.

Je pense que, malgré vos raisons, il n'est pas à vous, tout ce pays-là.

M. SAGE.

Et pourquoi le penses-tu?

PHILIPPE.

Parce que vous ne pouvez pas en jouir comme vous le voulez.

M. SAGE.

Connais-tu M. Richard?

PHILIPPE.

Si je le connais? Oh! dame, c'est lui qui a de beaux jardins!

M. SAGE.

Et peut-il en jouir comme il veut?

PHILIPPE.

Ah! le pauvre homme! il ne le peut guère, il n'ose pas manger seulement une grappe de chasselas.

M. SAGE.

Il en a cependant, dans son jardin, des treilles superbes.

PHILIPPE.

Oui, vraiment; mais cela l'incommode.

M. SAGE.

Tu vois donc qu'on peut posséder beaucoup de choses, et cependant n'oser en jouir comme on veut. Je n'ose jouir de mon jardin comme je le voudrais, parce que ma fortune ne me le permet pas; et M. Richard n'ose jouir à son gré du sien, parce que sa santé le lui défend. Je suis encore le plus heureux.

PHILIPPE.

Mon papa, vous aimez à monter à cheval, n'est-il pas vrai?

M. SAGE.

Oui, cet exercice me fait beaucoup de bien, lorsque j'ai le temps de le prendre.

PHILIPPE.

Eh bien ! si cette prairie est à vous, pourquoi n'en récoltez-vous pas le foin pour en nourrir un cheval?

M. SAGE.

C'est ce que je fais. Cette meule de foin que tu vois là-bas est peut-être pour celui que je monte.

PHILIPPE.

Vous n'en avez pourtant pas dans votre écurie?

M. SAGE.

Dieu me préserve de cet embarras !

PHILIPPE.

Oui ; mais aussi vous ne le montez pas lorsque vous voulez ?

M. SAGE.

Tu te trompes ; car je suis assez sage pour ne le vouloir que lorsque j'en ai besoin ; alors je me le procure pour un écu. Dieu merci, je peux en faire la dépense.

PHILIPPE.

Croyez-vous qu'il ne vous serait pas bien plus commode d'avoir deux beaux chevaux gris pommelés, pour vous traîner dans un bon carrosse?

M. SAGE.

Cela serait assez doux. Mais quand je pense à tous les inconvéniens d'une voiture, au besoin que l'on a sans cesse du sellier, du charron et du maréchal; à la dépendance où l'on vit de la santé de ses chevaux et de l'exactitude de son cocher, aux risques infinis dont est menacé à chaque pas, aux suites funestes de la mollesse, dont on prend le goût; en vérité je n'ai pas de regret de ne faire usage que de mes jambes. Elles m'en dureront plus long-temps. Mais voilà le soleil qui se couche; il est temps de nous retirer. Allons, mon ami, n'es-tu pas content d'avoir vu mon domaine ?

PHILIPPE.

Ah! mon papa, je le serais bien davantage si tout cela était réellement à vous.

M. Sage sourit à son fils; et, le prenant par la main, il descendit avec lui de la colline. Ils passaient auprès d'une prairie, qu'ils avaient prises d'en haut pour un étang, parce qu'elle était couverte d'eau. Ah! mon Dieu! s'écria M. Sage; vois-tu ce pré qui ne fait plus qu'une mare. Il faut que le ruisseau voisin se soit débordé avant la fenaison. Toute la récolte de foin est perdue pour cette année.

PHILIPPE.

Celui à qui appartient cette prairie sera, je crois, bien triste, quand il verra tout son foin gâté.

M. SAGE.

Encore s'il en était quitte pour cela! Mais il faudra faire des réparations aux digues du ruisseau, construire peut-être une nouvelle écluse. Il sera bien heureux s'il n'y dépense pas le produit de dix années de sa prairie.

PHILIPPE.

Quel bonheur que celui-là!

M. SAGE.

Il me semble qu'il y avait ici près un moulin.

PHILIPPE.

Il y est aussi toujours, mon papa. Tenez, le voyez-vous?

M. SAGE.

Tu as raison, je le vois à présent. C'est que je ne l'entendais pas aller. O mon Dieu! je parie que l'inondation en a emporté les rouages. Voyons. Justement. Le voilà tout délabré; que deviendra le malheureux propriétaire? Il faut qu'il soit bien riche pour résister à toutes ces pertes.

PHILIPPE.

Je le plains de tout mon cœur. Mais, mon papa, la journée des ouvriers est finie; pourquoi les maçons demeurent-ils encore à l'ouvrage!

M. SAGE.

Je n'en sais rien. Il n'y a qu'à le leur demander. Mon ami, voudriez-vous bien nous dire pourquoi vous restez si tard au travail?

LE MAÇON.

Monsieur, nous y passerons encore toute la nuit. Hier, dans l'obscurité, des voleurs vinrent abattre ce pan de murailles, pour entrer dans le parc, et voler les meubles d'un pavillon qu'on venait de faire construire. On ne s'en est aperçu que ce matin, et il est fort heureux qu'on ne les ait pas pris sur le fait.

M. SAGE.

Et comment donc cela?

LE MAÇON.

C'est qu'on a trouvé dans le parc des mêches qu'ils y avaient répandues, apparemment pour mettre le feu à la forêt, si on était venu les surprendre, afin de se sauver à la faveur du tumulte et de la confusion de l'incendie. Le propriétaire de cette terre est encore, comme vous voyez, fort heureux dans son malheur, car il aurait pu perdre toute sa forêt; au lieu qu'il ne lui en coûtera que les réparations de sa muraille, la dépense d'un garde de plus pour veiller la nuit, et la perte des meubles de son pavillon, qui, à la vérité, étaient fort précieux.

Mon fils, dit M. Sage à Philippe, après avoir fait quelque pas en silence, que dis-tu de tous ces malheurs? Te causent-ils beaucoup de chagrin?

PHILIPPE.

Pourquoi m'en chagriner, mon papa? Je ne souffre en rien de ces pertes.

M. SAGE.

Mais si cette terre t'appartenait de la même manière que les jardins de M. Richard lui appartiennent, et qu'en te promenant aujourd'hui, tu eusses vu tes prairies inondées, ton moulin emporté, un pan de la muraille de ton parc démoli, et ton pavillon mis au pillage, t'en retournerais-tu à la maison aussi tranquille que tu me parais l'être?

PHILIPPE.

Mon Dieu, non! je serais, au contraire, bien triste d'essuyer de si grandes disgrâces en un jour.

M. SAGE.

Et si tu avais tous les jours de semblables disgrâces à souffrir ou à craindre, serais-tu alors plus heureux que tu l'es à présent?

PHILIPPE.

Je serais mille fois plus malheureux.

M. SAGE.

Eh bien! mon ami, tel est le sort de presque tous ceux qui possèdent de grands biens. Sans parler des soucis qui les agitent, et des besoins sans nombre qui les tourmentent, l'éclat de leur fortune devient souvent lui-même l'origine de sa décadence. Il suffit d'une seule année stérile, ou d'une seule méprise dans leurs avides projets, pour entraîner le boulversement. Comme ils craindraient de perdre de leur considération imaginaire, s'ils imposaient quelques sacrifices à l'orgueil de leur luxe, plus leurs revers sont frappans, plus ils croient devoir étaler de faste et de somptuosité pour soutenir l'opinion de leur opulence, et rétablir un crédit imposteur. Quel est donc l'effet de cette misérable vanité? Leurs domestiques, frustrés du prix de leurs services, introduisent un brigandage effréné dans toute la maison. La culture de leurs biens étant négligée ainsi que l'éducation de leur famille, leurs terres tombent en friche, et ne produisent plus que des moissons avortées; leurs enfans, abandonnés à tous les vices, commettent des actions déshonorantes, qu'ils sont forcés d'étouffer à prix d'argent. Toutes leurs vastes possessions, saisies par d'inexorables créanciers, achèvent de dépérir sous une administration de rapine. Le gouffre des procédures en engloutit les derniers débris; et ces favoris de la fortune, si fiers de leurs trésors, de leurs honneurs et des jouissances de leur mollesse, tombent tout à la fois dans l'indigence, l'opprobre et le désespoir..

PHILIPPE.

Ah! mon papa, quel tableau venez-vous de m'offrir!

M. SAGE.

Celui qui se présente à tout moment dans la société; et n'imagine pas qu'il y ait rien d'exagéré dans cette peinture. Je te ferai voir chaque jour dans les papiers publics l'histoire du renversement de quelque grande maison; leçon frappante, que la Providence expose sans cesse aux regards des riches, pour les avertir du sort qui menace leur folie et leur orgueil! Nous irons demain devant ces superbes hôtels qui excitent ton envie; je t'y ferai lire la ruine des hôtels voisins, affichée sur toutes leurs colonnes, jusqu'à ce qu'elles soient elles-mêmes enveloppées du décret de leur propre ruine. Eh! que ne puis-je épargner à tes oreilles sensibles les cris de mille familles désolées, qui n'attestent que trop, par leur désespoir, ces effrayantes révolutions!

PHILIPPE.

Eh quoi! me faudrait-il donc regarder la médiocrité de notre fortune comme un bienfait du ciel?

M. SAGE.

Oui, mon fils; si tu es économe et laborieux, si tu sens en toi le courage de vaincre l'ambition et la cupidité, d'enchaîner tes désirs et tes espérances aux bornes de l'état que tu dois remplir. Vois s'il manque quelque chose à mon bonheur; et voudrais-tu donc être plus heureux que ton père? Regarde l'univers entier comme ton domaine, puisqu'il te fournit, pour prix de ton travail, une subsistance honnête, et les premières douceurs de la vie. Le ciel a placé ton habitation terrestre sur le doux penchant d'une montagne dont le sommet est escarpé, et au pied de laquelle s'étendent des marais impurs, entre-coupés de mille précipices. Élève quelquefois tes yeux vers les riches et les grands; non pour envier la hauteur de leur poste, mais pour observer les orages qui grondent autour d'eux. Abaisse aussi tes regards vers le pauvre qui rampe au-dessous de toi; non pour insulter à sa misère, mais pour lui tendre la main. Si Dieu te donne un jour des enfans, répète-leur sans cesse la leçon que tu viens de recevoir, et surtout donne-leur en exemple ce que je t'ai donné moi-même.

Ils se trouvèrent à ces mots à l'entrée de leur maison. M. Sage se hâta de monter dans son appartement; et s'étant précipité à genoux, il rendit grâces au ciel, et lui offrit sa vie. Que lui restait-il à faire sur la terre? ses jours avaient été pleins de justice et d'honneur; et, inspirant la modération à son fils, il venait de lui transmettre un riche héritage.

MAURICE.

LETTRE I. — Mme LAFOREST A SON FILS.

Orléans.

Mon cher fils,

Ne t'afflige pas trop de ce que j'ai à t'apprendre par cette lettre. Je voudrais bien te le cacher ; mais je ne le puis pas. Ton père est dangereusement malade ; et, sans un miracle exprès du ciel, nous allons le perdre. Ah, Dieu ! Dieu ! mon cœur se brise, lorsque j'y pense. Depuis six jours je n'ai pas fermé l'œil, et je suis si faible, que j'ai peine à tenir ma plume. Il faut que tu reviennes sur-le-champ à la maison. Le cocher qui te remettra cette lettre doit te prendre dans sa voiture. Je t'envoie un bon manteau pour t'envelopper, afin que tu n'aies point de froid en chemin. Ton père désire ardemment de te voir. « Maurice ! mon cher Maurice ! si je pouvais » l'embrasser avant de mourir ! » Voilà ce qu'il a répété plus de cent fois dans la journée. Oh ! que n'es-tu déjà ici ! ne perds pas un moment à faire ton paquet. Le cocher m'a promis toute la vitesse possible. Chaque moment sera un siècle de souffrances pour moi, jusqu'à ce que je te serre contre mon cœur. Adieu, mon enfant; que le Seigneur daigne veiller sur toi dans ta route. J'attends la journée de demain avec la plus vive impatience, et je suis toujours ta bonne mère,

Cécile LAFOREST.

LETTRE II. — Mme LAFOREST A M***.

Orléans.

MONSIEUR ET CHER COUSIN,

C'est à vous seul que je m'adresse; c'est près de vous que j'espère trouver des secours dans des malheurs trop accablans pour une femme, Dieu m'a ravi ce que j'avais de plus cher sur la terre, mon digne époux. Vous savez comme il était tout pour moi. Il y a huit jours qu'il me fit rappeler notre fils du collège. Lorsque Maurice arriva près de son lit, il lui tendit la main; et à peine lui eut-il donné sa bénédiction, qu'il mourut. Avec lui sont passés les jours de mon repos et de mon bonheur. Me voilà plongée dans l'état le plus désolant pour une femme, et pour une mère. Encore si je souffrais toute seule! mais auprès de moi soupire mon pauvre fils. Il ne sait pas encore combien est malheureux un jeune orphelin! Il me brise le cœur, lorsqu'il presse mes mains, qu'il prononce le nom de son père en versant des larmes et en me regardant. Il n'y a qu'une mère qui puisse se former une idée de ces supplices. Je crois lire alors sur son visage ces tristes paroles : Maintenant, ma mère, c'est à toi seule de me nourrir. En quelque endroit que j'aille, il est auprès de moi, et il essuie ses yeux pleins de larmes à mes habits. Lorsque je veux chercher à le consoler, ma tristesse m'en empêche; car c'est lui qui fait ma plus grande douleur. Comment le nourrirai-je? Mon pauvre mari ne m'a rien laissé, et mes mains sont trop faibles pour le travail. Auprès de qui chercherai-je donc des secours, si ce n'est auprès de vous? C'est sur vous seul que repose mon espérance. Dieu, sans doute, disposera votre cœur à secourir une pauvre et malheureuse veuve. Montrez que les nœuds du sang qui nous lient vous sont sacrés. Je vous remets mon fils. Tout ce que vous ferez pour lui, vous le ferez pour moi et pour la mémoire d'un homme qui vous aimait. Ce que Dieu m'a laissé de forces et de courage, je l'emploierai à gagner ma vie par mon travail; mais pour élever convenablement mon fils, je n'en suis pas en état. Je vous l'abandonne entièrement. Il me sera cruel de le voir sortir de mes mains; je sais obéir à la nécessité. Cependant, une pensée me console, c'est que je le confie à la grâce d'un Dieu bienfaisant, et aux bontés d'un parent généreux. Soyez pour lui ce qu'était son père, et mettez-le en état d'adoucir un jour mon malheur. Je ne puis en dire davantage.

Mes larmes, qui mouillent cette feuille, vous témoignent assez ce que mon cœur ressent. Vous tenez dans vos mains mon repos et le bonheur de mon fils. Dieu vous bénira à jamais pour votre générosité. Il vous récompensera même en ce monde de ce que vous aurez fait en faveur de deux malheureux de votre sang. Je suis avec la plus profonde douleur d'une mère infortunée, etc.

Cécile LAFOREST.

LETTRE III. — M*** A Mme LAFOREST.

Paris.

MADAME ET CHÈRE COUSINE,

Votre lettre du 7 du courant, dans laquelle vous m'annoncez la mort de votre époux, m'a extrêmement affligé. Vous pouvez être sûre que je partage votre douleur, et que je suis encore plus sensible à votre perte qu'à la mienne. Cependant, je ne puis m'empêcher d'être fort surpris que vous veuilliez chercher votre recours auprès de moi seul. Est-il donc absolument nécessaire que votre fils continue ses études, et qu'il donne au monde un demi-savant de plus? N'est-il pas beaucoup d'autres professions où il puisse rendre d'aussi grands services à la société, et travailler plus utilement à sa fortune? Considérez vous-même comment il pourrait s'avancer, sans biens et sans appui. Vous connaissez trop bien le monde, pour qu'il me soit nécessaire de vous en démontrer l'impossibilité. D'un autre côté, il vous serait insupportable à vous-même de le voir à charge à des personnes étrangères. Vous me parlez des nœuds du sang; mais ma propre famille, qui est très-nombreuse, me les rappelle plus fortement encore, et je vous prie de croire que j'ai beaucoup de peine à l'entretenir d'une manière convenable. Me charger encore d'un nouveau fardeau, cela m'est absolument impossible; et je suis sûr qu'après une plus mûre réflexion, vous me le pardonnerez. Tout ce que je puis faire, c'est de placer votre fils chez un marchand d'étoffes de Rouen, nommé M. Dupré, avec qui je suis en liaison d'affaires. Je vous donne ma parole qu'il sera fort bien traité chez lui. Réfléchissez mûrement à ce que je vous propose, et mandez-moi votre résolution et celle de votre fils. S'il persiste à vouloir continuer ses études, je me vois absolument hors d'état de contribuer à son entretien. Recevez, je vous prie, la lettre de change de quatre louis d'or ci-incluse, comme une preuve de l'intérêt que je prends à votre malheureuse situation. Je vous prie de me croire toujours, madame et chère cousine, etc.

LETTRE IV. — MAURICE A M. LE PRINCIPAL.

Orléans.

Monsieur le principal,

J'aurais bien des choses à vous écrire, si j'en avais la force. Je commence d'abord en pleurant, et maman, qui est assise auprès de moi, me regarde, et elle pleure aussi. Je ne sais trop ce que sera cette lettre. J'ai toujours un peu de consolation à vous l'écrire. Vous devez déjà savoir que mon papa est mort. Vous voyez que ce que vous m'aviez prédit n'est pas arrivé. Vous me disiez de ne pas être inquiet, que je trouverais peut-être en arrivant ici mon papa hors de tout danger. Hélas! il est pourtant mort; maman n'est plus qu'une pauvre veuve, et moi je ne suis qu'un pauvre orphelin. Ah! j'en avais une frayeur terrible, lorsque j'arrivai près de la maison. Je m'étais endormi dans la voiture : je rêvai que mon papa était dans le ciel, et que j'étais auprès de lui. Il me prit par la main, me conduisit devant Dieu, et lui dit : « Voila mon fils Maurice. » Dieu me regarda d'un air d'amitié, et me dit : « console-toi, mon fils; c'est moi qui serai ton père sur la terre. » Comme il disait cela, je m'éveillai; et, en m'éveillant, j'entendis des cloches qui sonnaient comme pour un enterrement. Cependant nous n'étions pas encore près de la maison, et nous avions au moins plus d'une lieue à faire. Enfin, quand j'y arrivai, maman était sur la porte, qui pleurait à m'attendre, et sanglottait de tout son cœur. Elle m'embrassa, et me conduisit à mon papa, qui était dans son lit, et qui ne pouvait plus parler. Lorsque je lui sautai au cou, Dieu sait comme je pleurais, et comme je sanglottais! Cela lui fit rouvrir les yeux, et il lui échappa quelques mots que je n'entendis guère. Il mit sa main sur ma tête, et me donna sa bénédiction; ensuite il se souleva un peu, tourna ses yeux vers le ciel, poussa un grand soupir, et mourut. Ah! vous ne sauriez imaginer combien nous avons pleuré, ma mère et moi. Tous les gens du village ont pleuré aussi à ses funérailles; mais maman et moi plus que personne. Je commence à boire et à manger quelque chose; mais maman n'a absolument rien pris. Aussi elle est pâle comme la mort; et il faut que je la prie sans cesse de ne pas mourir, parce qu'autrement je ne saurais plus que devenir dans ce monde. Hélas! monsieur le Principal, vous saurez que je ne peux plus continuer mes études. Ah! c'est un grand chagrin pour maman et pour moi. Mais cela ne peut pas être autrement, et j'ai déjà pris mon parti. Maman a écrit à son cousin de Paris, qui est un banquier fort riche, pour l'engager a me soutenir au collége; mais il ne le veut pas, et il dit que je ne serais bon qu'à être un demi-savant. Pour moi je pense que je pourrais être un savant tout-à-fait, si ma mère avait la dixième partie de son argent. Mais non; il faut que je devienne apprenti de commerce, et que j'aille à Rouen, chez M. Dupré. Je ne veux pas vous dire combien cela me fait de peine. Maman cherche toujours à me consoler, et me dit que les marchands sont aussi d'honnêtes gens, et des gens utiles; et que, lorsqu'ils ont appris quelque chose, ils n'en font que mieux leurs affaires. Mais à quoi cela vous sert-il, quand vous n'avez pas de goût pour le métier? Vous savez, monsieur le Principal, combien j'aimais à m'instruire. J'aurais voulu être un ausssi grand médecin que mon papa. J'avais toujours des livres à la main, et je n'y aurai plus qu'une aune. Mais, j'aime mieux me taire, puisque cela ne peut être autrement. Portez-vous bien, monsieur le Principal; je penserai toujours à vous. J'espère aussi que vous ne m'oublierez pas. Je vous remercie de tout ce que vous avez fait pour moi. On dit que monsieur Dupré me mènera dans ses voyages : s'il va du côté de Paris, j'irai vous voir; et si je deviens jamais gros marchand, vous pourrez prendre dans mon magasin tout ce qu'il vous plaira, sans qu'il vous en coûte jamais un sou. Vous verrez, vous verrez! Adieu, monsieur le Principal; je suis et serai toujours, comme vous m'appeliez votre petit ami,

MAURICE.

DIALOGUE I. — MAURICE, Mme LAFOREST.

Orléans.

MAURICE.

Ah! ma chère maman! voilà déjà la voiture.

Mme LAFOREST, *les yeux baignés de larmes.*

Mon cher fils, tu vas donc me quitter?

MAURICE.

Oh! ne pleurez pas tant, je vous prie; autrement je serais triste dans toute la route. Où sont mes gants? Ah! je les ai aux mains. Je ne sais plus ce que je fais.

Mme LAFOREST.

Qu'il m'en coûte de me séparer de toi. Je veux au moins t'accompagner jusqu'à la dernière barrière.

MAURICE.

Mais, ma chère maman, vous êtes déjà si malade et si faible.

Mme LAFOREST.

Ce n'est qu'une demi-heure, et je saurai bien m'en retourner à pied.

MAURICE.

Je le voudrais aussi; mais vous savez que le médecin a dit qu'il fallait vous ménager. Si vous reveniez encore plus malade à la maison; que vous fussiez obligée, comme mon papa, de vous coucher, et de mourir, c'est moi qui en serais la cause. Non, je ne veux pas que vous sortiez, ou je reste.

Mme LAFOREST.

Eh bien! mon cher fils, c'est moi qui resterai.

MAURICE.

Oui, oui, demeurez ici; et, quand je serai au détour de la rue, allez-vous coucher, et tâchez de bien dormir.

Mme LAFOREST.

Oui, si je pouvais.

MAURICE.

Adieu, adieu, ma chère maman.

Mme LAFOREST.

Porte-toi bien, mon cher fils. Que le bon Dieu soit toujours avec toi! Sois pieux, honnête, appliqué; fais la joie de ta mère.

MAURICE.

Vous verrez, vous verrez, je ferai toute votre joie.

Mme LAFOREST.

Écris-moi régulièrement, au moins tous les quinze jours.

MAURICE.

Toutes les semaines, maman. Vous m'écrirez aussi?

Mme LAFOREST.

Peux-tu me le demander? Je n'aurai plus d'autre plaisir sur la terre. Mais nous reverrons-nous encore en ce monde?

MAURICE.

Oh! sûrement, nous nous reverrons. Je remplirai

si bien mon devoir, que j'obtiendrai la permission de venir vous voir dans six mois.

Mme LAFOREST.

Oui, mon enfant ; et tu resteras ici quinze jours. Oh ! si ce temps était déjà venu !

MAURICE.

Maman, voyez le cocher qui s'impatiente. Il faut que je vous quitte.

Mme LAFOREST.

Encore un baiser, mon cher fils. Adieu, Maurice, adieu. (*Ils se font signe de la main, jusqu'à ce qu'ils se perdent de vue.*)

DIALOGUE II. — M. DUPRÉ, marchand d'étoffes de soie, MAURICE.

Rouen.

M. DUPRÉ.

Que m'apportez-vous là, mon joli monsieur ?

MAURICE.

Une lettre qui nous regarde, vous et moi. Je suis le petit Laforest ; vous devez savoir de quoi il est question.

M. DUPRÉ.

Ah ! tu es le petit Laforest ! Je suis bien aise de te voir. Ta physionomie me revient assez. As-tu du goût pour le commerce ?

MAURICE, *en soupirant.*

Hélas! oui, monsieur.

M. DUPRÉ.

Tu as été quelque temps au collége : sais-tu lire?

MAURICE.

Je le savais déjà que je n'avais que cinq ans; et j'en ai dix.

M. DUPRÉ.

Il faut que ton père t'ait fait instruire de bonne heure. Sais-tu aussi écrire et compter? Combien font 6 fois 8?

MAURICE.

48; et 6 fois 48 font 288; et 6 fois 288 font..... attendez un peu..... font 1728, et ajoutez-y 54, cela fait 1782, tout juste le compte de l'année où nous sommes.

M. DUPRÉ.

Comment donc? tu comptes déjà comme un banquier. Je suis enchanté d'avoir dans mon comptoir un petit garçon aussi instruit.

MAURICE.

Vous verrez comme je vais travailler pour devenir bientôt votre premier commis; j'espère aussi que vous me traiterez avec douceur.

M. DUPRÉ.

C'est selon la manière dont tu te comporteras.

MAURICE.

Je ne demande pas mieux. Mais, monsieur, vous trouverez bon que je mange à votre table. Maman n'entend pas que je mange avec les domestiques.

M. DUPRÉ.
Je ne peux te répondre de cet article. C'est l'usage parmi les apprentis.
MAURICE.
Je vous en prie de grâce, monsieur. Je ferai d'ailleurs tout ce qui dépendra de moi pour vous contenter. Mais ne m'envoyez pas manger à la cuisine. J'aime mieux faire mes repas tout seul. Un morceau de pain dans ma chambre, c'est tout ce qu'il me faut.
M. DUPRÉ.
J'en parlerai à ma femme, et nous verrons à te satisfaire.
MAURICE.
Oh! quand vous me présenterez à elle, je veux lui baiser la main, et la prier si instamment.....
M. DUPRÉ.
Ah! ah! est-ce que tu as aussi du talent pour la cajolerie?
MAURICE.
Avez-vous des enfans, monsieur?
M. DUPRÉ.
Oui, un fils et une fille.
MAURICE.
Tant mieux. Sont-ils plus grands ou plus petits que moi?
M. DUPRÉ.
Ils sont à peu près de ton âge.
MAURICE.
Vous voudrez bien me laisser jouer avec eux, lors-

que j'aurai fini ma besogne ; je sais une foule de petites drôleries. Et puis, je chiffre assez joliment ; je peux leur montrer ce que je sais.

M. DUPRÉ.

Tu vas devenir le précepteur de toute la maison. Je vois que nous serons bons amis, si tu te comportes comme il convient.

MAURICE.

Oh! vous n'aurez pas de reproche à me faire. J'aime trop maman pour m'exposer à l'affliger.

M. DUPRÉ.

Allons, viens avec moi, je veux te présenter à ma femme. Nous verrons comment tu t'y prendras pour la cajoler.

MAURICE.

Je ne veux que lui parler de maman, pour m'en faire aimer à la folie, puisqu'elle est mère aussi, et qu'elle est sans doute aimée de ses enfans.

DIALOGUE III. — Mme DE SAINT - AULAIRE, jeune et riche veuve, MAURICE.

Rouen.

MAURICE, *portant un rouleau de satin sous son bras.*
Votre serviteur, madame. M. Dupré vous présente ses très-humbles respects, et vous envoie douze aunes de satin, sur l'échantillon que vous lui avez donné. Vous savez le prix ?

Mme DE SAINT-AULAIRE.

Il m'a demandé treize francs au premier mot. C'est un peu cher.

MAURICE.

N'auriez-vous pas une aune chez vous, madame?

Mme DE SAINT-AULAIRE.

M. Dupré est un honnête homme; je ne mesure jamais après lui. Combien cela fait-il?

MAURICE.

156 francs, madame.

Mme DE SAINT-AULAIRE.

C'est beaucoup d'argent. Mais c'est aujourd'hui ma fête, et je ne suis pas d'humeur de marchander. T'a-t-il dit de te charger du montant?

MAURICE.

Oui, madame, si vous me le donnez.

Mme DE SAINT-AULAIRE.

Voilà six louis et demi. Prends garde de n'en rien perdre.

MAURICE.

Oh! sûrement..... Mais vous ne voulez donc pas marchander, madame?

Mme DE SAINT-AULAIRE.

A quoi bon cette question?

MAURICE.

A rien. Marchandez toujours, croyez-moi!

Mme DE SAINT-AULAIRE.

Et pourquoi donc?

MAURICE.

C'est qu'alors j'aurais vingt sous par aune à rabattre : monsieur Dupré me l'a dit. Vous ne devez pas payer cette étoffe plus chère, puisqu'il peut vous la donner à meilleur marché.

Mme DE SAINT-AULAIRE.

Voilà un trait de délicatesse de ta part qui me ravit. En ce cas-là, mon enfant, je marchande.

MAURICE.

En bien ! c'est douze francs à vous rendre.

Mme DE SAINT-AULAIRE.

Ils sont pour toi, mon ami. Je veux que tu t'en divertisses à l'occasion de ma fête.

MAURICE.

Madame, je ne les prendrai pas.

Mme DE SAINT-AULAIRE.

Tu les prendras : je te les donne.

MAURICE.

Et si M. Dupré ne le trouvait pas bon ?

Mme DE SAINT-AULAIRE.

Cela me regarde. Je le prends sur moi.

MAURICE.

Oh ! que je suis aise ! Je vous remercie mille et mille fois. Cet argent ne restera pas long-temps dans ma poche. Je vais tout de suite l'envoyer à ma chère maman, et je lui parlerai de vous dans ma lettre. Je cours lui écrire aussitôt.

Mme DE SAINT-AULAIRE.

Non, non, je ne te laisse pas aller si vite. Je vois que nous avons bien des choses à nous dire. Apprends-moi d'abord qui est ta maman, et où elle demeure.

MAURICE.

Ah! maman est la pauvre veuve d'un médicin d'Orléans. Mon papa est mort il y a deux mois. Il n'a rien laissé après lui, parce qu'il aimait mieux soigner les pauvres que les riches. Et puis il a resté deux ans malade; c'est ce qui l'a ruiné. Il avait cependant gagné assez dans le commencement, pour me tenir en pension à Paris au collége d'Harcourt. On m'en a rappelé, parce que mon papa voulait m'embrasser avant de mourir. Maman s'est trouvée hors d'état de me soutenir dans mes études. Un de mes cousins m'a fait entrer chez M. Dupré, où je suis apprenti de commerce. Si mon cousin, lui qui est si riche, avait voulu, je serais retourné au collége, et j'aurais été médecin. Ah! j'aurais eu bien du plaisir à étudier, pour être un jour le médecin de maman. J'ai toujours été des premiers dans mes classes; et mes régens étaient bien contens de moi. La première fois que vous aurez besoin d'étoffes, je vous apporterai une lettre du Principal, que j'ai reçue il y a huit jours. Vous verrez s'il m'aimait. Oh! il m'aimait! Oh! il m'aimera toute sa vie, à ce qu'il me dit.

Mme DE SAINT-AULAIRE.

Je n'ai pas de peine à le croire, mon cher enfant. Tu m'as déjà inspiré beaucoup d'amitié, quoique je te voie aujourd'hui pour la première fois. Mais, dis-moi, serais-tu bien aise de quitter le comptoir et de retourner à ta pension.

MAURICE.

Ah! si Dieu le voulait! mais maman ne le peut pas; elle n'a pas d'argent; et, pour étudier, il en faut beaucoup, beaucoup.

Mme DE SAINT-AULAIRE.

Cela est vrai ; mais il y a tant de gens dans le monde qui en regorgent! Que dirais-tu, si je t'adressais à quelqu'un qui t'examinât, pour voir si tu as bien profité du temps que tu as passé au collége, et si tu es en état d'y faire de nouveaux progrès?

MAURICE.

Oh! madame! avec quelle joie je subirais cet examen! Envoyez-moi tout de suite, je vous prie, à cette personne; vous verrez ce qu'elle vous mandera sur mon compte. Et puis, ce que je ne sais pas encore, je puis l'apprendre.

Mme DE SAINT-AULAIRE.

Sais-tu où est le collége royal de cette ville!

MAURICE.

Hélas! oui. J'ai passé bien souvent devant la porte en soupirant.

Mme DE SAINT-AULAIRE.

Eh bien! attends un peu. (*Elle s'assied devant son secrétaire, écrit une lettre, et la remettant à Maurice:*) Tiens, cours au collége, et demande le Principal. Il faut lui parler à lui-même. Tu lui feras bien mes complimens, et tu le prieras de faire un mot de réponse à mon billet.

MAURICE.

Mais c'est que je suis bien pressé d'envoyer les douze francs à maman.

Mme DE SAINT-AULAIRE.

Tu peux attendre jusqu'à demain. Peut-être auras-tu de plus heureuses nouvelles encore à lui donner.

MAURICE.

Je vais d'abord porter votre lettre, et puis je courrai chez M. Dupré, qui m'attend.

Mme DE SAINT-AULAIRE.

Prends bien garde à t'égarer.

MAURICE.

Oh! je saurai bien trouver mon chemin. Adieu, ma noble et généreuse dame. En moins d'une heure M. le Principal aura votre billet : j'y vole comme un oiseau.

DIALOGUE IV. — LE PRINCIPAL du collége, MAURICE.

Rouen.

MAURICE.

Monsieur le Principal, c'est un billet que je vous apporte de la part de madame... Ah! j'ai perdu son nom. Je vais courir chez elle pour le rattraper.

LE PRINCIPAL.

Cela n'est pas nécessaire, mon enfant; elle se

nomme sans doute dans le billet. (*Il l'ouvre, et regarde la signature.*) DE SAINT-AULAIRE! Oh c'est d'une main bien connue. (*Il lit.*)

Monsieur,

« L'enfant que je vous envoie est un pauvre orphelin. Son père vient de mourir, et sa mère s'est vue dans la nécessité de le retirer du collége, pour le placer en apprentissage. Il paraît cependant qu'il a un goût très-vif pour l'étude. Je vous prie en grâce de vouloir bien l'examiner; et s'il vous donne quelques espérances, je m'engage à pourvoir à son éducation. Ma fête, que je célèbre aujourd'hui, m'impose le devoir de faire un œuvre utile, et le ciel semble m'avoir adressé cet enfant pour en être l'objet. Je vous prie, monsieur, de me mander ce que vous pensez sur son compte.

» J'ai l'honneur d'être, etc. »

LE PRINCIPAL.

Prends un siége, mon petit ami; je suis à toi dans la minute. J'ai une lettre pressée à finir.

MAURICE.

Ah! monsieur, que vous avez là de beaux livres! Il y a bien long-temps que je n'en ai feuilleté. Me permettez-vous d'en ouvrir un pendant que vous écrirez?

LE PRINCIPAL.

Je le veux bien, mon enfant.

MAURICE, *prenant un livre.*

Oh! c'est Homère! mais il est en grec? c'est trop

fort pour moi. Je ne lai jamais lu qu'en français.

LE PRINCIPAL.

Comment? tu as lu Homère? Et qu'en penses-tu?

MAURICE.

Il est plein de belles choses : il a surtout de superbes comparaisons. Je voudrais seulement qu'Achille ne fût pas si violent et si opiniâtre.

LE PRINCIPAL.

Et quels traits de violence et d'obstination as-tu à lui reprocher?

MAURICE.

Est-ce bien fait à lui de laisser les Grecs dans l'embarras! Est-ce leur faute, s'il avait une querelle avec Agamemnon? ils ne lui avaient fait aucun tort à lui-même. N'aurait-il pas dû se laisser fléchir, lorsque les députés vinrent lui faire des soumissions dans sa tente? Mais, non ; il reste inébranlable comme un rocher. Ils n'auraient pas eu besoin de me prier si long-temps; je les aurais suivis au premier mot.

LE PRINCIPAL.

Tu es donc bien indulgent?

MAURICE.

Ne faut-il pas l'être pour tous les hommes, et encore plus pour nos compatriotes? Oh! vous avez aussi un Sophocle. C'est, je pense, de lui qu'est la tragédie de Philoctète. Notre régent nous l'a fait expliquer trois fois. C'est une pièce bien touchante; mais savez-vous ce qui m'y a fait le plus de plaisir?

LE PRINCIPAL.

Je suis curieux de le savoir.

MAURICE.

C'est ce jeune grec.... Comment s'appelle-t-il maintenant?

LE PRINCIPAL.

Néoptolême.

MAURICE.

Oui, oui, Néoptolême. C'est lorsqu'il revient, et qu'il rapporte à Philoctète son arc et ses flèches : je sens que j'aurais fait comme lui. Mais je vous demande pardon, monsieur, je vous trouble peut-être par mon babil.

LE PRINCIPAL.

Point du tout. Je t'écoute avec plaisir. Aussi bien voilà ma lettre finie.

MAURICE.

Tant mieux, je vous prierai de me dire ce que c'est que ce beau livre d'estampes qui est ouvert sur votre pupitre.

LE PRINCIPAL.

C'est un recueil des meilleurs gravures de la Galerie de Florence.

MAURICE.

Voilà Jupiter; je le reconnais.

LE PRINCIPAL.

Comment le trouves-tu?

MAURICE.

J'aime l'estampe, mais je n'aime pas monsieur Jupiter.

M. LE PRINCIPAL.

Pourquoi donc cela?

MAURICE.

C'est que c'était un vilain personnage. Je ne sais comment les Grecs et les Romains ont eut la bêtise de l'adorer. C'est un franc libertin, et il se querelle toujours avec Junon. Est-ce que c'est être dieu, cela !

LE PRINCIPAL.

Tu as raison. C'est une indigne et méprisable divinité. Au reste, on ne nous a transmis sur son compte que des imaginations populaires ; et tu sais que le peuple a toujours été aveuglé et superstitieux.

MAURICE.

Oh ! nos paysans sont aujourd'hui bien plus avisés. Figurez-vous un curé de village qui montât en chair, et qui dît que le bon Dieu a une femme qu'il trompe, et qu'il se chamaille tous les jours avec elle. Ses paroissiens n'en croiraient rien du tout.

LE PRINCIPAL.

Et d'où vient donc que la plus grossière populace aujourd'hui est plus sensée que dans les temps de l'antiquité ?

MAURICE.

De la lumière de l'évangile. C'est là que tout est d'un Dieu juste et bon. Si j'eusse vécu dans la Grèce avec un livre pareil, jamais on n'y aurait adoré que le Dieu que j'adore.

LE PRINCIPAL.

Embrasse-moi, mon cher enfant. Comment t'appelles-tu ?

MAURICE.
Maurice Laforest.
LE PRINCIPAL.
En vérité, mon cher Maurice, il serait dommage que tu passasses ta vie derrière un comptoir. Il faut absolumeut que tu reprennes tes études.
MAURICE.
Ah! je le voudrais bien, si cela dépendait de moi.
LE PRINCIPAL.
Je vais te donner ma réponse à madame de Saint-Aulaire.
MAURICE.
Je m'en chargerai avec joie. Mais, monsieur, elle vous prie, je crois, d'avoir la complaisance de m'examiner.
LE PRINCIPAL.
Tu viens de faire cet examen toi-même. Je connais ta tête et ton cœur. Peut-être aurai-je le plaisir de contribuer à te procurer un destin plus heureux. Amuse-toi à parcourir ces estampes, je vais écrire ma réponse.
MAURICE.
Donnez-moi plutôt une feuille de papier et une plume; je veux écrire aussi.
LE PRINCIPAL.
Est-ce à ta bienfaitrice?
MAURICE.
Non, c'est à une autre personne.
LE PRINCIPAL.
Et ne puis-je savoir à qui?

MAURICE.

Quand ma lettre sera écrite; pas plus tôt.

LE PRINCIPAL.

Il me tarde de la voir. (*Il s'assied et se met d'écrire. Maurice écrit aussi la lettre suivante.*)

MONSIEUR LE PRINCIPAL.

« Je vous remercie mille et mille fois de la bonté que vous avez de vous occuper de moi et d'écrire en ma faveur à madame de Saint-Aulaire. J'aurais eu beaucoup de plaisir de retourner dans ma première pension, ou tout le monde m'aime encore, mais puisque vous aurez fait mon bonheur, c'est près de vous que je veux le goûter. Ah! si je pouvais être admis dans votre collége, je vous aimerais de tout mon cœur; je serais bien studieux et bien sage, et j'apprendrais tout ce que vous auriez la complaisance de m'enseigner. Je n'ose espérer que cela s'arrange ainsi. C'est à la volonté de Dieu et à la vôtre. Mais s'il faut que je reste chez M. Dupré, vous ne me refuserez pas la permission de venir vous voir de temps en temps, de causer un peu avec vous, et de lire dans vos beaux livres; autrement j'aurais bientôt oublié tout ce que j'ai appris au collége, et j'en aurais du regret, quoique ce ne soit pas grand'chose. Oh! ayez cette bonté, M. le Principal; Dieu vous en bénira, et je l'écrirai à maman, pour la soulager dans ses chagrins; car elle m'aime beaucoup, et je l'aime beaucoup aussi. Peut-être qu'un jour...

LE PRINCIPAL.

Eh bien! Maurice, ta lettre est-elle finie?

MAURICE.

Non, pas encore tout-à-fait. J'ai plus de chose à dire que vous. Mais la voilà telle qu'elle est : lisez.

LE PRINCIPAL.

Comment! c'est à moi qu'elle s'adresse? Oh! voilà qui est charmant. Non, mon cher Maurice, tu ne resteras pas chez M. Dupré ; tu resteras auprès de moi, je t'en donne ma parole. Retourne vers madame de Saint-Aulaire, présente-lui mes très-humbles respects, et remets-lui ma réponse. Tu me feras savoir ce qu'elle en aura dit.

MAURICE.

Quoi! je serais assez heureux!...

LE PRINCIPAL.

Va seulement, et que Dieu t'accompagne.

MAURICE.

Oh! je cour, et je reviens. (*Lui baisant la main.*) Adieu, monsieur le Principal.

DIALOGUE V. — Mme DE SAINT-AULAIRE, MAURICE.

Rouen.

Mme DE SAINT-AULAIRE.

Eh bien! Maurice, m'apportes-tu une réponse?

MAURICE.

Oui, madame, la voici.

Mme DE SAINT-AULAIRE.

Je suis curieuse de savoir ce qu'elle dit; rien de trop favorable, je crains.

MAURICE.

Rien qui me fasse tort, j'en suis sûr.

Mme DE SAINT-AULAIRE, *lit tout bas.*

Madame,

« Vous ne pouviez me procurer un plus sensible plaisir que l'entretien de cet aimable enfant. Sa physionomie, remplie de candeur et d'innocence, l'esprit vif et plein de feu qui brille dans ses yeux et qui se répand dans ses discours, m'ont pénétré d'attachement pour lui. Son génie le destine à un genre de vie plus élevé que celui où la mort de son père et la pauvreté de sa famille le forceraient de vivre. Je vous félicite, madame, d'avoir choisi pour objet de votre générosité un enfant qui donne de si belles espérances. Le ciel ne vous l'a pas adressé sans dessein le jour de votre fête. Je suis intimement persuadé que vous n'aurez qu'à vous louer de sa conduite et de ses sentimens; et je m'estimerai fort heureux de seconder, par mes soins, vos généreuses dispositions.

» J'ai l'honneur, etc. »

Mme DE SAINT-AULAIRE.

Le Principal ne me paraît content de toi qu'à demi.

MAURICE.

Oh! il l'est tout-à-fait, madame, il me l'a dit; et je le vois aussi dans vos yeux.

Mme DE SAINT-AULAIRE

Comment, tu y vois cela, mon petit devin? Mais, parlons sérieusemenent; s'il se trouvait une personne qui prit soin de toi, et qui se chargeât de ton entretien et de ton éducation, que ferais-tu pour elle?

MAURICE.

Ce que je ferais?... Je ne sais pas trop. Je ne peux rien par moi-même; mais je prierais pour elle de cœur et le jour et la nuit.

Mme DE SAINT-AULAIRE, *l'embrassant.*

Prie donc pour moi, mon cher fils; prie pour ta seconde mère.

MAURICE.

Pour vous, pour vous, maman?

Mme DE SAINT-AULAIRE.

Oui, je veux l'être. Ton père est mort, je remplirai sa place; je ferai pour toi ce qu'il aurait fait. Tu reprendras tes études, et rien ne manquera à ton éducation.

MAURICE, *se jetant à ses genoux.*

Ah! Dieu! mon Dieu! maman! je ne peux plus parler.

Mme DE SAINT-AULAIRE.

Lève-toi, et viens dans mes bras. Si tu m'aimes, ne m'appelle plus que ta maman, entends-tu, mon fils?

MAURICE.

Oh! oui, maman. Je suis dans le paradis.

Mme DE SAINT-AULAIRE.

Tu es hors de toi-même. Tâche de te remettre, et allons nous promener dans mon jardin. J'ai à te parler de ta mère.

DIALOGUE VI. — M. DUPRÉ, MAURICE.

Rouen.

M. DUPRÉ.

Où donc as-tu resté si long-temps?

MAURICE.

Ah! M. Dupré, si vous saviez.....

M. DUPRÉ.

Je sais... qu'il ne faut pas être si long-temps dans tes courses. Que cela ne t'arrive plus une autre fois. Est-ce que tu n'as pas trouvé madame de Saint-Aulaire?

MAURICE.

Oh! je l'ai trouvée, et j'ai en elle une seconde maman.

M. DUPRÉ.

Quel galimatias viens-tu me faire? Est-ce que tu es fou?

MAURICE.

Non, non, je ne le suis pas. Je vais reprendre mes

études, j'entrerai dans trois jours au collége, et maman de Saint-Aulaire viendra demain vous le dire à vous-même.

M. DUPRÉ.

Comment donc? est-ce que tu ne restes plus chez moi!

MAURICE.

Je ne veux pas être marchand, je veux étudier.

M. DUPRÉ.

Ainsi tu n'es venu chez moi que pour tâcher d'en sortir. Tu y es, il faudra bien que tu y restes.

MAURICE.

Vous ne pourrez me refuser à maman, qui viendra me chercher.

M. DUPRÉ.

Croit-elle pouvoir, à sa fantaisie, venir enlever les gens chez leurs maîtres?

MAURICE.

Mais M. Dupré, sans vous fâcher, vous n'êtes pas mon maître, et je ne suis pas de vos gens.

M. DUPRÉ, *s'avançant vers lui d'un air et d'un geste menaçant.*

Dis encore un mot, ingrat.

MAURICE.

Et que vous ai-je donc fait? Vous ai-je causé quelque perte?

M. DUPRÉ.

Tu m'as trompé; je commençais à t'aimer, et je voudrais ne t'avoir jamais vu.

MAURICE.

Non, monsieur, je ne vous ai point trompé, je vous assure. Je serais resté chez vous et je ne songeais pas à en sortir; mais figurez-vous un moment à ma place. Si mon papa n'était pas mort, je ne serais pas sorti du collége pour entrer dans votre maison. Une bonne dame prend pour moi le cœur de mon papa, je sors de votre maison pour rentrer au collége. Est-ce qu'il y a là de ma faute?

M. DUPRÉ.

Tu as raison. Mais pourquoi es-tu si aimable. Je m'accoutumais à te regarder comme mon fils.

MAURICE.

Embrassez-moi donc, monsieur Dupré.

M. DUPRÉ.

Non. Il m'en coûterait encore plus de te perdre.

(*Il sort.*)

MAURICE.

Il est brusque, M. Dupré; mais c'est un brave homme. J'aurai du regret à le quitter, surtout ses enfans et sa femme. Mais il faut que j'écrive à maman. Oh! comme elle va se réjouir en lisant ma lettre. je voudrais qu'elle l'eût déjà dans les mains, et arriver auprès d'elle un moment après. (*Ils se met à écrire.*)

MA CHÈRE MAMAN,

« De la joie! de la joie! vous êtes hors de peine, et moi aussi. Ne pleurez pas trop de plaisir, pour pouvoir lire ma lettre. Voici l'histoire de notre bonheur. M. Dupré m'a envoyé ce matin porter des étoffes à une dame de Saint-Aulaire. Oh! l'excellente dame! Ah, si vous étiez déjà ici! Savez-vous bien, maman, que vous y viendrez avant huit jours. Elle vous donnera un appartement dans son hôtel, et vous vivrez avec elle ; et moi j'irai au collége, et je viendrai vous voir tous les jours. Oh! un plaisir! un plaisir! Vous souvenez-vous pourtant lorsque je partis, comme vous pleuriez? Vous disiez que nous nous embrassions peut-être pour la dernière fois. Eh bien, il ne tiendra qu'à nous de nous embrasser mille fois le jour. Maman doit vous envoyer de l'argent pour faire le voyage ; car elle est aussi ma maman comme vous, et je suis sûr que vous n'en serez pas fâchée. Tout l'argent que vous recevrez pourtant n'est pas d'elle, il y a douze francs de moi ; elle me les avait donnés, et moi, je vous les donne. Dépêchez-vous bien à faire votre paquet ; plus tôt vous arriverez, plus tôt nous serons contens. Je lui ai dit tant de bien de vous, qu'elle désire presque autant que moi de vous voir. Partez, partez ; j'irai vous attendre à l'arrivée de la diligence, pour vous conter toute l'histoire avant que vous entriez chez elle ; mais elle vous la conte sans doute dans la lettre qu'elle vous écrit aujourd'hui. Adieu, ma chère maman ; je craindrais que ma lettre ne fût retardée d'un courier, si je vous écrivais tout ce que j'ai à vous dire. »

MAURICE.

LETTRE V. — Mme LAFOREST A Mme DE SAINT-AULAIRE.

Orléans.

Madame,

Où trouver des paroles pour vous exprimer mes transports et ma reconnaissance! Grand Dieu! mes malheurs sont donc à leur fin! Je suis heureuse, mon fils l'est aussi, et c'est à vous que nous le devons. Comment s'élever, sans mourir, d'un abîme de douleur au comble de la joie! Je n'ai que des larmes pour exprimer ce que je sens. Je regrette de ne pouvoir les répandre toutes devant vous, pour vous payer de votre bienfaisance. Vous avez désiré d'être mère; vous pourrez peut-être vous former une idée de mon bonheur. Je ne puis vous en dire davantage. Je vous en dirai peut-être encore moins au premier moment où je verrai notre fils placé entre nous deux, et serré dans nos bras entrelacés; mais vous entendrez mon silence, et mon attachement et mes soins achèveront de vous l'expliquer à chaque instant de ma vie.

J'ai l'honneur d'être, etc.

LA TENDRE MÈRE.

LETTRE I. — M. DE TERCY A Mme DE TERCY.

Madame,

Cette lettre vous causera peut-être quelque surprise. Peut-être aussi l'attendiez-vous de moi. Quoiqu'il en soit, elle est devenue nécessaire ; et j'en viens, sans autre préparation, au sujet qui me force de vous l'écrire.

Vous pouvez vous souvenir encore d'un temps où je vous aimais, et où vous paraissiez répondre à ma tendresse. Ce temps n'est plus. Vous avez cru pouvoir placer vos affections dans un objet plus digne de vous. Puisque vous en espérez votre bonheur, je ne veux point le détruire. Nous sommes libres. Retirez-vous sur vos terres ; je reste dans les miennes. Je vous donne huit jours pour cet arrangement. Je me tiendrai loin de vous dans cet intervalle, pour vous sauver de mes reproches, et vous épargner un trouble dont il ne me convient pas d'être témoin. Quant à mes trois enfans, vous pouvez vous tranquilliser sur leur sort. Après sa conduite, leur mère ne doit plus avoir de communication avec eux, et je trouverai, sans elle, le moyen de les faire élever convenablement à leur naissance. Recevez pour toujours mes adieux. Jouissez en paix de votre nouvelle destinée, et cherchez, autant qu'il vous sera possible, à effacer de votre mémoire le souvenir de celui qui se disait autrefois votre tendre époux, et qui n'est à présent que

Votre très-humble et très-obéissant serviteur,
Adrien DE TERCY.

LETTRE II. — Mme DE TERCY A M. DE TERCY.

Monsieur,

Je chercherais vainement à vous peindre tous les mouvemens que votre lettre a excités dans mon âme. Vous voulez vous séparer de moi. Puisque vous jugez cet éclat nécessaire, je me soumets à vos idées. Si quelqu'un m'avait dit, lors de notre union, qu'elle n'aboutirait qu'à une rupture scandaleuse, je n'aurais certainement pu me persuader que cet événement fût même possible. Cependant il est arrivé. Dans mon malheur, il me reste une consolation, c'est qu'il est encore dans le ciel un Dieu qui sait porter au grand jour l'innocence. Ma conscience me déclare exempte de tout reproche. Mon cœur ne connaît aucun de ces objets que vous appelez dignes de moi. Il n'a jamais écouté que vous seul, je vous le proteste, non par des sermens, mais par une simple affirmation, que mon âme prononce avec calme et avec fermeté. Je ne veux faire aucun effort pour vous convaincre de votre injustice. Je suivrai patiemment le chemin par où le ciel me conduit. Il m'a jusqu'à présent comblée de faveurs. J'espère qu'il voudra bien me les continuer. Il est cruel pour moi qu'on m'arrache tous mes enfans. Je pourrais dire qu'une mère qui leur donna le jour avec douleur, a sur eux plus de droits que leur père; et les lois m'en accorderaient au moins un. Mais je ne vous ferai point l'affront de les invoquer. Je me figurerai avec résignation que Dieu vient de me les enlever par la mort, ou que je meurs moi-même, et qu'ils vont bientôt me suivre. Adieu; vivez heureux, injuste et toujours cher époux. Le jour et la nuit je prierai le ciel que, pour votre repos, il fasse tomber de vos yeux le voile qui les couvre, afin que vous puissiez voir quelle honnête et fidèle épouse vous avez par dessus toutes les femmes, dans

Votre désolée, mais innocente

AMÉLIE.

DIALOGUE I.—Mme DE TERCY, HENRIETTE, SOPHIE et CAROLINE.

HENRIETTE.

Nous voici, maman; que nous voulez-vous?

Mme DE TERCY.

Venez, mes filles; asseyez-vous près de moi. J'ai quelque chose à vous dire.

CAROLINE.

Prends-moi sur tes genoux, je te prie, maman. (*Madame de Tercy prend Caroline dans ses bras, la serre tendrement sur son sein, et laisse échapper quelques larmes.*)

HENRIETTE.

Qu'avez-vous donc, maman? vous pleurez.

SOPHIE.

Je n'ai rien fait, au moins, que je sache, pour te fâcher contre moi.

CAROLINE.

Ni moi non plus, maman, je t'assure. (*Madame de Tercy secoue la tête, sans pouvoir répondre; ses larmes et ses sanglots recommencent avec plus de violence. Les trois enfans se mettent à pleurer, et crient ensemble, en la pressant de leurs mains:*) Maman! ma chère maman!

Mme DE TERCY, *en contraignant ses pleurs.*

Tranquillisez-vous, je vous en conjure; ne pleurez point; vous me désolez.

HENRIETTE.

Pourquoi donc avez-vous pleuré la première?

Pourquoi pleuriez-vous hier, avant-hier, tous les jours, depuis la lettre de mon papa?

Mme DE TERCY.

Ne me le demande point, ma chère fille, tu le sauras un jour. Tout ce que je puis vous apprendre, mes enfans, c'est que demain je suis obligée de vous quitter.

SOPHIE.

Et tu ne m'emmènes pas cette fois, comme tu me l'avais promis? Henriette t'a bien accompagnée dans l'autre voyage.

Mme DE TERCY.

Plût au ciel que je pusse vous emporter toutes dans mes bras! Mais, hélas! ce n'est pas en mon pouvoir.

HENRIETTE.

Au moins, reviendrez-vous bientôt, maman?

SOPHIE.

Et m'apporteras-tu quelque chose de bien joli, quand tu reviendras?

CAROLINE.

Et aussi à moi, je t'en prie! Une grande poupée qui roule!

HENRIETTE.

Quoi! mes sœurs, vous voyez que maman est triste, et vous lui parlez de joujoux? Ah! si j'osais...

Mme DE TERCY.

Que veux-tu dire, ma chère fille?

HENRIETTE, *en sanglotant.*

Vous ne reviendrez pas, je le sens. Vous êtes toujours chagrine de nous quitter; mais vous ne pleurez pas comme aujourd'hui, quand ce n'est que pour un petit voyage.

Mme DE TERCY.

Ne te fais pas ces frayeurs, Henriette. En moins de six semaines, je serai de retour auprès de vous.

SOPHIE.

O mon Dieu! que ferons-nous si long-temps toutes seules.

CAROLINE.

Tu le sais, maman; je ne sais jamais jouer si bien quand tu n'y es pas.

Mme DE TERCY.

Votre papa revient demain.

HENRIETTE.

Et vous ne serez pas ici pour le recevoir?

SOPHIE.

Oh! il sera bien fâché que tu n'y sois pas.

CAROLINE.

Demeure au moins pour lui, je te prie, maman.

Mme DE TERCY.

Il n'en sera que plus aise de me voir à mon retour. Quelques semaines seront bientôt passées.

HENRIETTE.

Vous ne voulez pas nous le dire; moi je sais que mon papa...

Mme DE TERCY.

Mon enfant, tu me déchires le cœur. Je souffre

bien assez de me séparer de vous. Tranquillise-toi, je t'en conjure, nous nous reverrons bientôt. Reçois-en ce baiser pour gage.

HENRIETTE, *en se jetant à son cou.*

Oh! si c'était vrai!

Mme DE TERCY.

Tu verras, tu verras. Je te le promets. Je ne t'ai jamais trompée. Portez-vous bien, mes chères filles, et ne cherchez qu'à vous amuser en m'attendant. (*Elle les embrasse l'une après l'autre.*) Henriette, Sophie, vous qui êtes les deux aînées, prenez bien garde qu'il n'arrive aucun accident à ma Caroline. Aimez-moi toujours. De mon côté, je penserai continuellement à vous. Adieu, chers enfans. (*Elle s'arrache tout à coup de leurs bras, et les laisse toutes les trois immobiles de douleur, et poussant de hauts cris.*)

LETTRE III. — M. DE TERCY A Mme DE VILLIERS.

MA CHÈRE ET DIGNE AMIE,

Je vous envoie, comme vous me le permettez, mes trois filles. Je vous conjure de leur prodiguer vos plus tendres soins. Qu'elles trouvent en vous une seconde mère. Après l'événement odieux qui leur a fait perdre celle que leur avait donnée la nature, je regarde comme un bienfait du ciel que vous daigniez généreusement vous charger de veiller sur leur éducation. Je sens de quel poids est le fardeau que je vous impose, et combien peu je suis en état de m'acquitter jamais envers vous de la moindre partie de ma reconnaissance. Mais que n'ose pas un père pour ses enfans! Daignez donc pardonner à l'indiscrétion d'un cœur paternel; et disposez dans tous les temps de moi et de tout ce qui m'appartient. Une chose que je ne saurais assez vous recommander, ma digne amie, c'est le choix d'une bonne gouvernante. Tâchez d'en trouver une selon mes principes et les vôtres. Il en est si peu qui soient propres à d'autre emploi que d'habiller et déshabiller des poupées. Plutôt que de livrer mes enfans à des êtres de cette nature, j'irais les porter dans une campagne déserte, pour y végéter sans aucune espèce d'éducation. Mais comme les âmes dignes l'une de l'autre savent s'attirer mutuellement par une sympathie secrète, j'espère que, dans une aussi grande ville que Rouen, vous parviendrez à découvrir une femme qui ait assez d'honnêteté, de connaissances et de raison pour élever mes filles selon mes désirs. Je vous donne un pouvoir illimité sur le sort que vous jugerez à propos de lui faire. Je ne ménagerai rien pour un objet si important. J'attends de vos nouvelles avec la plus vive impatience. Je verrais avec beaucoup de plaisir que vous voulussiez bien charger de quelque partie de notre correspondance, Henriette, ma fille aînée, pour la former de bonne heure à écrire. Il est en votre pouvoir, ma digne amie, de me rendre plus supportable le malheur que j'éprouve, et de me faire goûter, dans mes enfans, la joie que m'a ravie mon infidèle épouse. J'appelle cette douce espérance dans mon cœur, pour en chasser les chagrins qui le possèdent, et pouvoir vous exprimer les sentimens d'estime et de reconnaissance avec lesquels je suis et serai toute ma vie,

Votre ami, à toute épreuve,

Adrien DE TERCY.

DIALOGUE II. — Mme DE TERCY, JUSTINE sa femme de chambre, COMTOIS son laquais.

COMTOIS, *en entrant.*

Madame la baronne vous souhaite le bonjour. Voici sa réponse. (*Il lui présente un billet.*)

Mme DE TERCY.

C'est bon. Faites venir La Brie, et vous remonterez avec lui. (*Comtois sort. Madame de Tercy ouvre le billet, et le lit tout bas.*) Dieu soit loué ! j'ai réussi. (*A sa femme de chambre.*) Tiens, lis, Justine.

JUSTINE, *lit tout haut.*

« C'est avec plaisir que je reçois la femme de chambre que vous me recommandez. Une personne à qui vous rendez un témoignage si avantageux doit être un sujet rare, et je vous remercie de la préférence. Elle peut entrer dès ce moment chez moi. » (*En lui rendant le billet d'une main tremblante :*) Bon Dieu, madame, que vous ai-je fait ? (*En pleurant.*) Vous me renvoyez de votre service. En quoi l'ai-je donc mérité ?

Mme DE TERCY.

En rien, ma pauvre Justine ; tu es une excellente fille, et si le ciel dispose autrement de mon sort, je n'en aurai jamais d'autre que toi. Mais à présent je ne puis te garder. Il faut nous séparer absolument. Console-toi ; j'espère que je ne tarderai guère à te reprendre. Je t'aurais donné de quoi vivre seule en attendant ce jour ; mais j'ai craint les dangers auxquels pourraient t'exposer ta jeunesse et ton inexpérience. Tu seras traitée chez madame la baronne avec autant de douceur qu'auprès de moi. Je lui ai fait en ta faveur les recommandations les plus pressantes. Voici un petit cadeau pour me rappeler à ton souvenir. Tu trouveras aussi dans le bas de mon armoire quelques nippes dont je te fais présent. Va, ma pauvre amie, ne pleure point devant mes yeux ; ils sont assez rassasiés de larmes. Lorsque tu auras fait ton paquet, je te verrai encore une fois.

JUSTINE, *tordant ses mains.*

O Dieu ! faut-il que je vous quitte ! Non, je ne puis me passer de vous servir ; je vous suivrai partout.

Mme DE TERCY, *avec fermeté.*

Je vous prie, Justine ; si vous avez pour moi quelque attachement, ne me tourmentez pas de vos plaintes. Laissez-moi seule. J'ai besoin de quelque repos. (*D'une voix douce.*) Va, ma pauvre amie, je t'ai dit que je te reverrais encore avant de nous séparer.

JUSTINE.

O ma digne et bonne maîtresse! (*Elle sort en poussant de profonds soupirs.*)

DIALOGUE III. — Mme DE TERCY, LA BRIE son cocher, COMTOIS son laquais.

LA BRIE.

Me voici, madame; est-ce pour mettre vos chevaux?

Mme DE TERCY.

Non, La Brie. Attendez. (*A Comtois.*) Que vous est-il dû de vos gages?

COMTOIS.

Le dernier quartier seulement, madame.

Mme DE TERCY.

Le voici, et une demi-année par-dessus, pour vous donner le temps de vous bien placer. Mes affaires m'obligent de m'éloigner de ma maison. Je suis très-contente de votre service; et vous pouvez produire partout cette attestation que je vous en donne. Vous êtes jeune, et vous avez su vous former à votre état. Il vous sera facile de trouver une condition. Adieu. (*Le domestique sort avec un air de trouble et de chagrin.*)

LA BRIE, *les mains jointes.*

Ah! madame, je ne puis croire que mon tour aille venir.

Mme DE TERCY.

Je tremble moi-même de vous le déclarer.

LA BRIE.

Quoi! madame, moi qui vous ai vue naître, moi qui vous ai suivie de chez Monsieur votre père, moi que vous regardiez, disiez-vous, comme de votre dot! Me renvoyer après tant d'années! Pensez-vous que je vous sois moins attaché à cause de ma vieillesse? Hélas! je n'ai ni femme, ni enfans. Je ne tiens qu'à vous dans ce monde. Que voulez-vous que je devienne?

Mme DE TERCY.

Mon cher et honnête La Brie, croyez qu'il en coûte bien à mon cœur. Mais, vous le voyez, j'ai renvoyé ma femme de chambre et mon domestique. Je ne dois plus avoir personne auprès de moi.

LA BRIE, *avec feu.*

Ma bonne maîtresse, est-ce que les affaires de M. de Tercy seraient dérangées? Ah! je tiens de vos bontés de quoi nourrir long-temps vos chevaux. Laissez-moi mourir sur mon siége, en vous conduisant.

Mme DE TERCY.

Cette preuve de votre attachement m'est bien sensible. J'en suis pénétrée jusqu'au fond du cœur.

Mais rassurez-vous. M. de Tercy gouverne sa fortune en homme sage, et ne laisse rien manquer à mes besoins. Cela est si vrai, que je vous donne mes trois chevaux, et que je vous assure une petite pension pour toute votre vie.

LA BRIE.

A moi, à moi ? Que voulez-vous que je fasse de ces richesses, je n'en mourrai que plus tôt du regret de perdre celle qui me les avait données. Non, jamais, jamais.

Mme DE TERCY.

Je l'exige de vous pour ma satisfaction. Je veux me réjouir de vous avoir procuré du repos et de l'aisance pour le reste de votre vieillesse. (*La Brie veut prendre le bas de sa robe pour la baiser. Elle lui donne à baiser sa main.*) Allez, mon enfant, j'ai besoin d'être seule.

LA BRIE.

Que je vous souhaite au moins mille et mille bénédictions du ciel. Je suis vieux, mais je ne me sens encore que trop jeune pour avoir le temps de vous pleurer.

DIALOGUE IV. — Mme DE VILLIERS, Mme DE TERCY vêtue en robe de serge noire.

Mme DE TERCY.

Pardonnez, madame, si je prends la liberté de venir vous interrompre. J'ai appris que vous cherchiez une gouvernante pour trois jeunes demoiselles. Quoique je me croie bien éloignée de posséder les qualités nécessaires pour des fonctions si délicates, la situation où je me trouve m'engage à vous proposer du moins d'en faire un essai.

Mme DE VILLIERS.

Puis-je vous demander qui vous êtes, madame, et quel est votre nom?

Mme TERCY.

Je m'appelle Lambert. Je suis la veuve infortunée d'un homme que j'aimais et que j'aime encore plus que moi-même. Dans la douleur qui m'accable, ce serait une consolation pour moi de pouvoir employer mon temps à l'éducation de trois enfans bien nés. Je vous conjure, madame, si vous n'avez pris d'engagement avec personne, de vouloir bien me confier cet emploi; j'espère que vous serez contente de mon zèle. Je ne demande aucun salaire; je suis au-dessus de tous les besoins. C'est une occupation que je cherche pour me distraire de l'idée de mes malheurs.

Mme DE VILLIERS.

Un motif si touchant me pénètre du plus vif intérêt pour vos peines. Vous n'avez donc point d'enfans, madame?

Mme DE TERCY, *avec émotion.*

J'en avais, qui faisaient toute ma joie et tout mon espoir. Mais, hélas! ma cruelle destinée me les a ravis.

Mme DE VILLIERS.

Je vous plains du fond de mon cœur. Vous me paraissez une mère tendre, et vous auriez mérité de voir vivre vos enfans, pour prix de votre amour.

Mme DE TERCY, *avec un soupir.*

Ah! ils vivent encore, ils vivent. Mais ils n'en sont pas moins perdus pour moi. (*Il lui échappe des larmes.*)

Mme DE VILLIERS.

Je ne puis vous comprendre, madame. Certainement, ou votre douleur vous égare, ou vous avez un sentiment secret que vous étouffez. Craindriez-vous de me le découvrir? Peut-être serais-je en état de vous donner quelques consolations.

Mme DE TERCY.

Vous seule au monde le pouvez, madame.

Mme DE VILLIERS.

Moi seule? Et comment? Parlez. Que désirez-vous de moi? Il n'est rien que je ne me sente portée à faire pour vous.

Mme DE TERCY.

Faites-moi donc gouvernante des trois jeunes demoiselles.

Mme DE VILLIERS.

Est-ce là tout ce que vous désirez?

Mme DE TERCY.

Rien, rien de plus, et je suis heureuse.

Mme DE VILLIERS.

Je ne puis revenir de l'étonnement où vous me plongez. Tout cet entretien me paraît comme un songe. Quoique vous ne me jugiez pas digne de votre confiance, je sens que vous vous emparez de la mienne. Je vais faire appeler les trois jeunes demoiselles. Voudriez-vous bien faire, en ma présence, une première épreuve de vos dispositions pour l'emploi que vous recherchez? Si, comme je n'en doute pas, vous justifiez l'idée que j'en ai conçue, je vous remets aussitôt vos élèves.

Mme DE TERCY, *avec transport.*

O ma noble bienfaitrice; je ne puis contenir l'excès de ma joie. Ainsi, j'ai votre parole?

Mme DE VILLIERS.

Oui, sous la condition que je vous ai proposée.

Mme DE TERCY.

Je n'en demande pas davantage. Grâces au ciel et à vous, j'ai encore mes enfans.

Mme DE VILLIERS, *avec surprise.*

Vos enfans, madame? Quels enfans?

Mme DE TERCY.

Mes trois filles, les demoiselles de Tercy. Vous voyez leur malheureuse et innocente mère, que son époux voulait leur arracher. J'ai abandonné mes biens; j'ai déguisé mon nom et mon état, pour vivre auprès de mes enfans. J'ai craint de me découvrir à vos yeux avant d'avoir obtenu votre promesse. Je sais ce que mon époux vous a écrit de moi; mais je me flatte que le parti que je viens d'embrasser vous a déjà convaincu de mon innocence. Une bonne mère ne peut pas être une mauvaise épouse.

Mme DE VILLIERS, *en l'embrassant.*

O tendre et généreuse femme ! Je n'ai point de parole pour vous exprimer ma joie et mon admiration. Comment pouvait-il me tomber dans l'esprit de chercher, sous ce triste déguisement, madame de Tercy ?

Mme DE TERCY.

Cette métamorphose ne m'a rien coûté; et je suis résolue à la soutenir constamment. Personne au monde, excepté vous, ne saura qui je suis. Ne craignez point de vous compromettre. Je vous jure, par tout ce qu'il y a de plus sacré, de ne laisser jamais échapper mon secret de ma bouche.

Mme DE VILLIERS.

Je vous promets la même discrétion. Mais vos filles ?

Mme DE TERCY.

Il me sera certainement cruel de me cacher à leurs yeux, et de me dérober à ma propre tendresse. Mais il ne me reste pas d'autres moyens. Aidez-moi seulement à jouer mon personnage. Lorsque la méprise sera une fois établie, elle se soutiendra d'elle-même. Je n'ai d'inquiétude que de la part de ma fille aînée, Henriette.

Mme DE VILLIERS.

Je ne puis attendre plus long-temps cette scène extraordinaire. Je vais les appeler. (*Elle sort, et rentre aussitôt avec les trois petites demoiselles, qui font une révérence gracieuse à madame de Tercy, et la considèrent avec une attention mêlée de surprise et d'em-*

barras.) Mes demoiselles, c'est pour vous présenter madame Lambert, la gouvernante que je vous ai choisie. Je me flatte que vous en serez satisfaites. Je crois pouvoir vous répondre de ses soins et de son amitié. Mais tout le respect et toute l'obéissance que vous rendiez à madame votre mère.....

HENRIETTE, *en se jettant dans ses bras.*

Eh! c'est notre maman!

SOPHIE et CAROLINE.

Ah! maman, maman! vous voilà de retour. (*Elles sautent autour d'elle, lui baisent les mains, et l'accablent de caresses. Madame Lambert cherche à leur en imposer par un maintien froid et sérieux.*)

Mme DE VILLIERS.

Je me doutais que vous y seriez trompées. J'ai d'abord eu la même idée que vous. Je ne sais pourquoi je me figurais que c'était votre maman.

HENRIETTE.

Oh! c'est bien elle aussi. Mon cœur me le dit autant que mes yeux.

SOPHIE.

M'as-tu apporté quelque chose?

CAROLINE.

Eh bien! ma grande poupée, où est-elle? Donne-la moi, que je la fasse rouler.

Mme DE TERCY.

Mes chères demoiselles, je suis fâchée de vous voir dans cette erreur. Je ne suis pas votre mère. Vous savez qu'elle est fort loin d'ici.

HENRIETTE.

Non, non; c'est bien vous. Nous ne nous laissons pas tromper; vous n'avez pas ces belles robes, mais vous avez sa figure, sa taille, et aussi sa douce voix.

Mme DE TERCY.

Il est possible que j'aie avec elle toutes ces ressemblances, et j'en suis charmée pour vous et pour moi; nous en serons meilleures amies.

N'est-il pas vrai que vous commencez déjà à m'aimer un peu?

SOPHIE.

Oh! beaucoup, beaucoup, maman.

CAROLINE.

Et moi donc, si tu savais?

HENRIETTE, *en pleurant.*

Que vous avons-nous fait pour nous désoler ainsi? pour ne vouloir plus être notre mère? Ah! nous sommes bien vos filles toujours.

Mme DE VILLIERS.

Allons, madame, il faut céder à leur fantaisie. Puisqu'elles s'obstinent à vous appeler leur mère, au lieu de leur gouvernante, prenez ce nom pour leur faire plaisir; vous le trouverez plus doux. S'il ne tient qu'à cela, je le prendrai moi-même.

HENRIETTE.

Nous ne voulons pas vous fâcher; mais vous ne serez jamais, comme elle, notre maman.

Mme DE TERCY.

Eh bien! mes chères filles, si vous désirez que je

sois votre mère, je le veux aussi. J'en aurai pour vous toute la tendresse. Ma chère Henriette! ma chère Sophie! ma chère Caroline! (*Elle les embrasse avec transport.*)

HENRIETTE.

Que nous sommes heureuses de retrouver enfin notre maman! Ah! nous avons bien pensé à vous, nous avons bien pleuré, depuis que vous nous avez quittées.

Mme DE TERCY, *bas à madame de Villiers.*

J'avais prévu qu'Henriette saurait me découvrir. Il faut la mettre de notre confidence. Tâchez d'emmener avec vous ses sœurs pour un moment.

Mme DE VILLIERS, *bas à madame de Tercy.*

Il suffit. Laissez-moi faire. (*A Sophie et à Caroline.*) Venez, mes petites amies, je veux vous donner des joujoux que madame Lambert vous a apportés. (*Elle sort avec elles.*)

DIALOGUE V. — Mme DE TERCY, HENRIETTE.

Mme DE TERCY.

Nous sommes seules, ma chère Henriette. Je puis me livrer au plaisir de te presser contre mon cœur.

HENRIETTE, *en se jettant dans ses bras.*

O ma bonne maman! vous revoilà donc tout entière! Ne vous cachez plus avec moi, je vous en supplie.

Mme DE TERCY.

Soit, je le veux ; mais j'exige une chose à mon tour.

HENRIETTE.

Oh! tout, tout ce que vous voudrez.

Mme DE TERCY.

Eh bien! si tu m'aimes, Henriette, ne dis à personne que je suis ta mère. Appelle-moi tout simplement madame Lambert, entends-tu? Il est pour moi de la plus grande importance de rester inconnue.

HENRIETTE.

Eh! comment voulez-vous que je ne vous appelle pas du nom le plus tendre, vous que j'aime tant?

Mme DE TERCY.

Crois-tu qu'il en coûte moins à mon amour de m'interdire le seul nom qui puisse aujourd'hui me rendre heureuse?

HENRIETTE.

Eh bien! il faut vous obéir; mais toutes les fois qu'il ne sortira pas de ma bouche, puissiez-vous me l'entendre prononcer dans mon cœur.

LETTRE IV. — HENRIETTE DE TERCY A M. DE TERCY.

MON CHER PAPA,

J'ai tant de choses à vous écrire, que je ne sais guère par où je dois commencer ma lettre. Nous ne sommes plus chez madame de Villiers; nous voilà chez madame Lambert, notre chère gouvernante, rue

Ganterie. Vous ne sauriez jamais croire combien nous sommes heureuses auprès de cette excellente femme. Elle est aussi douce, aussi bonne que notre maman; elle nous aime comme ses filles, et nous l'aimons comme notre mère. Il n'est pas besoin de faire venir des maîtres pour nous donner des leçons. Elle est en état de nous montrer tout ce que nous devons apprendre. On dirait qu'elle fait son bonheur de nous instruire; et elle s'y prend si bien, que nous y trouvons tout notre plaisir. Sophie et Caroline lisent déjà passablement, grâces à ses soins. Pour moi, j'ai commencé avec elle un cours de géographie et d'histoire qui nous occupe toute la matinée, avec un peu de calcul, et des morceaux choisis en vers et en prose, que nous apprenons par cœur. L'après-midi, pour nous délasser, nous avons la musique, le dessein et la danse; et, le soir, nous faisons de petits ouvrages à l'aiguille, pour lesquels elle a une adresse singulière. Afin de me perfectionner dans mon arithmétique, et me faire connaître en même temps les petits détails du ménage, elle me donne à régler tous les comptes de la maison, que je lui présente de trois jours en trois jours, ainsi que l'état de la dépense dont je suis chargée. De cette manière, je commence à savoir le prix de chaque chose; et je pourrais fort bien être votre économe à mon retour. Avec tant de choses à faire dans la journée, vous croiriez peut-être que je suis fatiguée le soir; point du tout, mon papa. Je me trouve heureuse d'avoir si bien rempli mon temps; et je me croirais fort à plaindre, si l'on m'enlevait quelqu'une de mes occupations.

Je viens de faire à madame Lambert une petite tricherie que je veux vous raconter. Elle était allée l'autre jour voir madame de Villiers avec Caroline. J'étais restée seule auprès de Sophie; afin de l'amuser, je pris le *Théâtre d'Éducation,* et je lus tout haut *l'Aveugle de Spa.* Je pleurais à chaudes larmes, Sophie ne pleurait point : j'en étais indignée ; je la pinçais pour qu'elle pleurât aussi. La pauvre enfant se prit alors à pleurer plus que je ne l'aurais voulu. Je parvins bientôt à l'apaiser par mes caresses, mais je me reprochai ensuite ma vivacité. Je sentis qu'elle avait pu être distraite pendant ma lecture, et qu'elle serait touchée bien plus vivement, lorsqu'elle serait en état de lire elle-même. Là-dessus je formai le projet de la faire étudier en cachette dans cette charmante pièce, jusqu'à ce qu'elle la sût lire parfaitement. Madame Lambert ne pouvait hier revenir de sa surprise, en voyant les progrès de Sophie. Nous nous sommes bien gardées de lui dire notre secret; et nous nous proposons de l'attraper encore pour Caroline. Je suis bien aise de trouver cette occasion de la soulager de ses travaux, et de la payer des soins qu'elle se donne pour moi.

Voilà, mon cher papa, quels sont nos études et nos amusemens. Ajoutez-y des promenades aux environs de la ville, des visites que nous faisons à de pauvres gens, pour les soulager, quelques travaux dans un petit jardin où nous cultivons des fleurs, et vous saurez exactement toute notre histoire. Nous ne nous sommes jamais si bien portées; jamais nous n'avons été si heureuses. Il ne nous manque que le bonheur de vous voir. Oh! si vous vouliez faire un petit voyage à Rouen! Je donnerais tout au monde pour que vous puissiez connaître madame Lambert. Je suis sûre qu'aucune femme sur la terre ne vous paraîtrait plus digne de votre amitié. Oh! venez, venez, mon papa.

Mais voici Caroline qui me demande si c'est à vous que j'écris. Elle est si fière de faire, depuis quelques jours, de grandes lettres sur son cahier, qu'elle veut vous griffonner quelques lignes. Ce sera joliment peint, je crois, et d'une belle orthographe. Mais n'importe, il faut la satisfaire, et vous donner ce plaisir. Elle vient déjà de s'armer de sa plume et ses petits doigts sont tout barbouillés d'encre. Elle me tiraille par mon tablier pour que je finisse, et que je lui cède la place. Adieu donc, mon cher papa. Madame Lambert vous assure de ses respects. Sophie vous aime de tout son cœur, et moi, j'ai l'honneur d'être, avec le respect et toute la tendresse que je vous dois, mon papa,

Votre très-affectionnée fille,
Henriette DE TERCY.

*Mon she papa
ie ueu osi ueu eqrir pisq hanriet uou eqri ie maïiq bin afe tou a̧s s ▩ sa ua tou de traver e i a nu go pu!e adicu po!e uou bin*

uoï petit Krolin.

7.

LETTRE V. — Mme DE VILLIERS A M. DE TERCY.

Vous n'avez pas oublié, sans doute, les engagemens que vous avez pris envers moi, si je parvenais à trouver, pour vos filles, une gouvernante selon nos désirs. J'ai réussi dans ce choix au-delà de nos espérances. Vous voilà donc à la merci de mes caprices, et il ne tiendrait qu'à moi, lié comme vous l'êtes par votre parole, de vous envoyer faire une promenade au bout de l'Univers. Mais ne craignez rien. Je veux vous montrer autant de générosité que vous m'avez accordé de confiance. Je n'exige de vous qu'une chose, et seulement à titre d'amité. C'est de vous rendre ici le plus tôt qu'il vous sera possible. Ne me demandez point les raisons de cet empressement. Vous les apprendrez à votre arrivée. Il faut seulement que vous veniez, et tout de suite, si vous ne voulez me donner des regrets d'avoir pris tant d'intérêt à votre situation.

Votre bonne amie,

DE VILLIERS.

P. S. Henriette veut que je renferme ma lettre dans la sienne, pour arriver la première auprès de vous.

LETTRE VI. — M. DE TERCY A Mme DE VILLIERS.

Ma digne et chère amie,

Je pars dans un moment pour me rendre à vos ordres; et cette lettre ne me devancera que de quelques heures. J'ai voulu qu'elle me précédât, pour me sauver la confusion de vous dire de bouche ce qu'elle va vous apprendre. Hélas! aurai-je même la force de vous le tracer? Mais il le faut. Ah! je ne l'ai que trop méritée, cette dure humiliation! Eh bien! je suis le plus injuste et le plus cruel des hommes. J'ai osé flétrir de mes lâches soupçons la vertu de l'épouse la plus respectable, d'une femme dont je suis indigne de supporter les regards. C'est lorsque je l'outrageais, qu'elle sauvait mon nom de l'ignominie. Un de mes parens était prêt à être chassé de son corps pour une étourderie de jeunesse qu'il n'osait me révéler, d'après l'emportement de mon caractère. C'est elle qui, des fruits de son économie, l'a délivré de l'opprobre où il allait m'entraîner avec lui. Elle a eu le courage de supporter mes indignes traitemens, plutôt que de l'exposer à mon indignation, en me découvrant sa faute.

J'ai reconnu le sujet de ses entrevues secrètes, qui avait troublé mon esprit. Que je maudis ma détestable jalousie. Mais comment soutenir sa présence! Ah! c'est à ses pieds, et sans oser lever les yeux sur elle, que j'implorerai mon pardon. *Je vole vers son séjour.* Je verrai en passant mes filles et vous. Adieu. Je n'ose signer un nom que je sens si coupable.

DIALOGUE VI. — Mme DE VILLIERS, M. DE TERCY, HENRIETTE, SOPHIE, CAROLINE.

HENRIETTE.

Eh bien ! mon papa, êtes-vous content de nos progrès ?

SOPHIE.

Ne me trouves-tu pas bien plus avancée ?

M. DE TERCY.

Oui, oui, mes enfans ; je suis enchanté de tout ce que je vois.

CAROLINE.

Et la petite lettre que je t'ai écrite, elle était jolie, n'est-ce pas ?

M. DE TERCY.

Charmante comme toi, ma chère Caroline. Mais je suis obligé de presser mon départ. Où est votre digne gouvernante ? que je puisse la voir et la remercier.

Mme DE VILLIERS.

Je la vois qui s'avance : nous vous laissons avec elle. Venez mes petites amies, suivez-moi. (*Elle sort avec Henriette, Sophie et Caroline.*)

DIALOGUE VII. — M. DE TERCY, Mme DE TERCY.

(*Elle entre d'un pas incertain et tremblant. M. de Tercy va à sa rencontre.*)

Permettez, madame, que je vous fasse les remercîmens d'un père.... Mais Dieu! que vois-je! Quel traits!

Mme DE TERCY.

D'où n'ait ce trouble, monsieur?

M. DE TERCY.

Auprès de mes enfans! Ah! rien ne devrait m'étonner de ta part, si j'étais digne de te connaître! Amélie! mon incomparable Amélie!

Mme DE TERCY.

Pourquoi me donner ce nom! Je ne le porte plus.

M. DE TERCY.

Oui, c'est à tes pieds que je dois implorer la permission de te le rendre. (*Il tombe à ses genoux.*)

Mme DE TERCY.

Que faite-vous, monsieur?

M. DE TERCY.

Si tu ne veux pas que j'y meure, un mot, un seul mot! une de ces douces paroles qui faisaient autrefois ma félicité!

Mme DE TERCY.

Eh bien! cher époux, viens dans les bras de ton Amélie. Elle t'aime toujours.

M. DE TERCY.

Oh! c'est trop, dis-moi seulement que tu as cessé de me haïr.

Mme DE TERCY.

Ce serait à moi à te demander grâce, si ce sentiment était entré un moment dans mon âme. Ne me parle que de mon bonheur, et je ne sentirai que le tien. Allons trouver nos enfans.

LETTRE VII. — M. DE TERCY A Mme DE VILLIERS.

Je pars, ma digne amie, pénétré de la plus vive reconnaissance pour les services que j'ai reçus de votre amitié. Je vole à Paris monter une nouvelle maison pour mon Amélie. Elle doit m'y venir joindre dans quelques jours, suivie de nos enfans. J'espère que vous viendrez avec elle jouir du spectacle du bonheur que vous nous avez rendu.

DE TERCY.

LETTRE VIII — Mme DE TERCY A M. DE TERCY.

CHER ÉPOUX,

Au lieu de nos enfans et de moi, tu ne recevras ici qu'une lettre pleine de larmes et de désolation.

Le lendemain de ton départ, Henriette et Sophie se plaignirent, en se levant, de frisons de fièvre et d'une pesanteur de tête accablante. Il fallut bientôt les remettre au lit. Vers le soir. Caroline éprouva les mêmes symptômes. Toutes les trois sont aujourd'hui couvertes de petite-vérole, d'une espèce que l'on juge très-maligne. Il faut que j'oublie que je n'ai jamais eu cette maladie cruelle. Le jour et la nuit je suis assise auprès du lit de mes enfans, et je tremble, à chaque minute, qu'une suffocation ne les étouffe. J'ai déjà ressenti moi-même des lassitudes et des chaleurs dans tout mon corps; mais j'ai appris à me faire plus forte que je ne le suis. La tendresse de mes enfans soutient mon courage. Je vois qu'au milieu de leurs souffrances, elles contraignent leurs plaintes de peur de m'affliger. Dans le délire de la fièvre, elles ne prononçaient que ton nom et le mien, avec les expressions d'amour les plus touchantes. Ce matin, Caroline demandait instamment à te voir. Je lui ai dit que je ne voulais pas te faire venir de peur qu'elle ne te donnât son *bobo*. — Oh! non, non, maman, n'ayez pas peur; je le garderai tout pour moi. — Ma fille, il en prendrait sans que tu perdisses le tien. Ah! tant pis, a-t-elle répondu, en retombant de faiblesse. Un moment après, elle m'a appelée : Maman, tu as à ton cou le portrait de mon papa, tu as le tien. Donne-les-moi tous les deux, que je les caresse. Ils ne prendront pas mon *bobo*..... Chers enfans, si j'allais vous perdre! si moi-même peut-être..... Je ne vois autour de moi que des séparations douloureuses de mort. Cher époux, arme-toi de courage. La vie de la terre n'est que d'un moment. Henriette a peur que je ne t'afflige. Elle me demande avec des larmes la permission de t'écrire pour te consoler. Je crains que cet effort ne la fatigue, et plus encore de la désoler par un refus. Je vais lui porter ma lettre, pour qu'elle y ajoute quelques mots.

« MON CHER PAPA,

» Nous sommes bien malades; mais ce n'est rien.
» N'allez pas vous tourmenter. J'espère.....»

Elle ne peut pas en écrire davantage. Je sens aussi mes forces qui m'abandonnent. Je suis dans des transes mortelles. J'entends Sophie gémir. Il faut que j'aille à son secours. Adieu, cher époux; prends quelque espérance, ou de la force d'âme au besoin; surtout ne te fais aucun reproche, et aime toujours

Ta fidèle et tendre

AMÉLIE.

LETTRE IX. — Mme DE VILLIERS A M. DE TERCY.

MON CHER ET MALHEUREUX AMI,

Comment vous apprendre les tristes nouvelles dont il faut cependant que vous soyez instruit? Tâchez de pressentir dans votre cœur ce que ma main tremblante hésite à vous tracer. Caroline vit encore, et n'a plus rien à craindre; mais pour Henriette et Sophie... Hélas ! elles ne sont plus. Votre épouse, ainsi que vous le jugez aisément, a été accablée de cette double perte. Les veilles et la douleur avaient tellement abattu ses forces, que le mal contagieux qu'elle a pris de ses enfans l'a bientôt réduite à la dernière extrémité. Croyez, mon ami, que je voudrais racheter sa vie au prix de la moitié de la mienne. Mais à quoi servent ces vœux superflus? Je ne puis vous cacher plus long-temps ce funeste secret. Dans ce moment on sonne ses funérailles. Oui, malheureux époux, ton Amélie est morte; et, lorsque vous recevrez cette lettre, son corps sera enseveli sous la terre. Ne vous fâchez pas contre moi de ne vous avoir pas informé de sa maladie. Elle n'a pu survivre que de quelques heures à la mort de ses filles. Quand vous vous seriez mis sur les ailes des vents pour la voir encore, vous ne l'auriez pas reconnue, tant la violence du mal l'avait défigurée! Je ne l'ai pas quittée un moment. J'ai reçu ses derniers soupirs, et j'ai fermé ses paupières. C'est une scène qui restera long-temps gravée dans ma mémoire. Il me serait difficile de vous peindre sa résignation et son courage. Ce n'est pas sur elle que portaient ses regrets; ses dernières paroles ont été une prière fervente au ciel pour Caroline et pour vous. Quelles consolations pourrais-je vous adresser sur sa perte, dont mon cœur n'ait autant de besoin que le vôtre? C'est elle seule qui peut adoucir votre douleur. Lisez ces lignes, dont elle a tracé elle-même la première partie, et dont elle m'a dicté l'autre d'une voix défaillante. Je joins ma voix à la sienne, de toute la force de l'amitié, pour vous rappeler dans votre désespoir que vous avez encore une fille à qui vous êtes plus que jamais redevable des soins et de la tendresse d'un père. Conservez-vous pour elle. Je l'enverrai aussitôt qu'elle sera parfaitement rétablie. Ses caresses aimables soulageront bientôt votre cœur, et son éducation pourra sans doute vous distraire d'un souvenir douloureux. Adieu. Je regrette de n'avoir plus à vous offrir qu'un triste sentiment de condoléance.

Votre bonne amie,

DE VILLIERS

LETTRE X. — Mme DE TERCY A M. DE TERCY.

CHER ÉPOUX,

Je sens que je me meurs. Je vais à mes enfans, qui me tendent les bras pour les suivre, et nous reposerons dans le même tombeau. Tes jours m'appartenaient; je les donne à ma fille. Caroline te reste pour me remplacer auprès de toi. Réunis toute ta tendresse sur elle. Sois son soutien, et qu'elle soit ta consolation. La vie est courte. Tous deux bientôt vous viendrez nous rejoindre, et ce sera pour toujours. Ne pense pas tant à ma perte qu'aux lieux de délices où je t'attends. Ce que j'étais pour toi dans cette vie, je le serai encore dans une autre.

Ton AMÉLIE.

LE PETIT PRISONNIER.

LETTRE I. — DOROTHÉE DE JOIGNY, A HONORINE DE CASTEL.

MA CHÈRE HONORINE,

Tu ne devinerais jamais ce qui vient d'arriver à mon frère, ce brave Daniel, dont le bon cœur et la sage conduite lui faisaient des amis de tous ceux qui le connaissaient. Tu sais, cette bourse de deux louis d'or dont maman lui fit dernièrement cadeau en ta présence, le jour de sa fête? Eh bien! ces deux louis s'en sont allés, et le pauvre garçon ne peut ou ne veut pas dire ce qu'ils sont devenus. Comme l'on pense que c'est par obstination qu'il en fait un mystère, on l'a renfermé ce matin dans une petite chambre où il ne voit personne, et dont il ne sortira qu'en disant son secret. Que je le plains de cette punition! L'opiniâtreté n'a jamais été son défaut. On lui a toujours connu un caractère docile et un cœur plein de franchise. J'ai voulu le défendre, on ne m'a pas écoutée. Je suis pourtant bien sûre qu'il n'a rien de condamnable à se reprocher. Viens me voir cette après-midi, si tu es libre, pour me consoler de ma peine. Le malheur de mon frère me rend aussi triste que s'il m'était personnellement arrivé. Adieu; j'attends ta visite ou ta réponse.

Ta bonne amie,

DOROTHÉE.

LETTRE II. — HONORINE DE CASTEL A DOROTHÉE DE JOIGNY.

MA CHÈRE DOROTHÉE,

Je plains ton brave Daniel; mais j'avoue franchement que c'est si peu, si peu, que ma pitié ne doit guère embarrasser sa reconnaissance. Je ne pourrai jamais lui pardonner de trouver toujours en moi quelque chose à redire. Ce n'est pas qu'il se soit avisé de m'en exposer tout haut son sentiment, je l'aurais rabroué d'une belle manière ; mais je vois fort bien, à sa mine, que je lui parais étourdie, brouillonne, orgueilleuse ; que sais-je ? Lorsqu'il m'arrive de parler des défauts des autres en l'instruction de mes amis, pour leur absence, à la manière dont il les défend, on croirait que je ne débite que des calomnies. Voilà maintenant mon petit juge lui-même condamné. Il faut qu'il soit bien coupable, puisque ses parens ont oublié la folle tendresse qu'ils avaient pour lui. Je suis charmée qu'ils apprennent enfin à le connaître. Je parierais qu'il mérite un traitement plus rigoureux. L'obstination est un vice épouvantable. De plus, c'est un dissipateur maladroit. Tout l'argent qui lui vient de son père, il le prodigue vilainement à de la canaille, sans avoir l'esprit de s'en faire honneur pour lui-même. S'il avait encore dépensé ses deux louis en bas de soie, en boucles à la mode, ou en d'autres choses essentielles, on pourrait l'excuser ; que dis-je ? faire même son éloge. Cependant, je ne laisse pas, comme je te l'ai dit, que de le plaindre un peu, parce qu'il est ton frère. C'est toi que je plains tendrement d'être sa sœur. Il ne m'est pas possible aujourd'hui de t'aller voir. Le temps est beau pour la promenade, et j'essaie une robe d'un goût ravissant. Adieu ; crois-moi toujours ta plus sincère amie,

HONORINE.

LETTRE III. — DOROTHÉE DE JOIGNY, A HONORINE DE CASTEL.

Mademoiselle,

Je suis pénétrée aussi vivement que je dois l'être des protestations que vous me faites d'une sincère amitié. J'aurais souhaité seulement qu'elle vous eût engagée à parler de la tendresse de mes parens pour mon frère avec un peu plus de respect, et à le traiter lui-même avec plus d'égards, et surtout lorsqu'il est malheureux. Je ne reçois point vos condoléances sur le malheur que vous supposez pour moi de lui appartenir de si près. J'en fais mon plaisir et ma gloire. Je me flatte que vous en jugerez de même en lisant la lettre qu'il vient de m'écrire, et que j'ai l'honneur de vous envoyer. Quoiqu'elle n'éclaircisse point l'affaire, il me semble que ce n'est pas là le ton d'un criminel. Je vous félicite du bon goût de votre parure, et vous souhaite beaucoup de plaisir dans votre promenade.

DOROTHÉE.

LETTRE IV. — DANIEL DE JOIGNY, A DOROTHÉE DE JOIGNY.

(*Incluse dans la précédente.*)

Je sens, ma chère sœur, combien tu dois être touchée de mon sort; et je t'écris cette lettre pour te prier en grâce de ne point t'affliger. Ne pense pas que je sois coupable; au moins je crois de ne pas l'être. Les louis sont en de bonnes mains, et beaucoup mieux placés que dans les miennes. Pourquoi donc en faire un secret, me diras-tu ? Pourquoi le cacher à tes parens, qui auront sujet de te regarder comme un enfant opiniâtre ou dissimulé, puisque tu leur refuses la confiance que tu leur dois ? Voilà ce qui fait mon embarras, ma chère sœur, et je ne sais que répondre. J'ai besoin d'y réfléchir encore. Dans ma solitude, j'ai tout le temps qu'il me faut pour cela. Si je trouve que j'ai eu tort, je le dirai, je découvrirai toute l'aventure. Je suis sûr que mes chers parens, qui m'ont déjà pardonné tant de fautes, me pardonneront encore celle-ci. Je souffre de leur inquiétude bien plus que de ma prison. Adieu, ma chère sœur. Conserve ton amitié au pauvre reclus,

DANIEL.

LETTRE V. — DOROTHÉE DE JOIGNY, A HONORINE DE CASTEL.

Je t'ai écrit peut-être un peu trop durement, ma chère Honorine, en t'envoyant, il y a une demi-heure, la lettre que je venais de recevoir du pauvre Daniel. Je te prie de me le pardonner, et de n'attribuer mon dépit qu'au chagrin de te voir soupçonner mon frère avec tant de légèreté. Comme il doit être actuellement bien rétabli dans ton opinion, j'espère que tu me feras grâce en sa faveur. Je ne puis te cacher que ses affaires, au moins en apparence, prennent une mauvaise tournure. Un de nos domestiques a vu la bourse dans la boutique du confiseur voisin! Il n'a fait semblant de rien, et il l'est venu dire à mon papa, qui doit s'habiller cette après-midi pour aller prendre des éclaircissemens. Il n'est pas croyable que mon frère ait dépensé deux louis d'or en friandises, lui qui se prive de tout pour satisfaire son cœur généreux. Mes parens eux-mêmes ne peuvent le croire; mais comment la bourse se trouve-t-elle dans cette boutique? Il ne l'a pas perdue, puisqu'il sait où elle est, et qu'il assure que c'est en de bonnes mains. Pourquoi donc en faire un mystère? En vérité, je n'y conçois rien. Quoi qu'il en soit, je suis tranquille sur son compte; et j'espère que tout ceci ne se terminera qu'à son avantage. Adieu; je t'embrasse pour notre raccommodement, et suis toujours

Ta bonne amie,

DOROTHÉE.

LETTRE VI. — HONORINE DE CASTEL A DOROTHÉE DE JOIGNY.

ME voilà, ma chère Dorothée, tout aussi tranquille que toi sur le sort de Daniel, et aussi bien persuadée que cette affaire va se terminer à son avantage. Il apprend déjà dans sa retraite qu'il n'est pas lui-même exempt des défauts qu'il me reproche; et la correction sévère qu'il va recevoir me donnera beau jeu. Voilà ce qui me tranquillise, et la manière dont je conçois que tout ceci doit se débrouiller heureusement pour lui. Il est essentiel, pour sa perfection naissante, qu'il soit puni avec la dernière rigueur. Comment donc, monsieur l'hypocrite! vous faites accroire à vos parens que vous donnez votre argent à des malheureux, pour leur en escroquer sous ce prétexte, et vous le mangez tout seul en confitures! Vraiment je ne m'étonne plus s'il s'obstine à garder son secret. Il lui ferait honneur. Opiniâtre, fourbe, et gourmand, voilà trois belles qualités que je lui découvre à la fois. Il appelle les mains d'un confiseur de bonnes mains, apparemment parce qu'elles font des bonbons. C'est assez bien raisonné. Adieu, ma pauvre amie. Je plains ton aveuglement pour ce vaurien. Je brûle d'impatience de savoir comment ton héros se tirera de cette grande aventure. J'y prends assez d'intérêt pour te prier de m'en donner la première nouvelle. J'espère que tu ne refuseras pas cette marque d'attention à la meilleure de tes amies.

HONORINE,

LETTRE VII. — DOROTHÉE DE JOIGNY, A HONORINE DE CASTEL.

Mademoiselle,

Je m'empresse de satisfaire votre généreuse curiosité. La grande aventure de mon héros s'est terminée d'une manière dont tout le monde sera satisfait, excepté les méchans : ce qui redouble le plaisir que je goûte à vous l'apprendre.

En voici l'histoire, avec tous ses détails :

Mon frère était hier au soir devant la porte de la maison, lorsqu'il vint à passer un vieillard, suivi de trois petits enfans qui pleuraient. Il les arrêta pour leur demander ce qui les rendait si tristes. Le vieillard honteux, n'osait répondre. L'aîné des trois enfans lui dit, à travers ses sanglots, qu'ils n'avaient rien mangé de la journée. « Ah ! mon petit monsieur, ajouta-t-il, nous sommes bien à plaindre. Nous avions autrefois, comme vous, de beaux habits et une belle maison, nous ne les avons plus. Notre papa et notre maman sont morts de chagrin. Il ne reste plus que notre grand-papa, qui n'a plus de forces pour nous gagner de quoi vivre. » Le vieillard, à ces mots, cacha sa tête dans ses mains, et poussa des gémissemens pitoyables, sans pouvoir proférer une parole. Daniel, trop vivement ému par ce spectacle, n'eut pas le temps de penser à venir consulter mon papa. Il courut chercher la bourse où étaient ses deux louis, et présenta le tout ensemble au vieillard. Celui-ci versait des larmes d'attendrissement et de joie, mais ne voulait pas prendre l'argent. Daniel se mit en colère, et ne s'apaisa que lorsque le vieillard parut céder à ses instances. Il reçut en effet la bourse ; mais comme il jugeait ce présent trop considérable de la part d'un enfant tel que mon frère, il résolut de la rapporter le lendemain à mes parens. Il alla, pour cet effet, la déposer aussitôt chez le confiseur, en se faisant seulement donner une pièce de vingt-quatre sous, pour en acheter du pain à sa petite famille. Je ne sais comment il s'est procuré le moyen de compléter les deux louis ; mais il y a un quart d'heure qu'il est venu les rapporter avec la bourse à mon papa. J'aurais voulu, mademoiselle, que vous eussiez été témoin de cette scène, vous auriez appris à concevoir de plus justes idées du cœur généreux de mon frère. Son noble sacrifice et la délicatesse de l'honnête vieillard ont touché mes parens jusqu'aux larmes. La pauvre famille a reçu deux fois la valeur de la bourse ; et mon frère en a été payé par mille bénédictions. Le secret qu'il a cru devoir garder, par modestie, sur cet acte de bienfaisance, y ajoute un plus grand prix aux yeux de mes parens, et m'inspire pour lui une plus vive tendresse.

Comme c'est ici la dernière lettre que vous recevrez jamais de moi, j'ai l'honneur d'être avec tous les sentimens de cérémonie,

MADEMOISELLE,

Votre très-humble et très-obéissante servante,

Dorothée DE JOIGNY.

LE VIEUX LAURENT.

LETTRE I. — GEORGE DE VALLIÈRE A CAMILLE DE VALLIÈRE.

MA CHÈRE CAMILLE,

J'ai de bien tristes nouvelles à t'apprendre. Notre vieux ami Laurent vient de mourir. Il était, comme tu le sais, indisposé depuis cet automne; et il y a quinze jours qu'il ne sortait plus de sa chambre. Avant-hier au soir, quand je revins de mes exercices, on me dit qu'il était mort dans l'après-midi. J'ai bien pleuré, je t'assure. Sa maladie me l'avait fait prendre dans une nouvelle amitié. J'employais mes heures de récréation à lui rendre tous les soins dont j'étais capable. Ah! je lui devais bien plus que je n'ai pu faire. C'était l'ami de notre plus tendre enfance. Pendant nos premières années, nous avons plus vécu dans ses bras que sur nos pieds. Jamais il ne grondait; au contraire, on le voyait toujours gai, doux et complaisant. Comme il était joyeux quand il nous avait procuré quelque nouveau plaisir! Je crois que sa plus grande peine, en mourant, était de ne pouvoir plus nous rendre de services. Il était plus ancien dans la famille que mon papa. Quoiqu'il ne fût qu'un simple domestique, tout le monde avait une espèce de vénération pour lui. Tant qu'a duré sa dernière maladie, il ne venait personne nous rendre visite, sans demander aussitôt : Et le pauvre Laurent, comment va-t-il ? Je voyais que cette question flattait mon papa, qui le regardait comme son ami le plus fidèle. Aussi ne l'a-t-il pas abandonné dans ses vieux jours ; et il lui a procuré tous les secours dont il avait besoin. Un homme bien riche n'aurait pu en avoir davantage. Hier au soir on fit ses funérailles, je demandai à mon papa la permission de les suivre. Il eut quelque peine à me l'accorder, craignant que cela ne me fît trop d'impression. Mais il vit que j'aurais été bien plus triste s'il m'avait refusé. J'accompagnai donc le convoi, tenant un bout du drap noir qui couvrait le cercueil. Il me semblait que par-là nous étions encore attachés l'un à l'autre, et que je le retenais sur la terre. Lorsqu'il fallut le lâcher, ma main s'était roidie ; elle ne pouvait plus s'ouvrir. Mais ce fut bien plus douloureux au moment où je le vis descendre dans la fosse, et surtout après qu'elle fut recouverte. Je ne pouvais en détacher mes regards. Jusque-là je n'avais pu me figurer que nous fussions tout-à-fait séparés par la mort. Tant que je voyais son cercueil, il me restait quelque chose de lui ; mais, lorsque ce dernier reste m'eut échappé, c'est alors que je sentis qu'il était réellement et à jamais perdu pour moi. Toute cette nuit j'ai cru le voir en songe. Son ombre ne m'a pas fait peur. Il semblait me sourire, et je trouvais du plaisir à le caresser. J'ai passé toute la matinée dans ma chambre tout seul et occupé à t'écrire. Je croyais ne pouvoir te dire que deux mots, et ma lettre s'est allongée en te parlant de lui. Notre ami est venu me voir. M. Hutton, ce respectable vieillard, qui cherche à faire du plaisir aux gens, lorsqu'il n'est pas occupé à leur faire du bien, lui avait donné pour moi une petite histoire en anglais, d'une servante qui avait nourri sa maîtresse. Je l'ai trouvée si touchante, que je me suis mis de suite à la traduire de mon mieux, pour qu'elle serve à ta consolation, comme elle a fait un moment à la mienne. A chaque trait d'amitié d'Elspy, je disais : Voilà ce que Laurent aurait fait pour nous, si nous avions été à la place de madame Macdowell. Ah ! mon pauvre Laurent ! mon ami Laurent ! Adieu, ma chère sœur; je ne puis t'en écrire davantage. Il faut que je descende auprès de mon papa, pour tâcher d'adoucir son chagrin, tout triste que je suis. Presente mes respects à mon oncle et à ma tante, et donne-leur deux baisers bien tendres pour moi. Nous avons fait une perte que nous ne pouvons réparer qu'en nous aimant de plus en plus. Adieu donc. Je t'embrasse avec un nouveau cœur de frère et d'ami.

George DE VALLIÈRE.

ELSPY CAMPBELL (1).

Madame Macdowell, veuve écossaise, d'un haute naissance, après avoir joui jusqu'à l'âge de cinquante ans des avantages de la fortune, s'en vit tout-à-coup dépouillée, et réduite à la plus extrême pauvreté. Elle n'avait point d'enfans pour la faire subsister du travail de leurs mains ; et le reste de sa famille se trouvait enveloppé dans sa ruine. Errante dans les montagnes, elle mendiait le long du jour un abri pour la nuit et un morceau de pain.

Elspy Campbell, qui l'avait servie pendant plusieurs années, et qui en avait toujours été traitée avec beaucoup d'égards et de ménagemens, apprend ces tristes nouvelles au fond de la retraite où elle vivait éloignée de son ancienne maîtresse. Elle part aussitôt, et la cherche à la trace de ses malheurs. Après bien des courses pénibles, elle la trouve enfin, se jette à ses pieds, et lui dit : Ma bonne maîtresse, quoique je sois presque aussi âgée que vous, je suis plus forte, et je me sens encore en état de travailler, au lieu que vous n'êtes propre à rien entreprendre, à cause de votre ancienne manière de vivre, de vos chagrins, et des infirmités qui vous sont survenues. Venez avec moi dans ma petite chaumière ; elle est saine et bien close. Avec cela j'ai un demi-arpent de jardin, qui me rapporte plus

---

(1) Cette pièce était incluse dans la lettre précédente.

de pommes de terre que nous n'en pouvons consommer. Après avoir essayé ce que je puis faire pour vous, ou plutôt ce que Dieu voudra bien faire pour nous deux, vous serez libre de me quitter, si vous trouvez un meilleur gîte, ou de rester avec moi, si vous n'en trouvez point. Prenez courage, ma bonne maîtresse. J'étais chez vous une fière travailleuse; je n'ai point changé. Je vous trouverai de la nourriture, s'il y en perce sur la terre; et, s'il n'y en perce pas, je creuserai au-dessous pour vous en chercher.

O Elspy! lui dit la veuve infortunée, je m'abandonne à votre amitié! Je veux vivre et mourir avec vous. Je suis sûre que la bénédiction du Seigneur se trouvera partout où vous êtes. Elles se mirent aussitôt en marche vers l'ermitage d'Elspy. La chaumière était petite, mais bien située. L'ordre et la propreté faisaient toute sa décoration. Un trou pratiqué dans la muraille servait de passage à la lumière, lorsque le vent ne soufflait pas de ce côté. Lorsqu'il soufflait, cette ouverture était bouchée par un petit paquet de roseaux, et Elspy se contentait de la sombre clarté qui pénétrait par la cheminée. Le lit, qu'on ne voyait point en entrant, était défendu du vent de la porte par un mur de torchis. Il était composé d'une paillasse, d'un matelas assez mince, avec des draps fort blancs, et une couverture de laine grossière. Il n'y avait point de rideaux, mais aussitôt qu'Elspy se vit honorée de la société d'un hôte si respectable, elle en tissa de natte, meilleur abri contre le froid que le damas le plus soyeux. C'est dans ce lit que madame de Macdowell goûtait le repos, les pieds appuyés sur le sein d'Elspy, qui se courbait comme un cercle autour de ses jambes pour la réchauffer. Jamais elle ne voulut consentir à prendre place à côté de sa maîtresse. Plus elle la voyait déchue de son ancien état, plus elle lui montrait de respect et d'obéissance, pour lui faire perdre l'idée de ses malheurs. Une vieille Bible, les aventures de Robinson, deux ou trois volumes dépareillés de dévotion et de morale, fournissaient une ample matière à leurs entretiens. Quant à leurs repas, elles avaient quelquefois des œufs, toujours du lait avec des pommes de terre; les mieux cuites, l'œuf le plus frais, la plus grande tasse de lait se trouvaient constamment placés devant madame de Macdowell.

On sera sans doute curieux de savoir comment s'y prenait Elspy, pour entretenir sa maison dans cette frugale abondance. C'était au moyen de son filage en hiver, et de ses travaux dans les champs au temps de la moisson. Il est vrai qu'elle avait un avantage marqué sur de plus jeunes femmes, moins encore par son activité naturelle, que par un angle obtus formé dans sa taille, qui portait ses yeux et ses mains beaucoup plus près de la terre, ou de son rouet. Lorsque les denrées étaient montées à un prix trop haut pour que ses moyens pussent y atteindre, elle n'avait qu'à se baisser pour les recueillir dans son voisinage. Elle avait imaginé pour cet effet une méthode très-efficace. Elle allait devant la demeure des plus riches fermiers seulement, et là, s'arrêtant sur la porte, les bras élevés, elle disait : Je viens demander quelque chose, non pour moi, car je peux vivre de tout, mais pour ma maîtresse, femme noble, fille du lord James, petite-fille du lord Archibald. Si les fermiers la secouraient selon ses prétentions bien modérées, elle ajoutait : Que la bénédiction de Dieu, de ma maîtresse, et d'Elspy Campbell se répande sur cette maison, et sur tous ceux qui l'habitent ! Mais, s'ils refusaient de la secourir, elle terminait d'une autre manière sa harangue, et s'écriait : Que la malédiction de Dieu, de ma maîtresse et d'Elspy Campbell tombe soudain sur cette maison et sur ses habitans ! Il est aisé d'imaginer qu'elle succès opérait la différence de ces deux formules, dans un pays naturellement hospitalier, et très-attaché à sa noblesse. Elle recueillait des vivres, du linge, et quelques petites pièces de monnaie, qu'elle mettait soigneusement en réserve, pour acheter à sa maîtresse des souliers et des bas, qui lui servaient lorsqu'ils étaient à demi usés.

C'est ainsi qu'elles vivaient heureuses toutes les deux, l'une de ses soins, l'autre de sa reconnaissance. Elspy avait des principes très-sévères sur les devoirs qu'elle s'était imposés. Madame Macdowell était noble ; et, quoique nourrie par Elspy, elle devait toujours conserver sa noblesse, c'est-à-dire, ne jamais travailler, jusqu'à ne pas se laver les pieds elle-même. Un jour que cette femme admirable portait une corbeille de fumier dans son jardin, sa maîtresse était sortie avec une petite cruche pour chercher de l'eau, et s'en retournait furtivement après en avoir puisé. Elspy l'aperçut, laissa tomber sa corbeille, courut lui prendre la cruche des mains, répandit l'eau à terre, et en alla puiser de nouvelle. Comme elle rentrait à la maison, elle dit d'une voix respectueuse : Pardonnez, fille de lord James, petite-fille du lord Archibald; mais vous ne puiserez jamais une goutte d'eau, tant que je serai en vie.

Le bruit de tous ces procédés généreux étant parvenu jusqu'à moi, je lui fis passer les secours que ma fortune me permettait de lui donner. Aussi long-temps qu'elle vécut, c'est-à-dire pendant quatre ou cinq ans après que je fus instruit de son histoire, toutes les fois que, dans un repas on me portais une santé, je donnais toujours le nom d'Elspy Campbell à joindre au mien. Un nom si vulgaire excitait ordinairement la curiosité sur l'objet de mon affection. On m'interrogeait, et je répondais : Elspy est une vieille femme mendiante... Une vieille femme mendiante, s'écriait-on ?—Oui; mais écoutez jusqu'au bout; et alors suivait en substance le récit que je viens de faire. Je ne l'avais pas achevé, que les demi-couronnes et les demi-guinées pleuvaient à l'envi pour elle dans mon chapeau. Ces petites sommes, qu'elle recevait assez fréquemment, lui donnèrent occasion de dire un jour à mon messager : Quel est donc celui qui vous envoie? Un ami de Dieu sans doute! Il me fait du bien comme lui, sans que je l'aie jamais vu.

Madame Macdowel mourut. Elspy ne put lui survivre que de quelques mois, du regret de l'avoir perdue. Elle ne se souvenait que des anciennes bontés de sa maîtresse, oubliant ce qu'elle avait à son tour fait pour y répondre.

La glorieuse servilité de cette femme ne fut pas une étincelle de reconnaissance, qui pétille un moment et s'éteint aussitôt; ce fut une flamme ardente, qui brûla pendant vingt années, jusqu'à ce que la mort vînt l'ensevelir sous les cendres de sa tombe, d'où elle se ranimera avec un nouvel éclat, dans le matin de ce jour qui n'aura jamais de fin.

LETTRE II. — CAMILLE DE VALLIÈRE A GEORGE DE VALLIÈRE.

O mon frère, quel malheur tu viens de m'annoncer! Je ne reverrai donc plus mon ami Laurent! Hélas! le pauvre homme! il semblait le craindre quand je partis de la maison pour venir ici. Vous ne me retrouverez peut-être plus, me dit-il, mademoiselle Camille; au moins pensez un peu à moi. Ah! j'y ai toujours bien pensé. Je me faisais une joie de l'en convaincre à mon retour. Je lui tricotais une bonne paire de bas de laine pour cet hiver

J'y travaillais encore au moment où j'ai reçu ta lettre. L'ouvrage m'est tombé des mains. Quand je l'ai ramassé, il m'est échappé un torrent de larmes. Ce n'est donc plus pour lui, me suis-je écriée : Oh! oui, ce sera toujours pour lui. Je veux l'achever, et je le tiendrai dans mon armoire, pour me rappeler chaque jour son souvenir. Tu ne me dis point dans ta lettre s'il te parlait souvent de moi. Je suis bien sûre qu'il ne m'avait pas oubliée. Mais c'est que tu as craint d'ajouter à mes regrets. J'en ai de bien vifs de n'avoir pu l'assister avec toi dans sa maladie. Je crois que le plaisir de recevoir nos soins aurait prolongé ses jours. Je te sais bon gré de l'avoir accompagné dans ses funérailles. Je n'en aurais pas eu la force; mais je n'en suis que plus touchée de ton courage et de ton amitié.

Dans la tristesse où j'étais, je n'ai pu lire, sans verser des larmes, l'histoire d'Elspy Campbell, que tu as eu la bonté de m'envoyer. Je t'en remercie. Je pense, ainsi que toi, que notre ami Laurent aurait fait tout comme elle, s'il avait été à sa place, et nous à la place de madame Macdowell. Je crois que c'est bien la faute des maîtres, si la plupart des domestiques ne sont pas des Laurent et des Elspy. Ils leur parlent toujours avec dureté ; comment veulent-ils que ces pauvres gens prennent pour eux d'autres sentimens que ceux de la crainte? Puisqu'ils sont placés par le hasard dans un rang inférieur, n'est-il pas de l'humanité de ne pas les fouler à nos pieds; de leur donner, au contraire, toutes les marques d'affection qui peuvent les relever dans leur propre estime, et nous concilier leur attachement? On cherche à se faire aimer dans sa patrie, dans sa ville, dans son voisinage ; pourquoi ne vouloir pas être aimé dans sa maison par des personnes que l'on voit à chaque instant de la journée? Pourquoi n'en pas faire une seconde classe de ses enfans? Est-il beaucoup de ces maîtres qui eussent fait pour leur meilleur ami, ce que la généreuse Elspy a fait pour sa maîtresse? Mon oncle m'a dit que l'Académie française venait de couronner cette année un trait exactement semblable. Je suis bien aise que de si belles actions soient plus connues. Elles engageront les maîtres à traiter leurs domestiques avec plus d'égards, puisque, malgré toute leur fortune, ils peuvent encore avoir besoin d'eux un jour ; et les domestiques y trouveront un encouragement pour servir leurs maîtres avec plus de zèle et de fidélité. Je crois que, si nous avons jamais une maison à conduire, nous saurons, comme notre papa, la remplir de gens dont les cœurs seront aussi prêts que les bras à nous servir.

Cette semaine, mon frère, est bien triste pour ta pauvre Camille. Mon oncle m'avait emmenée hier avec lui dans les champs, pour me distraire de mon chagrin par une petite promenade. Tout-à-coup nous entendîmes un tambour. Nous nous avançâmes. C'étaient des recrues levées dans le pays, qui allaient partir. Il y avait au milieu des soldats plusieurs paysannes assemblées, qui avaient sans doute leurs maris ou leurs enfans dans la troupe, car ils ne faisaient que s'embrasser et verser des larmes. Nos yeux, après avoir parcouru cette foule, s'arrêtèrent sur une femme en habit de deuil, qui, sans être de la première jeunesse, avait une figure d'une beauté remarquable. Dans ses bras était un jeune homme qu'on voyait se mordre les lèvres pour s'empêcher de pleurer. Elle lui présentait un flacon de vin, et quelque chose d'enveloppé dans un morceau de linge. Il prit l'un, mais refusa l'autre, quelques instances qu'on lui fît pour l'engager à l'accepter. Mon oncle s'avança vers elle, et lui demanda si c'était son fils. — Oui, monsieur, c'est mon seul garçon, et un si bon fils, que le monde entier ne pourrait en produire de pareil. Mon mari est mort depuis six mois, et m'a laissé trois filles, dont la plus âgée n'a que cinq ans. Dans la dernière disette, il s'était endetté de cinquante écus. Les créanciers sont venus à sa mort; et j'ai vu le petit champ qui nous fait vivre, prêt à leur être abandonné. On levait des recrues dans le pays. Le fils d'un riche fermier s'était laissé enrôler par surprise. Il a déclaré que si un autre garçon du village voulait prendre sa place, il lui donnerait cent francs. Mon fils lui a proposé de porter la somme jusqu'à cinquante écus, et qu'il serait son homme. Enfin, ils se sont accordés à cinq louis. Je n'ai pas su un mot de tout cet arrangement, que quand il a été conclu. Autrement, j'aurais prié mon fils de nous laisser, mes filles et moi, dans la misère, plutôt que de nous priver de ses secours, lui qui me tient lieu d'ami, de protection, de tout au monde; car il a travaillé nuit et jour pour moi. J'ai cru tomber morte de douleur, lorsqu'il m'a présenté les cinq louis qu'il a reçus pour son enrôlement. Je suis allé vers le sergent, toutes mes prières n'ont pu le fléchir. Mon fils à cherché à me consoler, en me représentant que, notre champ étant presque libre, je pourrais vivre avec mes filles au-dessus des besoins. Tranquillisez-vous, me disait-il, je serai quelque temps en quartier dans le voisinage; après l'exercice, je reviendrai pour vous aider à travailler. Mon terme n'est que de six ans, et ensuite j'aurai mon congé... Hélas, s'écria-t-elle, tout allait si bien! Pendant quatre mois il a travaillé avec tant d'ardeur, que nous avons achevé de payer nos dettes, et satisfait aux impôts de l'année. Et maintenant il faut qu'il s'en aille! peut-être la guerre reviendra-t-elle, et je ne reverrai plus mon Julien, mon cher fils.

Mon oncle lui demande ce qu'elle lui présentait dans le morceau de linge. C'est, répond-elle, un louis d'or que j'ai reçu dernièrement d'une dame pour avoir sevré son enfant. C'est tout l'argent que je possède, et je le tenais en réserve pour les dernières extrémités. Ah! si mon cher Julien voulait au moins le prendre! Mais j'aurais dû le connaître. Il n'a jamais voulu rien recevoir de moi depuis qu'il peut travailler; au contraire, il m'a toujours donné ce qu'il gagne. Mon oncle lui demanda sa demeure, et lui promit de s'intéresser en sa faveur. Elle fut sensible à cette marque de bonté, et j'en fus aussi bien touchée pour elle. Vingt fois mes yeux s'étaient baignés de larmes pendant ses plaintes. Mais je crois que je plaignais encore plus son fils; car on voyait la violence que se faisait le pauvre garçon pour cacher sa douleur à sa mère, et ses pleurs à ses camarades, quelque peu qu'il eût à rougir d'un si juste attendrissement. Sa mère voulait l'accompagner un peu loin; mais elle est tombée évanouie au premier signal de la marche. Nous l'avons ramenée chez elle, et nous avons cherché de toutes les manières à la consoler, moi, par de douces paroles, et mon oncle par des secours utiles. Écoute, mon frère, je veux te dire l'idée qui m'est venue. Nous savons, par la perte de Laurent, combien il est cruel de se voir séparer de ceux que l'on aime. La pauvre femme souffre sûrement encore plus que nous, puisque c'est plus qu'un ami qu'elle a perdu. Nous ne pouvons pas nous rendre Laurent, mais nous pouvons au moins lui rendre son fils. J'ai fait pour mon oncle de petits travaux qu'il veut récompenser, en me donnant une belle robe : je lui demanderai ma robe en argent comptant. Travaille de ton côté, sans perdre une minute, au dessin que tu fais pour mon papa. Je sais qu'il doit te le bien payer. Nous réunirons nos petites fortunes, et nous en achèterons le congé du nouveau soldat, à l'intention de Laurent. Si l'on est récompensé dans une autre vie du bien qu'on a fait dans celle-ci, cette bonne œuvre passera sur son compte, puisque c'est lui qui nous l'a inspirée ; et il saura que nous l'aimons toujours, quoiqu'il soit mort. C'est la meilleure manière de prier pour lui. Je dois partir d'ici dans huit jours, pour retourner à la maison; nous arrangerons ensemble notre projet, et nous chargerons notre papa de l'exécuter. Il sera sûrement bien aise de nous servir. Cette espérance est la plus douce consolation que je puisse me donner, en attendant le plaisir de te revoir. Adieu. Je t'embrasse avec la nouvelle amitié que tu me demandes, et qui durera toute ma vie.

Camille DE Vallière.

FAVORI.

LETTRE I. — DIDIER DE LORMEUIL, A JULIETTE DE LORMEUIL.

MA CHÈRE SŒUR,

Comme je te vois d'ici prendre un air d'importance, de recevoir déjà de ma part une lettre, lorsque je viens à peine de franchir le seuil du logis ! Cependant ne sois pas si fière de cet honneur. L'épître n'est pas proprement écrite à cause de toi, mais à cause de mon joli serin. J'avais oublié de te le recommander en partant; et je sais de petites demoiselles qui, ayant les objets continuellement sous les yeux, les oublieraient mille fois, si l'on n'intéressait leur mémoire, en flattant un peu leur vanité. Sache donc que, de ma pleine puissance, je te nomme gouverneur de Favori, et t'accorde la surintendance générale de sa maison. Prends bien garde à ne pas les négliger, si tu ne veux que je te révoque. Il est bon de te présenter une réflexion toute simple. C'est qu'il ne se nourrit pas plus que nous de l'air du temps; sans manger et sans boire, il ne peut pas vivre; que, s'il ne vit pas, il ne pourra point chanter; et que s'il ne chante plus, ni toi, ni moi, nous ne pourrons l'entendre, ce qui serait bien dommage. Je crois aussi devoir te rappeler le service qu'il te rendit l'autre jour, lorsque tu brouillais tous les pas de ton menuet, en suivant ses cadences, au lieu de suivre celles de la pochette de M. Dupré. Le petit coquin se mit à faire un tel tintamarre, que M. Dupré tourna toute sa colère contre lui, oubliant de te faire les reproches que tu méritais pour ton étourderie. Voilà, je pense, des raisons assez fortes pour t'engager à lui donner toutes sortes d'attention. Mais si la musique et la reconnaissance ne peuvent rien sur ton cœur de bronze, je n'ai plus que le grand coup d'éloquence à frapper.... Tremble, tremble, ma sœur! Regarde-le déjà comme mort. Oui, mort. Comment soutenir cette affreuse image? Vois ces jolies petites pates levées en l'air, ses ailes immobiles, ses yeux et son petit bec fermés pour toujours! Vois-le, couché sur le dos, dans la petite boîte qui lui sert de cercueil, couvert de fleurs de soucis et de belles-de-nuit, avec des branches de cyprès! Tout le monde vient pleurer autour de sa tombe. On demande qu'elle main cruelle l'a plongé dans la nuit infernalle. Une voix se fait entendre : C'est moi, c'est moi, barbare que je suis! et tu te jettes tout échevelée sur son cadavre... Tu pleures, n'est-il pas vrai? Triomphe! Triomphe! Je n'ai plus rien à craindre pour sa vie, ni pour le repos de ton esprit. Outre sa nourriture ordinaire, n'oublie pas de lui donner un morceau de biscuit et de sucre. Tu feras fort bien aussi de couvrir sa cage de verdure, pour adoucir les regrets qu'il doit avoir de mon absence. Comme je me flatte que tu exerceras dignement les grandes fonctions que je te confie, je t'enverrai, pour te récompenser de ton zèle, un journal de mon petit voyage. Tu y verras des événemens dignes de passer à la postérité. Adieu, ma chère sœur, je quitte le ton du badinage, pour t'embrasser de toutes mes forces, et t'assurer des tendres sentimens avec lesquels je serai toute ma vie.

Ton frère et ton ami,

Didier DE LORMEUIL.

LETTRE II. — JULIETTE DE LORMEUIL, A DIDIER DE LORMEUIL.

Mon cher Didier,

Vraiment, il faut avoir un petit orgueil aussi plaisant que le tien, pour imaginer qu'une sœur doive se trouver si fière de recevoir une lettre de son frère. Il me semble que toute la gloriole devrait être de ton côté, pour avoir une fois rempli ton devoir sans te faire tirer l'oreille; quoique tu en perdes aussitôt le mérite, en disant que c'est à cause de ton petit criailleur que tu m'écris. Tu n'avais pas besoin de me faire à son sujet des recommandations si pressantes, ni d'employer de si belles figures de réthorique, pour m'émouvoir en sa faveur. Il inspire assez d'intérêt par lui-même. Ainsi, sois tranquille sur le soin que je vais prendre de le bien traiter. Je ne remplirai point, il est vrai, sa mangeoire par-dessus les bords, à l'exemple de certains garçons de ma connaissance, pour l'exposer à crever de gogaille, s'il était, comme eux, sur sa bouche, et aussi peu réfléchi. Peut-être voudraient-ils encore nous faire croire que c'est par excès de tendresse qu'ils l'accablent ainsi de provisions, lorsqu'ils n'ont pensé qu'à se débarrasser tout d'un coup pour huit à dix jours d'une attention qui les importune. Non, non; je lui rendrai des soins plus assidus. Je veux qu'il ait des provisions fraîches tous les matins. Lorsque j'ai nettoyé son buffet, j'y ai trouvé du grain au moins pour trois mois, sans compter celui qui était répandu à dix pas à la ronde. Il faut convenir que le petit drôle est un si franc dissipateur, qu'il en jette plus de côté et d'autre avec son bec dans une heure, qu'il n'en goberait dans un jour. Pour le fond de sa cage, grâces à ton adresse, ou à ta prodigalité paresseuse, c'était comme un étang formé par le débordement de l'abreuvoir. Le pauvre favori n'osait y descendre, tant il avait peur de s'y noyer! Comme il a paru joyeux, en revoyant la terre ferme! Il tremblait encore de s'y hasarder à la légere. Ce n'est qu'après l'avoir bien éprouvée d'une pate, en se tenant de l'autre aux barreaux, qu'il y a pris une entière confiance. De cette manière, sans aucun frais, j'ai agrandi son logement d'un rez-de-chaussée; car il ne se tenait plus que sur les deux perchoirs, crainte de salir ses jambes et sa queue. J'ai répandu sur le fond de la cage une couche de sable fin; et je l'ai garnie tout autour de mouron, en sorte qu'il ne tient plus qu'à lui de se croire dans un joli bosquet. Écoute, mon frère, à l'avenir, tu prendras ton parti; mais c'est moi qui me charge de son entretien. Je veux que son palais te serve de modèle d'ordre et de propreté pour ton appartement. En voilà, je crois, assez pour calmer les inquiétudes que tu m'as témoignées : j'en ai d'autres de mon côté, dont je vais te faire part. Tu es un peu étourdi, et nous avons pour voisin un chat noir fort avisé. Prends-y garde à ton retour. J'ai observé qu'il avait pris pour favori une tendresse qui m'épouvante. Hier, au matin, j'avais, en entrant, laissé la porte ouverte; il se glissa tout doucement à ma suite. Après avoir rendu mes devoirs à l'oiseau, je me mis à feuilleter un peu tes livres. Tout à coup j'entendis derrière moi un tendre *miaou*. Je me retournai; j'aperçus le scélérat juché sur le dos d'un fauteuil, vis-à-vis de la cage. Il regardait favori d'un œil caressant, mais hypocrite. Il tortillait moelleusement sa queue, et semblait lui dire : « O mon cher petit oiseau! viens te percher ici à mon côté; ou bien, attends-moi, je vais sauter légèrement sur ta cage. Vois les douces pates de velours que j'ai pour te caresser. (Remarque bien qu'à ces mots, il cachait soigneusement ses griffes.) Je te dorloterai tout le long de la journée, en te pressant contre mon tendre cœur. Ne t'effraie pas de mes longues moustaches, elles ne piquent point. Il y a par-dessous une petite bouche, avec laquelle je baiserai si joliment ton petit bec! Viens, viens, mon ami. » Que penses-tu que Favori répondait à tous ces beaux discours? Rien. Mais on voyait clairement à sa mine que le petit matois n'en était pas la dupe; et j'imagine qu'à la place du chat, il pourrait fort bien être un aussi grand fripon. Est-ce que tu lui aurais donné de tes leçons de coquinerie? Il baissait, il relevait sa tête; il secouait ses plumes; il jetait un œil de méfiance sur l'orateur, et de confiance vers moi, comme s'il eût voulu dire : « Je te connais, méchant; les paroles mielleuses, tes pates de velours, ta petite bouche cachée sous tes moustaches, sont aussi perfides que ton tendre cœur de chat. Tu peux tromper une pauvre souris; mais moi, oh! que non; je me moque tes ruses, je ne crains pas ta malice. J'ai ici une amie pour me secourir. » Et soudain il se mit à crier à plein gosier : Cuic, cuic, cuic, cuic! Je le compris à merveille. Sans faire semblant de rien, j'allai vers une cuvette pleine d'eau; et je fis au tendre matou une si bonne aspersion, que j'éteignis tout d'un coup le feu de son amitié; car en deux sauts il fut à bas du fauteuil, et il secouait son poil humide, comme s'il avait eu des frissons de fièvre. Profite de cette observation, s'il venait à te faire *incognito* sa visite, lorsque tu seras ici.

Cet animal doucereux, à qui tant de personnes ressemblent dans le monde, me rappelle une ariette de notre ami, dans une petite comédie manuscrite qu'il tient au fond de son portefeuille. Je te l'envoie pour te prier de la faire mettre en musique, si tu connais quelque bon compositeur dans le pays.

De ces gens aux airs chatemites,
Jamais, jamais n'attendez rien de bon;
Toutes ces mines hypocrites
Cachent un cœur fripon.

Je crois voir autour d'une table
Un chat rôder légèrement;
D'un ragoût l'odeur agréable
A frappé mon gourmand.

Le voilà, d'un air de simplesse,
　Qui vient à vous;
　Sur vos genoux
Il saute avec souplesse.
Puis de sa queue il vous caresse,
Puis il fait le gros dos, puis miaule tout doux;
　Puis de sa pate
　Il vous flatte.
Eh! qui croirait qu'il pense à mal,
　Le pauvre animal!
Sur le morceau qu'en son cœur il dévore,
　L'adroit caffard!
　Il n'ose encore,
Qu'en dessous jeter un regard;
Mais un moment tournez la tête,
　Zeste! l'agile bête
　A déjà fait sa part.

De ces gens aux airs chatemites,
Jamais, jamais n'attendez rien de bon.
Toutes ces mines hypocrites
Cachent un cœur fripon.

J'attends avec une vive impatience le journal curieux de ton voyage, que tu m'annonces. Je vais demain dîner à la campagne avec maman. S'il nous arrive quelque chose d'intéressant sur la route, je m'engage à t'en faire le récit. Puisque tu vas à la postérité, je serai charmée de partager avec toi l'admiration de nos derniers neveux. En attendant, je veux que tu saches, en particulier, que tu n'auras jamais de meilleure amie que ta sœur,

Juliette DE LORMEUIL.

ATTAQUE.

LETTRE III. — DIDIER DE LORMEUIL, A JULIETTE DE LORMEUIL.

Je te remercie, ma chère sœur, de la jolie lettre que tu m'as écrite, pour me tirer de mes inquiétudes. La scène du chat noir et de mon serin m'a beaucoup amusé. J'ai trouvé le discours du matou assez adroit, mais le cuic, cuic de Favori est bien plus éloquent, puisqu'il a produit la déroute de son ennemi, grâces à ta faveur incroyable. Tu mériterais, pour cet exploit, d'avoir une cuvette dans ton écusson.

J'ai travaillé pendant trois jours au journal de mon voyage, que je t'ai fait espérer pour récompense de tes soins. Mon papa trouve fort bonne l'idée de nous communiquer nos aventures. Il dit que nous acquerrons, par ce travail, l'habitude d'écrire avec aisance, et de réfléchir sur tout ce qui frappe nos regards. Ma relation lui a paru très-fidèle; et il désire vivement de voir celle que tu m'as promise de ton dîner à la campagne avec maman. Frédéric et Louise auront été sûrement de la partie. Que de folies vous aurez faites ensemble! Mais quand tu ne me parlerais que des tiennes, je te connais en fonds pour me donner un chapitre assez étendu. Afin de t'engager à me l'envoyer plus vite, je vais me hâter de rassembler les morceaux de mon histoire de grand chemin, épars sur vingt chiffons de papier. Tu la recevras dans quelques jours. Adieu; je t'embrasse en attendant, et suis pour toute ma vie,

Ton frère et ton ami,

Didier DE LORMEUIL.

RIPOSTE.

LETTRE IV. — JULIETTE DE LORMEUIL A DIDIER DE LORMEUIL.

A quoi penses-tu, mon cher Didier, de me faire si long-temps attendre le journal de ton expédition? Est-ce que tu serais allé, comme Gulliver, dans quelque île inconnue, pour avoir tant de choses à me raconter? J'ai bien reconnu l'ordre admirable dont tu te piques, à tes vingt chiffons de papiers épars sans doute dans tous les coins de la chambre. Heureux encore si le petit chat de la maison ne s'est point diverti des plus belles parties de ton ouvrage! Je ne serais point étonnée d'y trouver de larges lacunes, ou de te le voir entamer par la fin, avec la précaution de mettre la queue tout au commencement : ce qui vaudrait bien le grand chapitre de mes foyers. Je ne sais si la cuvette figurerait bien dans mon écusson; mais je crois que les feuilles de la sybille, dont tu m'entretenais l'autre jour, pourraient te composer des armoiries assez parlantes. Puisque mon papa semble désirer de voir ma relation, je m'empresse de te la faire passer, sans attendre la tienne; car je serais fâchée de le renvoyer peut-être aux calendes, comme dit le bon La Fontaine. Embrasse-le bien respectueusement de ma part, et tu le prieras ensuite de te rendre tendrement tous les baisers que tu lui auras donnés pour moi.

Juliette DE LORMEUIL.

P. S. Tu trouveras ci-inclus mon journal.

JOURNAL DE MON VOYAGE.

On n'a pas besoin de faire une route si longue que la tienne, pour avoir aussi des aventures. Nous venions à peine de passer les premières barrières, lorsque nous rencontrâmes sur le chemin un berger qui conduisait ses moutons. Notre cocher, croyant son honneur compromis de céder le pas à un vil troupeau, poussa sa voiture tout au travers de la foule. Les pauvres moutons qui passent pour avoir un cœur fort honnête, mais un esprit assez borné, ne sachant quel parti prendre, se jetaient entre les jambes des chevaux, et jusque dans les rayons de la roue. Le berger criait à pleine tête au cocher d'arrêter, et le cocher, sourd à tous ses cris, ne ralentissait point son grand trop. Comme le vent était assez frais, notre voiture était fermée de toutes parts. Frédéric voulut savoir comment les moutons se retireraient de cet embarras. Malheureusement il avait oublié que, pour regarder par une portière, il faut d'abord en baisser la glace. Il alla donner du front contre le cristal fragile, qui se rompit aussitôt en mille pièces. En retirant sa tête de la fenêtre qu'il venait de s'ouvrir, un éclat de verre le blessa légèrement à la joue. Il y porta la main ; et, de quelques gouttes de sang qui coulaient de sa blessure, il se barbouilla si bien tout le visage, qu'il avait l'air d'un de ces petits garçons qui courent les rues en mascarade à fin du carnaval. La tendre Louise, à cette vue, ne doute pas que son frère n'eût laissé tomber son nez au milieu du troupeau, et se mit à crier : Ah ! mon pauvre Frédéric jusqu'à ce que maman, avec un peu d'eau de mélise qu'elle répandit sur son mouchoir, eût nettoyé son barbouillage, et rendu à sa petite mine cet air espiègle que tu lui connais. Eh bien ! mon cher Didier, qu'en dis-tu ? Il me semble que l'esprit d'étourderie ne dégénère point dans les garçons de notre famille ; et voilà ton frère qui soutient déjà dignement ta réputation.

Il ne se passa rien de mémorable depuis cet événement jusqu'à notre arrivée dans la maison de notre chère nourrice, cette bonne Marguerite, chez qui nous allions dîner. Après avoir reçu ses tendres caresses, nous allâmes nous promener dans les champs. En passant toute seule le long d'une haie, j'aperçus de pauvres oiseaux dont la pate se trouvait prise dans un perfide lacet. Ils agitaient pitoyablement leurs ailes, et semblaient me demander leur liberté. Tu penses bien que je ne fus pas insensible à leurs tristes prières. Je rompis leurs chaînes, et j'eus le plaisir de jouir de leur reconnaissance dans les transports de joie qu'ils faisaient éclater en s'envolant. Ce mouvement de pitié ne fut point du goût d'un petit paysan du voisinage, qui avait fondé d'avides espérances sur la vente de ses prisonniers; et leur délivrance, comme tu le verras, faillit nous coûter assez cher.

Le soleil, vers l'heure de midi, avait dissipé les brouillards. La journée se trouvait si belle, que maman voulut nous faire goûter tous les délices d'un repas champêtre. Le dîner fut servi dans le jardin. Marguerite nous avait régalés d'une excellente soupe au lait. Au moment où Frédéric, suivant la liberté des manières de la campagne, portait son assiette à sa bouche, pour s'épargner la peine de l'exercice de sa cullière, voilà tout-à-coup une grosse pierrre qui, l'atteignant sur le bord, la renverse sur la table, et en fait rejaillir une rosée blanche qui nous éclabousse à la ronde. Il aurait fallu nous voir jeter les uns sur les autres, tout palpitans de frayeur, comme si Jupiter eût laissé tomber au milieu de nous une de ses foudres. Le mari de Marguerite, qui n'est pas homme à s'effrayer du bruit, courut à la porte du jardin, pour attraper le dieu du tonnerre, et lui renvoyer son carreau. Mais le dieu, semblable à ceux de la fable, qui se jouent si bien des pauvres mortels, s'était rendu invisible. Notre hôte eut beau rester en sentinelle, il n'y gagna rien que de nous garantir du péril d'être foudroyés une seconde fois.

Notre dîner venait de finir, et je me disposais à rendre une visite d'humanité à toutes les haies du canton, lorsque maman nous avertit qu'il fallait songer à la retraite. Nous remontâmes à regret dans notre voiture, après avoir fait à la chère Marguerite nos petits cadeaux. Il ne fut jamais une si belle soirée. Du haut d'une montagne où nos coursiers fumans s'étaient arrêtés pour reprendre haleine, nous eûmes le plaisir de voir un vaste horizon couvert de nuages des plus brillantes couleurs. Le soleil, qui semblait se réjouir de l'accès que Frédéric lui avait ouvert pour arriver immédiatement jusqu'à nous, colorait, par reconnaissance, son front et celui de Louise de toute la pourpre de ses rayons. On aurait cru voir ces belles faces dorées de chérubins qui parent les autels.

Les moutons de la matinée avaient apparemment donné l'alarme à leurs camarades, car nous n'en trouvâmes point à notre retour. Il ne se présenta sur notre passage qu'une troupe d'ânesses avec quelques ânons, de la figure la plus ingénue que tu puisses te représenter. Nos chevaux, qui crurent apparemment y reconnaître un air de famille, voulurent à toute force leur céder le haut du pavé, et firent mille soubressauts et mille courbettes en leur honneur. Mais notre fier cocher soutint à merveille la gloire de son siége. Il leur persuada du bout de son fouet qu'ils étaient des personnages d'une plus haute importance ; et qu'ayant le pas sur eux dans tous les livres d'histoire naturelle, ils devaient le conserver sur les grands chemins. Il fallut bien se rendre à des raisons si frappantes, et ils nous conduisirent sans autre malencontre au logis.

LETTRE V. — DIDIER DE LORMEUIL A JULIETTE DE LORMEUIL.

Il n'est pas étonnant, ma chère sœur, qu'on se tire si lestement du récit d'un voyage où l'on n'a eu à faire qu'à des bêtes à petites cornes ou à longues oreilles, à un étourdi qui casse les vitres, et à un polisson qui vous jette des pierres. Si tu appelles cela des aventures, je ne sais quel titre assez magnifique tu trouveras pour les miennes. D'après ce qui m'est arrivé, pour n'avoir traversé qu'un village, tu peux juger aisément de ce que j'aurais eu à te raconter dans une plus longue expédition. Je commence à croire que, du temps des chevaliers errans, j'aurais pu faire une brillante figure sur ce globe, et chanter moi-même mes hauts faits, de peur que personne ne s'avisât de les célébrer à ma fantaisie.

« En voici un petit échantillon que je soumets intrépidement à ta censure ; ou plutôt je t'engage, pour tes plaisirs, à le lire avec soin, pour ne perdre aucune de ses rares beautés.

JOURNAL DE MON VOYAGE.

Nous roulions depuis un quart d'heure en silence dans notre voiture, avec la même vitesse que les nuages qui couraient sur nos têtes. Je bénissais la mémoire de celui qui, le premier, inventa cette manière agréable de nous transporter d'un endroit à l'autre sans éprouver de fatigue, en attendant qu'on perfectionnât le projet de nous voiturer encore plus doucement par les airs dans un bateau volant ou sur des ballons. L'aspect de la campagne surprit ensuite ma pensée. Tous les arbres étaient dépouillés de leur parure. A peine y restait-il quelques feuilles jaunes ou rougeâtres, qui n'attendaient que le moindre souffle du vent pour devenir son jouet. Les tendres accens du rossignol, le concert joyeux des pinsons et des fauvettes ne remplissaient plus les bocages : on n'entendait que les cris glapissans des corbeaux et des corneilles qui fuyaient à tire-d'aile, effrayés par la cognée du bûcheron. Au lieu de ce grand rideau de verdure, qui présentait de toutes parts la richesse et la gaîté, on ne découvrait, à travers les têtes chauves des arbres, que des chaumières à demi ruinées, et des villages enveloppés de fumée et de brouillards. Des femmes occupées à ramasser des branches de bois mort, quelques laboureurs traînant la herse sur leurs guérets, des ramiers sauvages qui cherchaient dans l'épaisseur du chaume les grains échappés aux glaneuses, étaient les seules créatures vivantes qu'on aperçût de loin en loin sur les champs. Rien ne consolait nos regards attristés, que les jeunes semences déja verdoyantes, qui s'élevaient de la terre pour annoncer l'espoir d'une heureuse moisson.

Nous fûmes tirés de la rêverie où nous plongeait ce spectacle mélancolique, par les mouvemens extraordinaires que nous vîmes faire soudin à notre cocher. Sa redingotte était glissée de son siège sur l'une des petites roues, qui l'emportait autour de son essieu, comme des ailes d'un moulin à vent. Après bien des tours, il vint à bout d'en saisir une manche, et la tirait à lui de toutes ses forces, en criant d'une voix enrouée : O ma redingotte! ma redingotte! Je me jetai précipitamment à la portière pour regarder; mon chapeau tomba, et je me mis à crier : ô mon chapeau! mon chapeau! Geoffroi, de son poste, entend nos lamentations, et se penche, son bonnet fourré lui échappe, il ne crie point : O mon bonnet! mon bonnet! mais, en voulant le rattraper dans sa chute, il se renverse lui-même à terre de toute sa longueur. Heureusement pour le malheureux que ce fut dans un large et profond bourbier bien douillet; car autrement je ne sais ce qui serait arrivé de sa rie, au moins de son nez, de ses dents et de son menton. Il n'avait fallu qu'une minute pour toutes ces catastrophes. Mon papa était le seul qui, dans toute cette bagarre, n'eût pas perdu l'esprit. Il baissa les stores de devant, et, saisissans les rênes dans les mains du cocher, il arrêta les chevaux. Le cocher descendit, et dégagea de l'essieu sa redingotte. Mais quelles furent ses tristes doléances, lorsqu'il vit au milieu de sa taille un grand trou, par où sa tête énorme aurait pu passer, avec toute la frisure d'un petit-maître. Geoffroi, de son côté, avait la bouche si empâtée, qu'il ne pouvait articuler un seul mot. O ma sœur! si tu l'avais vu sous ce masque essayer de rire pour me tranquilliser sur sa culbute! il ne faisait qu'éternuer, cracher et se frotter avec les mains, les genoux et les coudes. Son habit, autrefois tout vert, ne l'était plus que par derrière; il avait l'air d'une perruche grise, à demi doublée de perroquet. Il retourna quelques pas en arrière, pour chercher son bonnet de renard. Par bonheur qu'on y avait laissé tenir la queue de l'animal, pour figurer en forme de panache. C'est elle qui le fit découvrir, et qui servit à le repêcher de l'ornière profonde où il s'était englouti. Il fallut le tordre, et le retordre, pour qu'il pût l'emporter sous son bras. On rattrapa aussi en même temps mon chapeau, à qui le vent faisait faire mille sauts périlleux en avant et en arrière. Mais il ne perdit rien à toutes ces cabrioles; au contraire, il gagna une épaisse calotte, qu'il a su conserver en partie, à la barbe de toutes les brosses de la maison.

Quand nous fûmes remontés dans la voiture, et que tout fut rétabli dans son premier ordre autour de nous, il fut d'abord question de faire de la philosophie sur toutes ces disgrâces. Mais, après en avoir essayé de la plus sérieuse, il nous vint dans l'esprit que le parti le plus sage était peut-être de prendre la chose gaîment. Mon papa tira de sa bourse des consolations pour le cocher. De mon côté, je vis bien que Geoffroi n'était en peine que de son bonnet, parce que l'habit était de la maison. Je lui fis un signe qui le remit en belle humeur, et tout le monde continua la route comme si rien ne fût arrivé.

Nous étions près d'entrer dans le village, lorsque nous aperçûmes un vieux soldat assis sur une pierre, au bord du chemin. Il avait une de ses jambes pliée en arrière sous lui, et l'autre, qui était de bois, toute roide, et tendue en avant. A sa gauche était une longue béquille, et à sa droite un grand chien noir. Mon papa, qui fait profession d'aimer les soldats les mieux estropiés, le salua avec un air de bienveillance, et me donna une pièce de vingt-quatre sous, pour la jeter, en passant, dans son chapeau; ce que je fis, sans me vanter, avec assez d'adresse. La voix de sa reconnaissance fut si haute, qu'elle réveilla une femme de très-mauvaise mine, qui dormait tout près de là sur un tas de paille. Elle se mit à courir après notre voiture, et l'atteignit au moment où nous en descendions pour entrer dans l'auberge. Ah! monsieur, dit-elle à mon papa, vous placez bien mal vos charités! Si vous donnez de si belles aumônes à un vieil ivrogne, que ferez-vous pour une brave femme, comme je le suis, qui n'a pas bu de vin depuis dix ans! Mon papa, dont l'esprit s'était occupé de bien des choses dans cet intervalle, ne songeait plus à l'invalide, et la regardait d'un air étonné. Oui, oui, monsieur, reprit-elle, c'est de ce vieil ivrogne de soldat que je parle. J'ai bien entendu comme il vous remerciait pour une pièce de vingt-quatre sous que le petit monsieur lui a jetée de votre part; je gage qu'avant la nuit il l'aura toute bue en eau-de-vie. Et puis, n'avez-vous pas vu ce grand chien noir qu'il a toujours à son côté? Un mendiant nourrir un chien! n'est-ce pas voler d'autres malheureux! Finissez, lui répondit mon papa, d'un ton sévère. Pourquoi me dire du mal d'un homme qui a besoin, comme vous, de ma pitié? S'il aime un peu l'eau-de-vie, je le pardonne à un vieux soldat. Tandis que nous sommes assis à notre aise au coin du feu, il faut que ces braves gens supportent le vent, la neige, la pluie, toutes les rigueurs de l'hiver. Il n'est pas surprenant qu'ils aient recours à une boisson qui les échauffe, et qu'ils s'y accoutument. Pour son chien, c'est peut-être l'unique attachement qu'il ait dans le monde; c'est son compagnon fidèle, le seul ami qui prenne part à ses bonnes ou mauvaises journées. En achevant ces mots, il lui donna, sans le regarder, une pièce de deux sous. Elle la reçut d'un air dédaigneux, et s'en retourna en grognant tout le long du chemin. Cette vilaine femme m'avait donné de l'humeur. Je suis bien fâché, dis-je à mon papa, que vous l'ayez secourue de la moindre chose. Dire des injures à ce pauvre soldat, et lui envier votre aumône! Il faut être bien méchant. Tu as raison, mon fils, me répondit-il. Celui qui veut émouvoir ma pitié envers lui aux dépens d'un autre, ne fait qu'exciter mon indignation. Cependant je la vois dans le besoin, et j'oublie son mauvais naturel. Elle en est assez punie par elle-même. Sans la méchanceté de sa langue, je lui aurais donné autant qu'à lui.

Pendant ce dialogue, l'aubergiste nous avait conduits dans une chambre dont une croisée s'ouvrait sur le chemin que nous avions parcouru, et l'autre sur la cour de l'auberge. En attendant qu'on nous apportât le dîner, je me mis à la fenêtre. Le premier objet que j'aperçus fut la vieille femme, qui venait de s'asseoir au pied d'un ormeau, tout près de la maison. Elle tirait de sa poche une petite bouteille de vin, dont elle se mit à boire d'un bon courage. J'appelai mon papa, et je la lui fis remarquer. Il m'imposa silence, de peur qu'elle pût nous entendre. Au même instant nous vîmes au loin le vieux soldat, qui venait vers nous, appuyé sur sa béquille, et suivi de son chien noir. Aussitôt que la vieille femme l'aperçut, elle fit rentrer précipitamment la petite bouteille dans sa poche. Nous fûmes curieux d'entendre leur entretien. La bonne mère! lui dit l'homme à moustache en l'abordant, est-ce que vous voulez coucher là sans dîner? Vous n'avez donc pas faim d'aujourd'hui? Oh! ce n'est pas la

A chaque morceau qu'il mangeait, il en donnait à son chien.

faim qui me manque, répondit-elle d'un ton pleureur, c'est de quoi manger. Bon ! s'il ne tient qu'à cela, répliqua-t-il, j'en ai pour nous deux. Alors s'étant assi auprès d'elle, il fit glisser de dessus son dos un vieux havresac, et en tira une morceau de pain noir, avec un bout de cervelas bien enveloppé dans un papier, qu'il lui présenta. Il ne garda pour lui qu'un peu de pain et de fromage; encore à chaque morceau qu'il mangeait, en donnait-il à son chien, qui s'était mis par-derrière, et qui tenait sa tête appuyée sur son épaule, de l'air de la plus intime familiarité.

Pendant leur repas, la méchante vieille tourna la conversation sur la dureté des voyageurs, et dit que ce monsieur qui venait d'arriver à l'auberge ne lui avait donné que deux liards. Cela ne peut pas être, répondit l'honnête guerrier, il m'a l'air d'un bien brave homme. Apparemment qu'il ne lui restait dans sa bourse que de l'or, qu'il ne pouvait pas changer. Voyez ce qu'il m'a fait jeter par son fils; une pièce de vingt-quatre sous. La voilà. Il n'en tombe pas souvent de ce calibre dans mon chapeau. Mais ne soyez pas en peine ? vous en profiterez comme moi. Je ne sais pas être heureux tout seul. Un bon repas demande un coup de vin. Je n'en ai pas fait couler aujourd'hui une goutte dans mon estomac, malgré le froid salé qu'il fait; mais ma pauvre bourse était si plate, que je l'aurais enfilée dans le trou d'une aiguille. La voilà devenue rondelette à présent; et je suis en état de dépenser aujourd'hui six sous, trois pour vous, trois pour moi : le reste sera pour d'autres rencontres. Allons, la bonne mère, donnez-moi la main.

Il se leva d'un air jovial en disant ces mots : la méchante vieille se mit à faire le bon valet; elle lui présenta officieusement sa béquille, et caressa son chien. Je crois que l'aurais battue pour cette noire fausseté. Ils s'acheminèrent ensemble vers l'auberge, tandis que nous allions nous poster à la fenêtre qui donnait sur la cour. Nous vîmes bientôt le soldat se faire donner une roquille de vin et deux petits verres, dont il remplit l'un pour sa convive. Elle l'avala tout d'un trait. Mon papa ne put contenir plus long-temps son indignation. Fi! la détestable créature, cria-t-il à haute voix. Ils levèrent tous deux la tête. La femme poussa un cri en nous reconnaissant; mais le soldat n'en parut point déconcerté. Mon bon monsieur, s'écria-t-il à mon papa, vous voyez comme nous nous régalons à votre santé. Permettez que je vous la porte, continua-t-il en ôtant son chapeau; celle de monsieur votre fils aussi. Je n'oublie personne, si petit qu'on soit, quand c'est d'honnêtes gens. Grand bien vous fasse, l'ami! lui répondit mon papa. Vous avez un cœur tel que je les aime. Tout pauvre que vous êtes, vous savez obliger. Voici de quoi vous souvenir encore de nous (en lui jetant un écu sur la table), mais pour ceux qui boivent le vin d'un brave homme qu'ils viennent de calomnier lâchement..... La méchante femme n'en entendit pas davantage, elle se retira la tête baissée, dans un extrême confusion.

Pendant notre dîner, l'hôte nous raconta que le brave soldat, nommé Thierry, avait servi trente ans; qu'il n'avait quitté les armes que par suite du malheur arrivé à sa jambe, et qu'il avait les certificats les plus honorables de tous ses officiers. C'est lui, continua-t-il, qui maintient le bon ordre et la paix dans le village. Ses moustaches grises en imposent encore aux vagabonds. Tout le monde se ferait un plaisir de lui donner du pain, s'il voulait le prendre; mais il n'en reçoit point qu'il ne l'ait mérité par quelques services, comme des messages d'une paroisse à l'autre, dont il s'acquitte avec autant d'intelligence que de fidélité. Je l'aurais mis en colère, si j'avais refusé de prendre son argent pour le verre de vin qu'il vient de boire. Il prétend que je dois vivre avec tout le monde des profits de mon état; et que, si je lui donnais quelque chose, je serais obligé de le porter sur le compte d'un autre; ce qui ne serait pas juste. Tous les matins il va de bonne heure, avec une hotte de cailloux sur les épaules, remplir les ornières faites la vieille sur le chemin. Vous avez dû remarquer comme il est bien entretenu. Il ne demande jamais rien; mais il n'est guère de voyageurs habitués sur la route, qui ne lui donnent quelque chose au passage; et il le prend, en conscience, parce qu'il croit l'avoir gagné. L'hiver, quand le froid est trop rude, il vient faire des sabots d'enfans au coin de ma cheminée; et il les donne pour rien à ceux qui ne sont pas en état de le payer, de peur qu'ils ne s'enrhument. Seulement il les fait danser devant lui pour sa peine.

Eh bien! ma sœur, que dis-tu de ce bon Thierry? ce dernier trait de son histoire m'a fait tant de plaisir, que je lui ai commandé pour toi une paire de sabots, que je prendrai à mon retour. Comme tu es trop généreuse, et d'ailleurs trop loin de lui pour le payer en gambades, je me charge, à ton intention, de le solder en meilleur aloi. Je veux lui en donner six francs, afin que le cadeau soit plus digne de t'être présenté. Ils ne te seront pas inutiles pour courir cet hiver dans le jardin.

Si je ne craignais que mon journal n'eût déjà fatigué ta patience, j'aurais vraiment bien d'autres histoires à te raconter. Je te dirais comme, chemin faisant, je mis à fin une grande aventure, par un moyen dont le seigneur Don Quichotte, malgré toute sa bravoure, n'aurait jamais eu l'esprit de s'aviser. Tu vas croire peut-être, d'après ce début, qu'il y avait un enchanteur, ou tout au moins un géant dans la querelle, et qu'il s'agissait de la destinée de quelque illustre princesse, et d'un grand royaume à reconquérir. Eh bien! non, ma chère Juliette: ce n'était qu'une petite dindonnière aux prises avec un petit chevrier, pour défendre une petite pomme qu'elle venait de cueillir. Après m'être informé gravement de la cause de ce duel, je pris, comme tu le devines sans peine, la défense du faible, mais en parole; car, heureusement pour le fort, je n'avais ni lance ni rondache; d'ailleurs, il faut aussi te dire qu'il était de tournure à rosser, malgré toutes ces armes, le pauvre chevalier. Je vis tout de suite que le personnage d'un Salomon ou d'un Titus allait beaucoup mieux à ma taille, et je terminai le combat, au grand contentement des deux champions, en partageant entre eux les derniers restes du pâté que maman nous avait donné pour la route.

Je pourrais encore te représenter la détresse d'un malheureux lièvre que nous vîmes courir à travers les champs, poursuivi par une meute de chiens et de chasseurs.

Le pauvre animal, après les avoir mis vingt fois en défaut par ses crochets dans la plaine, était grimpé sur la pointe d'une roche pendant tout à pic sur des précipices. Un chien furieux l'aperçut dans cette dernière retraite, et eut l'audace de le forcer. Je les vis se précipiter l'un et l'autre, et rouler ensemble tout déchirés... Mais cette peinture est trop cruelle, n'est-ce pas? j'aime mieux t'offrir des images plus douces, en te parlant de la joie que notre arrivée inattendue a fait naître ici dans toute la maison. Si tes plaisanteries malignes ne m'avaient pour jamais détrompé de l'idée que j'ai voulu prendre quelquefois de mon mérite, je me croirais un homme important, à la manière dont je me suis flatté. Il est plus modeste de croire que je suis redevable de ces égards au souvenir que l'on a conservé de ta visite de l'année dernière, et je mets tout mon orgueil à te devoir ma considération.

Voilà, ma chère sœur, le récit, peut-être un peu

trop détaillé, de mes diverses aventures. La plus périlleuse est celle où je me suis engagé pour te plaire, en essayant de te les décrire. Je n'aurais jamais cru en venir à bout. Je ne veux point te faire valoir mon travail. Je me flatte cependant que tu m'en saurais quelque gré, si je disais que l'on me sonne depuis un quart d'heure pour goûter des beignets qui se refroidissent à m'attendre. Je ne crois pas que l'héroïsme de l'amitié fraternelle puisse aller guère plus loin.

Adieu, ma chère Juliette ; je vais me divertir ici le mieux qu'il me sera possible, pour que tu me retrouves plus gai quand je retournerai près de toi. C'est une attention délicate dont tu dois sentir tout le prix, et qui te prouve le tendre attachement avec lequel je suis pour toujours ton frère et ton ami,

Didier DE LORMEUIL.

ESTAMPES DU VOYAGE DE DIDIER.

LETTRE VI. — JULIETTE DE LORMEUIL A DIDIER DE LORMEUIL.

J'avais toujours ouï dire que rien ne servait comme les voyages à former l'esprit. Ta relation vient de m'en donner une preuve, à laquelle j'étais loin de m'attendre. Qui jamais eût pensé qu'un petit écolier de rhétorique, comme toi, se crût déjà philosophe, pour avoir fait six lieues? Tu me disais dans ta première lettre que tu destinais le récit de ton voyage à la prospérité. Lorsque tu voudras l'envoyer à son adresse, je me charge de faire le dessin de quelques estampes pour l'accompagner. Ta description de la campagne, dans cette triste saison, me fournira le sujet d'un paysage d'automne très-pittoresque. L'opiniâtre cocher, qui, sans bouger de son siége, tiraille par la manche sa malheureuse redingotte; le pauvre Geoffroi se relevant tout confus de son bourbier; mon petit étourdi de frère, tête nue à la portière, suivant des yeux son chapeau dans ses pirouettes; voilà trois drôles de figures à peindre; tandis que mon papa, toujours fidèle à son caractère de prudence, fera le contraste de mes originaux, en saisissant les rênes et arrêtant l'attelage. Tu penses bien que je n'oublierai pas le dîner sous l'orme, de la méchante femme et du vieux soldat; qu'elle bonne physionomie je veux donner à ce brave Thierry et à son chien noir mangeant amicalement sur son épaule! Enfin, je terminerai ma galerie par la scène de la dindonnière et du chevrier. Mon frère sera peint, comme tu te représentes toi-même, jugeant gravement leurs querelles, et les mettant d'accord avec des débris de pâté. Il est vrai que je ne mettrai au-dessous ni le nom de Salomon, ni celui de Titus, que tu ne fais pas la moindre façon de te donner avec ta modestie ordinaire, mais bien celui du nouveau Sancho Pança; ce qui ne laissera pas de te faire également honneur, car je n'ai guère vu dans ma vie de personnage d'un plus grand sens.

Comme je me flatte que tu ne voudras jamais être en reste avec toi, je t'abandonne aussi mon voyage, pour en tirer tels sujets de dessins qu'il te plaira d'y trouver. Je crois qu'ils pourraient faire très-naturellement le pendant des miens.

N'allais-je pas oublier de te faire mes remercîmens pour les jolis sabots de la façon de Tierry? Comme je ne me sens pas en état de répondre à un cadeau si magnifique, tu permettras que je te paie à ton retour, comme il se fait payer des pauvres enfans du village. Je répète à cet effet un nouveau rigodon.

Je suis infiniment touchée du soin généreux que tu prends pour me conserver ta gaîté. Je te prie de croire que je suis capable de la même délicatesse.

Adieu, mon cher Didier; nous sommes, je pense, à deux de jeu pour la malice. Je ne veux l'emporter sur toi que par les sentimens d'une plus tendre amitié.

Juliette de Lormeuil.

LE DÉSERTEUR

OU

L'HÉROÏSME FILIAL.

PERSONNAGES.

MARCEL.
GENEVIÈVE.
GEORGE, leur fils.
THOMAS, frère de Marcel.
LE BAILLI.
LE COLONEL.
LE CAPITAINE.
LE FOURRIER.
LE SERGENT.
LE PRÉVOT.
FLUET, cadet.
LA TERREUR,
BRAS-CROISÉS. } soldats.

Les deux premiers actes se passent dans la chaumière de Marcel, et le dernier dans la prison du château.

LE DÉSERTEUR

ou

L'HÉROISME FILIAL,

Drame en trois actes.

ACTE PREMIER.

(Le théâtre représente l'intérieur d'une chaumière de paysans. Tout y annonce la plus extrême indigence. Geneviève est assise, filant au rouet.)

SCÈNE PREMIÈRE.

GENEVIÈVE, MARCEL.

MARCEL, *en entrant.*

FEMME, voici des soldats qui nous viennent.

GENEVIÈVE, *laissant tomber son fuseau.*

Eh! mon Dieu, comment faire? Nous n'avons plus nous-mêmes de quoi vivre; et voilà encore des soldats à nourrir?

MARCEL.

Nous n'avons rien, ma femme; ainsi rien à donner.

GENEVIÈVE.

Mais voudront-ils nous en croire? Il y a tant de richards qui se font pauvres par avarice. Les soldats le savent. Comment vont-ils nous traiter?

MARCEL.

Lorsqu'ils nous verront, il faudra bien qu'ils croient à notre misère. Je parie qu'ils auront plus de piété de notre état, que ceux qui pourraient l'adoucir.

GENEVIÈVE.

Dieu le veuille, mon cher homme! La douleur et la faim nous ont tant affaiblis! de mauvais traitemens nous auraient bientôt achevés.

MARCEL.

Va, les soldats ne sont pas aussi méchans qu'on se le figure. Ils ont plus de conscience et d'humanité qu'un bailli qui frappe sur le pauvre comme sur une gerbe. Celui-ci s'endurcit au mal, à force d'en faire; mais un soldat pense à une autre vie, parce qu'il est tous les jours face à face de la mort.

SCÈNE II.

MARCEL, GENEVIÈVE, LA TERREUR, FLUET,
avec leurs armes et leur bagage.

LA TERREUR.

Salut, et santé, la bonne mère; je vous amène des hôtes. Voici l'ordre; trois hommes.

MARCEL.

Femme, prends le billet. (*Geneviève met le billet sur le dessus de la porte.*) Messieurs, nous partagerions de bon cœur avec vous, si nous avions quelque chose ; mais nous sommes de pauvres gens. Voici toute notre habitation ; cette grande chambre, et une autre petite pour faire notre cuisine.

LA TERREUR.

C'est assez, vieux père. (*Il pose sur la table son sac et son sabre.*) Allons, monsieur le cadet, mettez-vous à votre aise.

FLUET, *d'un ton pleureur.*

Ha ! ha ! Je suis trempé de la tête aux pieds, et j'ai froid à ne pouvoir y tenir. Ah ! ha ! ha ! (*Il pose son bagage en grelottant.*)

LA TERREUR.

Bon, ce n'est rien encore. Lorsque vous aurez un glaçon pendu à chacun de vos cheveux, c'est alors que vous pourrez vous plaindre du froid.

FLUET.

Je n'y tiens plus. Je suis cadet ; je n'irai pas sacrifier ma vie à travers des marais, à pied, comme un soldat. Si nous marchons après demain, et qu'il fasse le même temps, je prendrai, pour mon argent, un chariot, et je me ferai voiturer.

LA TERREUR.

Oui bien, on vous laissera faire. Croyez-vous être le seul qui ait de l'argent ? Il y en a tant d'autres qui se feraient traîner, si cela était permis ! Il ferait beau voir la moitié de l'armée empaquetée dans des chariots ! Comment vous trouverez-vous donc, lorsque, tout mouillé comme vous l'êtes, il vous faudra encore monter la garde? Le tour revient souvent, quand on est en quartier.

FLUET, *pleurant encore en se regardant.*

Hu, hu. Je n'ai pas un fil sur moi qui ne soit trempé.

LA TERREUR.

Fi donc! pleurer? Un soldat doit rire encore, tant qu'il n'a que la moitié de sa tête à bas.

FLUET.

Toute ma frisure qui est défaite! Hu, hu, hu!

LA TERREUR.

Ah! voilà qui s'appelle un malheur.

FLUET.

Il fait encore plus froid ici que dans les champs. (*D'un ton dur, à Marcel.*) Allons, vieux coquin, fais du feu.

LA TERREUR.

C'est un brave homme, monsieur le cadet. Il a plus de soin de votre santé que vous ne pensez. Si la chaleur vous prenait tout de suite, vous attraperiez un catarrhe.

FLUET.

Je crois que vous voulez me faire crever. Je ne suis pas d'une race aussi dure que la vôtre. Vous êtes fils de roturier; il y a dix-huit mois que nous sommes nobles de père en fils. (*A Marcel.*) Feras-tu du feu, maudit paysan?

LA TERREUR.

Allons, mon papa, allons, faites du feu; autrement le roi va perdre un soldat.

MARCEL.

Messieurs, ce serait de bon cœur. Je meurs de froid comme vous; mais je n'ai pas un morceau de bois.

GENEVIÈVE.

Écoute, mon homme. Notre compère Thomas pourrait nous prêter quelques fagots, pour l'amour de ces honnêtes gens. Va le prier de nous rendre ce service. Ce jeune monsieur (*en montrant Fluet*) me fait peine au cœur. Dieu de bonté! il n'est pas encore accoutumé à souffrir. Va, mon ami, le compère ne nous refusera pas.

MARCEL.

Eh bien! oui, j'y vais.

SCÈNE III.

GENEVIÈVE, LA TERREUR, FLUET.

LA TERREUR.

Maintenant, la bonne mère, songeons au dîner. Que nous donnerez-vous?

GENEVIÈVE.

Hélas! mes bons messieurs, il y a huit jours que nous ne vivons que de pain et d'eau; et du pain même (*avec un profond soupir*), bientôt nous n'en aurons plus. La mauvaise récolte cette année nous a entièrement ruinés. Il nous a fallu vendre tout ce que nous avions pour avoir du pain. Et maintenant que nous n'avons plus rien à vendre pour en avoir, quand nous aurons mangé le peu qui nous en reste, de quoi vivrons-nous? Il n'y a que le bon Dieu qui le sait. N'allez pas croire au moins que je vous dis un mensonge. Venez, je vais vous conduire dans toute ma chaumière; vous n'y trouverez que de la pauvreté. Je donne du fond de mon cœur autant que je puis. Mais, aujourd'hui, où en trouver pour moi-même. Ah! croyez-m'en; je ne prendrais pas sur moi la honte de recevoir des aumônes, si j'avais le nécessaire.

LA TERREUR.

Tranquillisez-vous, la bonne mère, tranquillisez-vous; je vous en crois. On voit bien à la mine des gens lorsqu'ils disent la vérité.

GENEVIÈVE.

Moi qui craignais tant de vous voir entrer chez nous! soyez les biens venus. Ah! Marcel avait bien raison. C'est chez les soldats qu'on trouve les meilleurs chrétiens. Ils font ce que les autres se contentent de prêcher.

LA TERREUR.

Il faut dire. Il y a parmi nous des diables incarnés, qui épuisent toute leur bravoure dans les chaumières des paysans, et qui ne s'en trouvent plus ensuite en face de l'ennemi.

GENEVIÈVE.

Oh! vous n'êtes pas comme cela, vous, j'en suis

sûre. Quel bonheur c'est encore pour moi de n'avoir que de bons soldats à loger, lorsque je suis dans la peine.

LA TERREUR.

Allons! monsieur le cadet, faites sauter quelque monnaie de votre bourse, pour avoir de la viande, et nous en régaler avec ces braves gens, puisqu'ils n'ont que du pain.

FLUET.

Oui-dà! est-ce que je suis venu ici pour fétoyer ces misérables? je suis bien plus à plaindre. Ils sont nés pour souffrir, et non pas moi.

LA TERREUR, *bas d Geneviève.*

Voyez-vous? C'est un de ces braves dont je vous parlais tout à l'heure. (*A Fluet.*) Croyez-vous donc que ce soit leur faute, si vous n'avez pas trouvé ici un bon feu.

FLUET.

Et faut-il que je souffre, parce qu'ils sont dans la misère?

LA TERREUR.

Il fallait faire vos conventions en entrant au service, qu'on vous préparerait dans tous vos logemens un lit de plume, un bon feu, une robe de chambre et des pantoufles.

FLUET.

Laissez là vos sornettes, ou je m'en plaindrai au capitaine.

LA TERREUR.

Vraiment, vous le connaissez bien, si vous croyez

qu'on lui porte des plaintes comme à un maître d'école. Allez, allez lui parler. Il vous apprendra mieux que moi à vivre en soldat. Celui qui veut réussir parmi nous, doit, avant tout, avoir un bon cœur. Qui aura de la compassion pour vous, si vous n'en avez pas pour les autres ? Mais voilà comme ils sont tous, ces nobles de deux jours ! ils laissent la pitié dans les sarraux de toile dont ils se dépouillent pour prendre des habits cousus d'or. Ils croiraient se dégrader de regarder les pauvres. N'avez-vous pas été bien aise que je me sois chargé de vos armes pendant toute la marche ? Fort bien. Vous n'avez qu'à les traîner vous-même une autre fois ; je ne m'en soucierai guère. Vous pourrez aussi nettoyer votre fusil. Je ne sais pas pourquoi je travaillerais pour vous.

FLUET, *en rechignant.*

Ne me l'avez-vous pas promis ?

LA TERREUR.

Je croyais que vous le méritiez. Il y aura aussi une garde à monter dans trois heures. Nous verrons comment vous vous en tirerez par le temps qu'il fait.

FLUET.

Je n'y tiendrai jamais.

LA TERREUR.

Fouillez donc à l'escarcelle.

FLUET.

Et combien faut-il ?

LA TERREUR.

Un écu pas un sous de moins.

FLUET.

C'est bien cher. (*Il lui donne l'argent avec un air de regret.*)

LA TERREUR.

Je le croyais dans vos entrailles plutôt que dans votre bourse, tant vous avez eu de peine à le tirer ! (*A Geneviève.*) Tenez, la bonne mère, ayez-nous de la viande et quelques légumes. Votre mari sera du repas.

GENEVIÈVE.

Ah ! vous êtes trop bon. Le jeune monsieur voudra-t-il aussi manger avec nous ? S'il vous fréquente pendant quelque temps, il deviendra aussi un brave homme, j'en réponds.

(*Elle sort.*)

SCÈNE IV.

LA TERREUR, FLUET.

LA TERREUR.

Voyez-vous ! Si vous aviez fait les choses de bonne grâce, il ne vous en aurait coûté que la moitié. Voilà ce que l'on gagne à marchander avec le pauvre, tandis qu'à moitié prix on aurait pu encore avoir par-dessus le marché la bénédiction du Seigneur. (*Il prend les armes de Fluet, et s'occupe à les nettoyer.*)

FLUET.

Mais je n'ai pas mon argent pour les autres; mon papa entend que je le ménage.

LA TERREUR.

Il vous a donc défendu de donner quelques secours aux malheureux?

FLUET.

Rien pour rien, m'a-t-il dit en partant. Ne paie que ce que l'on fera pour ton service, et tâche d'avoir toujours bon marché.

LA TERREUR.

Vous lui obéissez à merveille, à ce qu'il paraît. Pour moi, je n'aurais pu trouver de goût à rien aujourd'hui, si j'avais vu ces pauvres gens endurer la faim.

FLUET.

On voit bien que vous n'avez jamais été riche. Il faut aller dans les grandes maisons pour voir comment on doit se comporter envers les pauvres. Quand vous verrez faire l'aumône, regardez si ce ne sont pas des gens du peuple plutôt que des seigneurs. Il nous conviendrait bien de nous arrêter devant la canaille couverte de haillons! Si elle devenait un jour à son aise, qui trouverait-on pour nous servir?

LA TERREUR.

Est-ce que c'est mon devoir de nettoyer vos armes?

FLUET.

Puisque je vous paie. Si vous ne le faites pas, j'en trouverai mille à votre place.

LA TERREUR.

Cela n'est pas sûr. Pensez-vous qu'un brave soldat veuille être, pour quelques sous, le valet de gens de votre espèce ? Nous avons de l'honneur dans l'âme, et nous savons nous contenter, au besoin, du pain de munition. Avec cela, on se moque des riches et de leur argent. Si j'avais encore le vôtre, vous verriez. Mais patience, je parlerai à mes camarades, et je vous attends à la première garde.

FLUET.

Oh! je ne la monterai pas long-temps. Mon papa va bientôt m'acheter un enseigne.

LA TERREUR.

Ce ne sera pas, au moins, dans notre régiment. Nous avons un brave colonel, qui ne prend ses officiers que parmi les vrais soldats, et non parmi des femmelettes comme vous.

FLUET.

Eh bien! j'irai dans un autre.

LA TERREUR.

A la bonne heure. Mais, croyez-moi, retournez plutôt auprès de votre maman; ou, si vous pouvez tout acheter, faites une bonne emplette de courage. C'est la chose la plus nécessaire dans notre métier.

FLUET.

Moi, je n'ai pas de courage! J'ai appris un an à faire des armes.

LA TERREUR, *branlant la tête.*

Contre les lièvres, peut-être, mais non contre l'ennemi. Il faut là une bonne conscience, que vous n'avez pas, puisque vous traitez les pauvres *comme des chiens.* Vous ne ferez pas mieux que tous ceux de votre trempe, *qui viennent passer un an au service, et puis se retirent dans leurs terres, pour raconter leurs prouesses,* quoiqu'ils se soient toujours tenus cachés derrière le bagage, pendant les combats.

SCÈNE V.

LA TERREUR, FLUET, GENEVIÈVE.

GENEVIÈVE, *à la Terreur.*

Tenez, mon cher monsieur, voici de la viande. Voilà encore des légumes que le jardinier du château m'a donnés. Je suis bien aise d'avoir quelque chose à vous rendre. A qui faut-il le remettre?

LA TERREUR.

Gardez-le, ma bonne mère, ce sera pour boire. Est-ce que vous ne prenez pas de vin?

GENEVIÈVE.

Il y a dix ans que je n'en ai bu : hélas! depuis que mon fils est parti.

LA TERREUR.

Eh bien! cela vous donnera des forces.

GENEVIÈVE.

Mon fils est soldat comme vous.

LA TERREUR.

Soldat? Et dans quel régiment?

GENEVIÈVE.

Bourbonnais.

LA TERREUR, *avec vivacité.*

Et comment s'appelle-t-il?

GENEVIÈVE.

George Marcel. Dieu sait s'il vit encore : il y a quatre ans que nous n'avons reçu de ses nouvelles.

LA TERREUR.

Tranquillisez-vous, bonne femme, il est encore vivant.

GENEVIÈVE.

Est-ce que vous le connaissez, mon cher monsieur?

LA TERREUR, *embarrassé.*

Je ne sais guère; mais il doit être plein de vie, puisqu'il a de si honnêtes parens.

GENEVIÈVE.

Ah! ce n'est pas une raison. Les braves gens sont ceux que le bon Dieu éprouve les premiers. Et, cependant, notre fils est le seul bien que nous eussions au monde.

FLUET.

Oui vraiment, un soldat vous servirait de beaucoup!

LA TERREUR.

Et qu'en savez-vous pour le dire? Vous ignorez tout ce qu'un homme peut faire avec un bon cœur. Allez, bonne mère, posez tout cela. Quand votre mari apportera du bois, nous mettrons le pot au feu. (*Bas à Geneviève.*) Le troisième soldat que nous attendons est un peu dur. Si on le faisait attendre, il pourrait nous quereller.

GENEVIÈVE.

Mon cher monsieur, je ne puis rien faire que mon homme ne soit de retour. Je me repose sur vous. Vous trouverez de bonnes paroles pour nous excuser.

LA TERREUR.

Oh! il ne se laisse pas mener par des paroles. Et puis, il est caporal; c'est mon supérieur. Je ne lui parle pas comme je voudrais.

SCÈNE VI.

LA TERREUR, FLUET, MARCEL, GENEVIÈVE.

MARCEL, *jetant une charge de bois à terre.*

Allons, voici des fagots. Je vais vous allumer du feu.

GENEVIÈVE.

Oui, mon homme, dépêchons-nous. Il doit nous venir un officier; et il n'est pas commode, à ce que dit monsieur.

MARCEL.

Comment? Un officier chez nous?

LA TERREUR.

Quand je dis officier, il lui faut encore un grade; mais il y montera. Il a quelques ordres à donner dans la compagnie, sans quoi il serait déjà ici. Allez, allez échauffer le foyer.

FLUET, *poussant Geneviève.*

Parbleu, il est bien temps! Hâtez-vous donc, vous dis-je.

GENEVIÈNE.

J'y vais, j'y vais. (*Elle est prête à sortir.*)

SCÈNE VII.

LA TERREUR, FLUET, MARCEL, GENEVIÈVE, GEORGE.

GEORGE, *en entrant.*

Allons, allons, vite à dîner.

MARCEL.

Hélas! monsieur, nous n'avons rien de prêt encore.

GEORGE.

A quoi diantre vous amusez-vous?

GENEVIÈVE, *bas à la Terreur.*

Mon cher monsieur, parlez-lui, je vous en prie, pour qu'il ne se fâche pas.

MARCEL, *à George.*

Ce n'est pas notre faute, je vous en assure. Demandez à votre camarade.

LA TERREUR, *bas à George.*

Finis ce badinage, et tire-les de peine. (*Haut à Geneviève.*) Bonne mère, regardez-le bien.

GEORGE.

O femme, ne sens-tu rien dans ton cœur?

GENEVIÈVE, *dans une incertitude où perce la joie, regarde tantôt Marcel, tantôt George.*

O mon Dieu! serais-ce lui?

GEORGE.

Oui, c'est moi, c'est moi, ma mère. Quel plaisir de vous revoir, mes chers parens!

MARCEL.

Est-il possible, mon fils? Oh! sois le bienvenu mille fois.

GENEVIÈVE, *l'embrassant.*

Je te revois donc avant de mourir. La joie ne me laisse pas respirer.

MARCEL.

Comment as-tu donc fait pour vivre encore? Mon cher fils, il y en a tant qui sont morts! et toi, tu es échappé.

GEORGE.

On ne m'a pourtant jamais vu en arrière de mon devoir. C'est à vos prières sans doute que je suis redevable d'avoir été épargné par la mort. Mais comment avez-vous vécu? Je suis chez vous en quartier. Vous n'êtes pas fâchés de ce logement, peut-être?

MARCEL.

Peux-tu nous le demander? Depuis que tu nous as quittés, mon cher fils, nous n'avons jamais éprouvé de joie.

GENEVIÈVE, *à la Terreur.*

Vous m'aviez dit que c'était un caporal que vous attendiez?

LA TERREUR.

Et c'est bien vrai aussi.

MARCEL.

Juste ciel! tu t'es avancé? Comment cela s'est-il fait? Tu ne savais pas lire.

GEORGE.

Mon capitaine me l'a fait apprendre.

MARCEL.

O ma femme, quel honnête homme cela doit être!

GENEVIÈVE.

Qu'on vienne nous dire ensuite que les gens de guerre ne sont pas de braves gens!

LA TERREUR.

Il n'en restera pas là, je vous en réponds. (*A George.*) Mais pourquoi ne m'as-tu pas dit que nous coucherions aujourd'hui dans ton village?

GEORGE.

Camarades, j'étais si plein de ma joie, que je ne pouvais parler.

GENEVIÈVE.

Combien resteras-tu avec nous?

GEORGE.

Trois jours, ma mère. Nous faisons halte ici.

MARCEL.

Oh! c'est bon, mon cher fils. Nous aurons le temps de nous dire bien des choses.

FLUET.

Au diable! personne ne veut donc allumer du feu! je pense qu'il en serait temps, depuis une heure.

GENEVIÈVE.

Dans un moment, monsieur.

LA TERREUR, *à Geneviève.*

Restez auprès de votre fils, la bonne mère. Je vais battre le briquet et faire la cuisine. (*A Fluet.*) Quand vous seriez à demi gelé, la joie de cette famille devrait nous réchauffer. Mais vous n'êtes pas capable de la sentir. Venez avec moi, je vais vous conduire dans quelque maison du voisinage, jusqu'à ce que la chambre soit chaude. Sinon, prenez votre parti de vous-même.

GENEVIÈVE.

Oui, je vous en prie, mon cher monsieur. Notre voisin, à main droite, a une grande cheminée, où l'on peut se dégourdir plus à son aise.

FLUET.

Vraiment oui; j'irai encore m'exposer à l'air, pour arriver là plus transi!

LA TERREUR.

Il n'y aura pas ici de chaleur d'une bonne heure, et vous acheveriez de geler. Venez, venez.

FLUET, *en pleurant.*

Je crois qu'on l'a fait exprès de me donner le plus mauvais logement du village.

LA TERREUR.

Oui, pour ceux qui sont toujours restés assis dans leur fauteuil, les pieds sur la cendre. (*Ils sortent.*)

SCÈNE VIII.

MARCEL, GENEVIÈVE, GEORGE.

GEORGE.

Ce garçon-là s'imagine qu'il en est dans le monde comme dans sa maison, où sa maman ordonnait aux valets de suivre tous ses caprices.

GENEVIÈVE.

Y a-t-il long-temps qu'il est soldat?

GEORGE.

Trois semaines. C'est sa première marche. Mais asséyons-nous, mes chers parens; racontez-moi quelque chose de notre village. Que fait ma chère Madeleine?

GENEVIÈVE.

Elle a déjà quatre enfans..

GEORGE.

Que me dites-vous?

MARCEL.

Tu ignores peut-être qu'elle a épousé le jardinier Thomas?

GEORGE.

Elle n'a donc pas voulu m'attendre?

GENEVIÈVE.

Il y a dix ans que tu es parti. Elle en a passé quatre à te pleurer.

GEORGE.

Mais comment est-elle? Vit-elle au moins heureuse?

GENEVIÈVE.

Elle est encore plus misérable que nous, et ses enfans ne pourront de quelques années gagner leur vie.

GEORGE.

Vous n'êtes donc pas à votre aise, vous autres?

GENEVIÈVE.

Hélas! mon cher fils, nous ne savons jamais la veille où nous prendrons le pain du lendemain.

GEORGE.

Juste ciel! que m'apprenez-vous? (*Les deux vieillards se mettent à pleurer, sans répondre.*) Parlez donc. Comment, cela est-il possible?

MARCEL.

Tu as raison de t'en étonner. Tu sais que nous avons toujours été laborieux, et que nous ne faisions pas comme les trois quarts de ceux du village, qui ne savent pas ramasser pour l'hiver. Nous nous étions toujours si bien conduits, lorsque tu étais encore avec nous, que personne n'avait un sou de dette à nous demander. Notre ferme était pourvue de bétail, et nous avions toujours quelques deniers en réserve pour les besoins inattendus. Mais, mon cher fils, tout cela ne tarda guère à changer après ton départ. Nous avions beau travailler, nous vîmes bientôt qu'il nous manquait deux bras diligens. J'étais obligé d'épuiser mes forces pour tenir nos terres en bon état. La faiblesse vint avec l'âge. Dans le temps où nous aurions dû nous réjouir d'avoir élevé notre fils, nous fûmes obligés de prendre un valet de charrue, pour payer nos charges et nous soutenir. Il vint de mauvaises années, nous fîmes des dettes, et depuis cinq ans nous avons tout fondu.

GENEVIÈVE.

Nous sommes encore en arrière de trente écus envers le seigneur, il nous est impossible de les payer; et chaque jour nous attendons qu'on nous chasse de notre chaumière, pour nous envoyer mendier notre pain.

MARCEL.

Dieu sait pourtant si c'est notre faute ! Nous avons sûrement assez travaillé toute notre vie pour avoir du pain dans la vieillesse, et nous l'aurions en abondance, si des méchans n'avaient mis leur plaisir à nous rendre malheureux.

GEORGE.

Juste ciel! devais-je craindre de vous trouver dans une pareille situation? Mais qui sont les méchans hommes dont vous vous plaignez?

MARCEL.

Le bailli seul, mon fils. C'est lui qui fait toute notre misère; c'est sur lui que nous pouvons crier vengeance du fond de notre cœur. S'il ne t'avait fait soldat, nous n'aurions pas ainsi perdu notre bien, qui nous avait coûté tant de sueurs et de peines.

GEORGE.

Il faut que la terre fournisse des hommes au roi, et ce n'est pas la faute du bailli si le sort m'est tombé,

GENEVIÈVE.

Tu le crois, mon fils? Apprends que c'était une tromperie de sa part. Tu sais qu'il a toujours été notre ennemi. Cependant, de toute notre vie nous ne lui avons fait de mal.

MARCEL.

C'est qu'il m'en voulait de n'avoir pu lui prêter de l'argent, lorsqu'il n'était encore que simple clerc du greffier et qu'il n'avait pas un habit sur le corps. Je me suis bien aperçu que sa haine venait de ce moment.

GENEVIÈVE, *à George.*

C'était au fils aîné d'Antoine de marcher à ta place. Son père, à prix d'or, gagna le sergent de milice et le bailli. Il l'a déclaré en mourant; et on l'a vérifié sur le registre de l'inspecteur. Le bailli aurait été démis, si ton père n'avait intercédé pour lui. (*A Marcel.*) Il fallait le laisser punir; il n'aurait eu que ce qu'il méritait. Nous ne serions peut-être pas aujourd'hui si malheureux.

MARCEL.

Eh! ma femme, qu'y aurions-nous gagné quand il aurait payé l'amende? Notre fils serait resté soldat, et le bailli aurait été encore plus acharné contre nous. On empire son mal à se plaindre de la justice : elle trouve toujours à se venger. Les choses se seraient arrangées de manière que nous aurions eu le tort sur nous, et qu'on nous aurait fermé la bouche pour jamais.

GENEVIÈVE.

Sa punition ne restera pas en arrière. Il faudrait qu'il n'y eût pas un Dieu dans le ciel; et nous pouvons mourir tranquilles là-dessus. (*Avec un profond soupir.*) Seulement si nous n'avions pas de dettes.

SCÈNE IX.

MARCEL, GENEVIÈVE, GEORGE, LA TERREUR.

LA TERREUR.

Bon. Je viens de pourvoir au cadet. La mère, montrez-moi un peu où je ferai la cuisine. Vous pourrez, après cela, rester auprès de votre fils, j'aurai soin du tout.

GENEVIÈVE.

Grand merci, mon cher monsieur, je vais vous aider.

LA TERREUR.

Non, non; je m'en charge tout seul. Vous ne sauriez pas faire cuire comme il faut pour des soldats.

GENEVIÈVE, *prête à sortir.*

Oui, mon fils, voilà ce qui nous est arrivé de t'avoir perdu : nous n'avons plus d'autre espérance que l'aumône. Je frissonne d'y penser. Vivre d'un morceau de pain qu'on mendie! (*Elle sort en pleurant, avec la Terreur.*)

SCÈNE X.

MARCEL, GEORGE.

GEORGE, *troublé*.

N'est-il pas vrai, mon papa? Ma mère dit les choses pires qu'elles ne sont, comme font toujours les femmes?

MARCEL.

Non, mon fils; elle n'a pas dit un mot hors de la vérité. Il ne nous est pas seulement resté de la dernière récolte de quoi semer notre petit champ. Il a fallu tout vendre pour vivre. Nous devons les droits au seigneur, qui veut absolument être payé, à ce que dit le bailli; mais où le prendre? Notre chaumière va être vendue. Mon cher fils, tu n'hériteras pas un tuyau de paille de ton père.

GEORGE.

Oh! si vous aviez seulement de quoi subsister, je ne m'embarrasserais guère de ce qui me regarde Quand je ne pourrai plus servir, le roi me nourrira jusqu'à la mort. J'ai donné l'année dernière de mon pain à des paysans que la faim chassait dans la ville ; j'ai pensé mille fois à vous, mais je ne croyais pas que vous fussiez aussi à plaindre. Je me réjouissais tant de vous voir! et aujourd'hui que je vous vois, c'est dans la plus affreuse misère. Je n'ose lever les yeux sur vous. (*Marcel lui tend les bras, et ils s'embrassent en pleurant.*) (*Après une courte pause.*) Si je pouvais encore faire quelque chose pour vous soulager ! Voici tout ce que je possède. Je vous le donne avec des larmes, parce que je n'ai rien de plus à vous donner.

MARCEL.

Que Dieu te le rendre au centuple, mon cher fils ! Nous avons là de quoi vivre deux jours !

GEORGE.

Rien que deux jours ! Mais comment le seigneur peut-il être si impitoyable, de vous faire vendre votre chaumière, et de vous rendre mendians pour trente écus ? Ne pourrait-il pas prendre patience ? Que gagne-t-il à perdre ses vassaux ? Je ne crois pas qu'il en trouve de plus honnêtes que vous.

MARCEL.

Voilà ce qui arrive, lorsque les seigneurs ne viennent pas sur leurs terres. Nous n'avons pas vu monsieur le comte depuis que son père est mort. Il reste à la ville, et laisse faire au bailli, qui ne fait que des mendians. Il sentira trop tard qu'il aurait mieux valu pour lui de venir voir de ses yeux si tout va comme on lui en fait le récit. Les autres seigneurs du voisinage vinrent l'année dernière dans leurs châteaux; ils virent la misère des paysans, et les prirent dans leurs bras; mais le nôtre ne se met pas en peine de nous. Dieu me le pardonne ! il faut encore prier pour lui, lorsqu'il nous écorche jusque par dessus les oreilles. Le dernier terme est à demain; tu entendras comme le bailli sait crier; il doit venir aujourd'hui.

GEORGE.

C'est bon : je lui parlerai. Je lui dirai à l'oreille deux mots qui le rendront peut-être plus traitable. On assure que le roi doit passer ici. S'il y vient, il faut que vous alliez lui parler vous-même, et que vous lui représentiez votre état.

MARCEL.

Moi, dis-tu, parler au roi? Je ne pourrais jamais lui lâcher un mot. Je serais comme une pierre en sa présence.

GEORGE.

Ne craignez pas, il vous rendra bientôt la parole. J'étais une fois en sentinelle près de lui; il vint des paysans qui voulaient lui parler. Ils se regardaient les uns les autres, et ne pouvaient ouvrir la bouche. Que voulez-vous mes enfans, leur dit-il, avec amitié? Ils lui donnèrent un écrit, qu'ils se mit à lire; et, lorsqu'il l'eut achevé, il les questionna de manière à les mettre à leur aise. Ils commencèrent aussitôt à jaser avec autant de confiance que s'ils avaient parlé à leurs femmes. Il ne les quitta pas qu'il n'eussent tout dit. Vous n'avez jamais vu son pareil de votre vie. Il y aurait de quoi s'épuiser à dire sa louange.

MARCEL.

Que me dis-tu?

GEORGE.

Croyez-moi. J'aimerais mieux avoir à lui parler qu'à plusieurs de nos sous-lieutenans

MARCEL.

Voilà ce qui s'appelle un roi!

GEORGE.

Il ne peut pas y en avoir de meilleur. Savez-vous ce que je ferai, mon père? je veux aller prier notre fourrier qu'il nous dresse un mémoire; et, quand vous devriez l'aller présenter à six lieues, ne vous laissez pas manquer cette consolation. Pourvu qu'il vienne seulement!

MARCEL.

Et qu'elle serait ta pensée, mon fils?

GEORGE.

Nous verrons demain. Mais j'ai toujours ouï-dire qu'il valait mieux avoir affaire aux grands qu'aux petits. Allons faire un tour dans le village. (*Il prend Marcel par la main, et sort avec lui.*)

FIN DU PREMIER ACTE.

ACTE II.

SCÈNE PREMIÈRE.

GEORGE met le couvert, MARCEL avance des siéges, GENEVIÈVE essuie des assiettes de bois, FLUET, et ensuite LA TERREUR.

GENEVIÈVE.
Nous n'avons que trois assiettes.

GEORGE.
Cela ne fait rien pour manger.

FLUET, *tirant un couteau d gaîne.*
Mais il faut que j'aie une assiette, moi.

GEORGE.
Rien de plus juste. Vous en aurez une aussi.

FLUET, *d'un air mécontent.*
Oui, de bois! de bois!

LA TERREUR, *portant un plat de soupe.*
Si vous avez tant soit peu d'appétit, vous la trouverez excellente. Quand ceci sera gobé, j'ai encore autre chose à vous servir. (*Il sort.*)

MARCEL.
Ce bon monsieur se donne bien de la peine.

GEORGE.
Vous ne le connaissez pas, mon père. Après le

plaisir de se battre, il n'en a pas de plus grand que celui de faire la cuisine.

LA TERREUR, *revient avec une terrine pleine de viande et de légumes.*

Allons, asséyons-nous. (*On s'assied.*) Cela doit être exquis. Eh bien ! est-ce qu'on n'ose pas y toucher? Il n'est point de bonne soupe sans cuillère, ai-je toujours entendu dire. Voici la mienne. (*Il tire une cuillère et un couteau.*)

MARCEL.

Ah! je suis bien aise; car nous n'en avions que pour trois.

LA TERREUR, *à Fluet.*

Eh bien ! monsieur le cadet, comment vous trouvez vous à présent! Vous êtes servi comme un prince, au moins.

FLUET, *d'un air dédaigneux.*

Oh! oui. (*Il mange.*)

GENEVIÈVE, *à Marcel.*

Voilà une excellente soupe, mon ami.

MARCEL.

Il y a long-temps que nous n'avons rien mangé de si bon.

GEORGE.

Tâchez de vous en bien régaler.

LA TERREUR.

Ne vous contraignez pas, monsieur le cadet, léchez-vous-en les doigts.

FLUET.

Si vous aviez ici des œufs frais !

LA TERREUR.

Les poules n'ont pas pondu d'aujourd'hui dans le village, et la soupe saura bien descendre sans qu'on vous graisse le gosier.

GEORGE.

Il faut vous accoutumer à cette cuisine. Vous en trouverez rarement de plus friande dans les marches.

GENEVIÈVE.

Nous ne souhaiterions rien de meilleur pour toute notre vie. Encore n'en demanderais-je pas tous les jours, seulement les dimanches.

GEORGE, *desservant le plat à soupe.*

Maintenant, passons au ragoût.

LA TERREUR, *à Marcel.*

Vous n'avez pas d'assiette, bon père?

GENEVIÈVE.

Oh! ne vous inquiétez pas, nous mangerons dans la même.

LA TERREUR.

Tenez, voici la mienne.

MARCEL.

Non, non; que faites-vous? Et où mangerez-vous donc?

LA TERREUR.

Oh! je saurai bien m'en faire une. (*Il coupe un long morceau de pain, le retourne, et met la viande dessus.*) Voyez-vous?

GEORGE, *en fait de même.*

S'il nous fallait attendre des assiettes pour nos repas!.....

LA TERREUR, *à Fluet, qui le considère avec surprise.*

Cela vous étonne? Vous verrez bien autre chose. Il faut voir un soldat dormir sur une pierre, les poings fermés.

GEORGE.

Pourquoi ne mangez-vous pas, mon père.

MARCEL.

Ah!

LA TERREUR.

Qu'avez-vous donc à soupirer?

MARCEL.

C'est que ce serait à moi de régaler mon fils, et je n'ai pas même un morceau de pain à lui offrir. Il faut que je le nourrisse aux dépens d'un autre. Cela me fait de la peine.

LA TERREUR.

Bon! il n'y faut pas penser.

GENEVIÈVE.

Lorsque les enfans retournent chez leurs pères, c'est pour en recevoir des bienfaits; et toi, quand tu viens nous retrouver après dix ans, c'est pour nous voir à ta charge et à celle de tes amis.

GEORGE.

Ma mère, ne vous faites pas ces reproches, ou je ne pourrai plus rien manger.

LA TERREUR.

Attends, camarade, j'y sais un remède. (*Il prend une tasse et boit; il la remplit de nouveau, et la présente à Marcel.*) Vous pouvez en boire en sûreté. Allons, bon papa; ensuite vous, la mère, et puis votre fils.

Ne pensez plus au chagrin; ne songeons qu'à nous goberger. Eh bien donc! lampez-moi ce nectar. Je souhaite que vous le trouviez aussi bon que moi.

MARCEL.

Ma femme, joins ton cœur au mien. Que Dieu donne mille joies à notre bienfaiteur! (*Il boit.*)

GENEVIÈVE.

Et qu'il donne à notre fils, dans sa vieillesse des jours plus heureux que les nôtres. (*Elle laisse tomber quelques larmes.*)

LA TERREUR, *lui versant à boire.*

Que signifie cela, de pleurer? vous allez gâter tout notre régal.

GENEVIÈVE, *après avoir bu, donne la tasse à George.*

Tiens, mon fils. (*A la terreur.*) Que Dieu vous paie ce vin, il m'a tout réjoui le cœur.

LA TERREUR.

Bon; j'en suis bien aise. Mangez encore un morceau, vous le trouverez cent fois meilleur après. (*Il verse à boire à George.*)

GEORGE, *à la Terreur.*

Camarade, jusqu'à ma revanche. En attendant, je te remercie de tout le bien que tu fais aujourd'hui à mes parens.

LA TERREUR.

Palsambleu, vous m'allez donner de l'orgueil. Vous buvez tous à moi comme si j'avais gagné une bataille.

MARCEL.

Vous le méritez bien aussi. Vous n'avez rien de

trop ; et, par amitié pour mon fils, vous nous servez un si bon repas !

GENEVIÈVE.

Un hypocrite ne peut faire moins que de remercier de la bouche ; mais nous c'est du fond du cœur, aussi vrai qu'il y a un Dieu, et que nous sommes pauvres.

LA TERREUR.

Oh ! je le crois. Mais qu'ai-je donc fait de si merveilleux ? Ah ! si je pouvais vous tirer entièrement de peine, voilà ce qui me rendrait fier. Mais, pour cette bagatelle, qu'il n'en soit plus question, je vous prie. (*Il verse à boire à Fluet.*)

Tenez, je gage que vous n'avez jamais trouvé le vin si bon de toute votre vie.

ELUET, *après avoir bu.*

Oui, pas mauvais.

LA TERREUR.

Vous en parlez bien froidement, monsieur le cadet. Que direz-vous après cela, de ma casserole. Il m'a semblé voir cependant que vous y avez fait honneur.

FLUET.

Je n'imaginais pas y trouver tant de goût.

LA TERREUR.

J'en étais sûr. Nous verrons, quand ce sera votre tour, si vous saurez vous en tirer aussi bien.

FLUET.

Oui-da ! vous pensez que j'irai vous faire la cuisine ?

LA TERREUR.

Pourquoi non? Je la fais bien, moi. Je vous prendrai à mon école.

FLUET.

Est-ce que c'est du métier d'un soldat?

LA TERREUR.

Comme s'il était rien qu'il n'en fût! Il faut qu'un soldat soit au monde, cuisinier, tailleur, médecin, forgeron; enfin..... (*On entend frapper à la porte.*)

GENEVIÈVE.

O mon Dieu! qui est-ce donc qui nous arrive encore?

GEORGE.

Ne craignez rien, ma mère; c'est qu'on vient faire la visite.

SCÈNE II.

MARCEL, GENEVIÈVE, GEORGE, FLUET, LA TERREUR, UN CAPITAINE, UN FOURRIER.

LE FOURRIER, *avec des tablettes à la main.*

Combien êtes-vous ici?

GEORGE, *en se levant.*

Trois. (*Tout le monde se lève.*)

LE CAPITAINE.

C'est bon, restez asssis; enfans, restez assis. Et vous aussi, bonnes gens, remettez-vous. Point de cérémonies. Je suis charmé du calme et de la cordialité qui règnent dans votre maison. Avez-vous des plaintes à faire contre vos soldats?

MARCEL.

Oh! non, monsieur, pourvu qu'ils n'en aient pas contre nous.

LE CAPITAINE, *à George*.

Êtes-vous content de vos hôtes?

GEORGE.

Mon capitaine, je suis chez mon père; c'est à mes camarades de répondre.

LA TERREUR.

Nous avons tout ce qu'il nous faut.

LE CAPITAINE, *se tournant vers Marcel*.

Quoi! c'est votre fils? Vous avez là un si bon sujet, que vous devez être aussi un honnête homme.

MARCEL.

Hélas! monsieur, c'est toute ma richesse.

LE CAPITAINE.

N'avez-vous pas la satisfaction de votre fils?

MARCEL.

Oh! si ses supérieurs pouvaient en être aussi contens!

GENEVIÈVE.

Il a toujours été près de nous un brave garçon. Il nous a obéi au moindre signe; et celui qui est soumis à ses parens doit l'être aussi à ses supérieurs.

LE CAPITAINE.

Je puis vous le dire, il est aimé de tout le régiment. Ses officiers l'estiment, et ses camarades donneraient leur vie pour lui. C'est la première fois qu'il entend son éloge de ma bouche; mais je ne puis le taire dans une pareille occasion. Le témoignage qu'on rend d'un enfant est la plus grande récompense des pères, et pour les enfans l'encouragement le plus fort à persister dans le bien. (*Il regarde autour de lui.*) Je crois que votre situation n'est pas des plus heureuses; mais vous êtes riches dans votre fils. Il fait honte à ceux dont l'éducation a ruiné leurs familles. Vous n'avez pas encore goûté toute la joie qu'il peut vous donner. Si vous vivez de longues années, il sera le soutien de votre vieillesse.

GEORGE.

Je vous remercie, mon capitaine, de m'avoir réservé cette louange pour l'oreille de mes parens. Je me comporterai de manière qu'ils n'auront jamais rien à perdre de la joie que vous leur causez.

LE CAPITAINE.

Vous n'avez qu'à vous conduire comme vous l'avez fait jusqu'à ce jour.

MARCEL.

Oh! monsieur, le cœur me fend de plaisir.

GENEVIÈVE.

Je serais encore bien plus heureuse si vous le laissiez auprès de nous. Ne pourriez-vous pas arranger cela, monsieur le capitaine?

MARCEL.

Que demandes-tu là, ma femme? Veux-tu qu'il meure de faim à notre côté? (*En montrant la Terreur au capitaine.*) C'est monsieur qui a bien voulu payer ce repas; autrement nous n'aurions trouvé rien sur notre table. La mauvaise récolte nous a entièrement ruinés. Et puis monseigneur le comte...

LE CAPITAINE.

C'est un homme sans cœur; je le connais. Il se livre aux plus affreuses débauches dans la capitale, et il laisse ses vassaux mourir de faim. Je n'ai trouvé nulle part tant de misère que dans ses terres. Les gens les plus riches (et c'est beaucoup dire) blâment son insensibilité. Consolez-vous, bons vieillards, vous trouverez bientôt des ressources, et l'on vous estimera plus que lui. Tenez, voici quelques légers secours. (*Il jette une pièce d'or sur la table.*) Plût à Dieu que j'eusse tout l'argent qu'il prodigue à ses vices; je ferais mon bonheur de vous enrichir. Mais je ne vis que de ma paie, et je ne puis rien faire de mieux pour vous. George, voilà ce que tu as mérité à tes parens par ta bonne conduite. Retenez bien cela, monsieur le cadet. C'est le plus beau compliment qu'on puisse faire à un homme.

GEORGE.

Ah! mon capitaine, si vous saviez de quel prix ce présent est pour nous dans le moment! Non, de toute ma vie je ne pourrai m'acquitter envers vous.

MARCEL.

Il n'est que Dieu qui puisse vous en payer.

GENEVIÈVE.

Qu'il vous accorde une longue vie! Quand j'aurais dix enfans, je vous les donnerais tous avec joie.

LE CAPITAINE.

Bonne femme! vous me rendez bien largement ce

que je fais pour vous. Un enfant est d'un prix inestimable aux yeux de sa mère, et vous m'en donneriez dix ! Si votre indigne seigneur pouvait connaître la volupté de la bienfaisance, combien il pourrait rendre ses plaisirs dignes d'envie ! Mais j'interromps votre dîner. Continuez, je vous prie. Adieu ; je vous verrai encore avant de partri. (*Il sort.*)

LE FOURRIER, *à Fluet.*

La garde va bientôt se relever. Tenez-vous prêt. (*Il sort.*)

SCÈNE III.

MARCEL, GENEVIÈVE, GEORGE, FLUET, LA TERREUR.

(*Tous demeurent quelque temps pensifs et immobiles, excepté Fluet, qui continue de manger.*)

LA TERREUR, *se versant à boire.*

Vive, vive notre capitaine !

GEORGE.

Oh ! oui, qu'il vive ! C'est lui qui nous sauve de la mort.

MARCEL, *joignant les mains, et les laissant tomber de surprise.*

Il ne m'avait jamais vu, et il me donne la première fois une pièce d'or ! Qui aurait attendu cela d'un étranger, quand ceux qui nous connaissent sont si impitoyables ?

GENEVIÈVE.

On dirait d'un prince. (*Elle regarde la pièce d'or*

qui est sur la table.) Combien cela peut-il valoir, mon ami? il faut qu'il y en ait pour bien de l'argent!

MARCEL, *en la serrant dans ses mains.*

Bon Dieu, aurais-je pu croire que je me serais jamais vu tant de bien dans une seule pièce. T'y connais-tu, mon fils?

GEORGE.

Non; elle est trop grande pour que j'en sache la valeur.

LA TERREUR.

Elle doit valoir plus d'un louis; mais je ne sais pas au juste.

FLUET, *au premier coup-d'œil qu'il jette.*

C'est un louis double. Le peuple ne connaît pas cela.

LA TERREUR.

Nous ne sommes pas nés au milieu de l'or comme vous; cela vaut donc seize écus?

GENEVIÈVE.

Seize écus! O mon chér homme! la moitié de notre dette! Pourvu que le bailli s'en contente en attendant!

MARCEL.

J'espère qu'avec cet à-compte, il nous donnera du répit.

GENEVIÈVE.

Crois-tu? O mon Dieu, je serais bien contente de ne manger que du pain jusqu'à la moisson, si nous pouvions garder notre cabane.

GEORGE.

Ne vous embarrassez pas, ma mère; j'y pourvoirai.

MARCEL.

Nous craignions tant un logement de soldats! et ce sont les soldats qui sont nos anges! Que Dieu soit loué pour ce repas, et pour les secours qu'ils nous a envoyés! (*Tous se lèvent.*)

FLUET.

Il faut que j'aille à la garde maintenant.

LA TERREUR.

Tenez, voilà vos armes. (*Il lui décroche sa giberne, et le charge de son bagage. Fluet sort.*) A présent je vais remettre les choses comme je les ai trouvées. (*Il veut desservir la table.*)

GENEVIÈVE, *lui retenant le bras.*

Oui, se serait bien à moi de vous laisser faire! Reposez-vous; je vais tout arranger. N'est-ce pas assez que vous ayez fait la cuisine.

LA TERREUR.

Non, non, c'est encore de mon emploi. Je veux que vous parliez toute votre vie du jour où j'ai été en quartier chez vous.

MARCEL, *à la Terreur.*

Mon cher monsieur, que je boive encore une fois. Je trouverai le vin meilleur que tout à l'heure, à présent que j'ai de l'or dans ma poche.

LA TERREUR.

Buvez, buvez, bon homme. Il n'y a jamais rien à laisser dans une bouteille. (*En frappant sur son ventre.*) Ceci est notre meilleur buffet. Il faut suivre le commandement qui dit de ne pas s'inquiéter du lendemain. *George pousse la table. La Terreur lève la nappe, et emporte les plats et les assiettes dans l'autre chambre.*)

GENEVIÈVE.

Je ne suis plus étonné que les femmes aiment tant les soldats. Il n'y a point de meilleurs maris; ils font toute la besogne. Il faut que je le suive; autrement il se mettrait à laver les assiettes. (*Prête à sortir, elle se retourne au bruit que fait Thomas en entrant.*) Ah! voici notre frère; voyons s'il reconnaîtra son neveu.

SCÈNE IV.

MARGEL, GENEVIÈVE, GEORGE, THOMAS.

GENEVIÈVE, *à Thomas.*

Tiens, regarde ce joli garçon. Ne va pas le prendre pour un simple soldat, au moins. (*A George.*) Et toi, le reconnais-tu? C'est ton oncle Thomas.

GEORGE, *s'avançant vers lui.*

Que je vous embrasse, mon cher oncle!

THOMAS, *étonné.*

Moi, ton oncle? Mais.... mais.... mais oui, c'est lui-même. Eh! sois le bien venu, mon neveu. (*Il l'embrasse.*) On n'a pas besoin de te demander comment tu te portes.

GEORGE.

Je souhaite que vous vous portiez aussi bien que moi.

GENEVIÈVE.

Et si tu savais tout ce qu'en dit son capitaine! Pourquoi ne puis-je rester ici pour te conter tout cela? Mais il faut que j'aille de l'autre côté; car notre cuisinier m'arrangerait toute la maison.

SCÈNE V.

MARCEL, THOMAS, GEORGE.

THOMAS.

Mon cher neveu, je me réjouis de tout mon cœur de te voir. Cependant tu ne pouvais venir dans un temps plus malheureux. Nous sommes aussi pauvres que si le pays avait été mis au pillage.

MARCEL.

Et notre méchant bailli qui achève encore de nous sucer le peu de sang qui nous reste!

GEORGE.

Il n'a plus de mal à vous faire. Vous pouvez lui payer la moitié de votre dette; et il faudra bien qu'il attende pour le reste. N'y pensons plus, je vous prie.

MARCEL, *montrant le double louis à Thomas.*

Tiens, mon frère, vois ce que mon fils m'a procuré.

THOMAS, *à Marcel.*

Que dis-tu? (*A George.*) Est-ce de tes épargnes, ou de quelque butin?

GEORGE.

De l'un ni de l'autre. Mon capitaine en a fait présent à mon père.

MARCEL.

C'est toujours à mon fils que j'en ai l'obligation. Le capitaine ne me l'a donné qu'à cause de sa bonne conduite.

THOMAS.

Je m'en réjouis d'autant plus; car, pour épargner, on doit se refuser bien des choses; et, pour ce qui est du butin, nommez-le comme vous voudrez, messieurs les soldats, c'est toujours de vilain argent, qui ne doit jamais profiter.

GEORGE.

J'ai toujours pensé de même. Je n'ai jamais rapporté rien d'une campagne; mais ceux qui ont commis pillage sur pillage, n'en ont pas conservé plus que moi. Encore ont-ils passé la moitié de leur temps en prison, pour avoir fait la débauche; au lieu qu'il n'y a jamais eu de plainte sur mon compte.

THOMAS.

Je le crois, mon ami. Ta famille est pleine d'honnêtes gens; tu ne voudrais pas être tout seul un vaurien. Si nous sommes pauvres, nous avons la paix de Dieu, qui vaut toutes les richesses.

MARCEL.

Aussi ne demanderais-je plus rien au Seigneur, si le bailli...

THOMAS.

Doucement. Le voici qui vient.

SCÈNE VI.

MARCEL, THOMAS, GEORGE, LE BAILLI.

LE BAILLI.

Eh bien! Marcel, c'est demain le dernier jour de grâce. Songe à me payer, ou ta cabane est vendue. J'ai déjà trouvé des acheteurs.

MARCEL.

Mon cher monsieur, je ne puis vous en payer que la moitié. Encore n'aurais-je pu le faire, si le capitaine de mon fils n'était venu à mon secours. Ayez la bonté d'attendre pour le reste jusqu'à la moisson. Si nous avons une bonne récolte, vous savez que je ne serai pas content que je n'ai satisfait à ce que je vous dois. Prenez un peu de patience. Si ce n'est pas pour moi, que ce soit en considération de mon fils. Il sert son prince, et il ne peut m'aider dans mon travail. Voulez-vous qu'il ne trouve pas une seule pierre de l'héritage de son père, lorsqu'il ne sera plus soldat? Considérez que cela crie vengeance au ciel, de prendre les pauvres gens par la misère pour achever leur ruine.

LE BAILLI.

Ce n'est pas la faute de Monseigneur, si vous êtes misérables.

MARCEL.

Il est vrai; mais est-ce la nôtre? Est-ce pour

avoir été paresseux ou débauchés? Qui peut se défendre de la rigueur du temps? Mille autres ne sont-ils pas comme nous? S'il y avait de ma négligence, je n'oserais dire une seul mot; mais tout cela vient de l'ordre du ciel. Un homme ne mérite-t-il donc aucune pitié?

LE BAILLI.

Bon voilà comme vous êtes; plus on fait pour vous, et plus vous demandez. M. le comte ne vous a-t-il pas accordé toute une année? Ne vous a-t-il pas généreusement prêté les semailles? Vous n'auriez pu mettre un grain dans la terre sans lui; et maintenant il est impitoyable de vous demander ses avances! Est-il obligé de vous faire des présens?

MARCEL.

Ce n'est pas ce que nous demandons. Qu'il ait seulement la bonté d'attendre que nous puissions le payer. Recevez toujours ceci à compte, et parlez pour nous à son cœur. Vous attirerez sur lui et sur vous les récempenses d'un Dieu de miséricorde.

LE BAILLI.

Oui, je n'ai qu'à lui représenter de se laisser encore conduire par le nez une autre année. C'est de quoi je ne m'aviserai point. Il faut que j'aie toute ma somme, ou je vous fais déguerpir.

GEORGE.

Un peu de commisération, monsieur le bailli, je vous en conjure. Pensez que, d'une seule parole, vous pouvez faire le bonheur de mon père, ou le rendre tout-à-fait malheureux. Si rien ne reste impuni dans ce monde, ce n'est par une petite chose de réduire un honnête homme à la mendicité.

LE BAILLI.

Occupez-vous de votre mousquet, et non pas de ce que j'ai à faire.

GEORGE.

Mon mousquet appartient au roi, et j'en aurai soin sans votre leçon. Quand le roi serait devant nous, il ne trouverait pas mauvais que je parlasse pour mes parens; et cependant, de vous à lui, il y a, je crois, une différence.

LE BAILLI.

Monsieur le soldat, vous pouvez avoir fait des campagnes, mais souvenez-vous que vous ne parlez pas ici à un bailli de terre conquise.

GEORGE.

Je n'ai jamais parlé à aucun comme je vous parlerais, connaissant votre naturel, si je vous trouvais en pays ennemi.

LE BAILLI.

Vous n'aurez pas cette satisfaction.

THOMAS.

Monsieur le bailli, excusez la brusquerie d'un soldat.

LE BAILLI.

Je saurai lui répondre. Taisez-vous seulement. Vous n'êtes pas trop bien vous-même sur mes papiers.

GEORGE.

Je le crois. Tous les honnêtes gens sont dans le même cas auprès de vous.

SCÈNE VII.

MARCEL, GENEVIÈVE, THOMAS, GEORGE, LE BAILLI.

LE BAILLI.

Qu'entendez-vous par là?

MARCEL.

Je vous en prie, au nom de Dieu, M. le bailli.

GENEVIÈVE.

Prenez, en attendant, tout ce que nous pouvons vous donner. Nous vendrions notre sang pour vous payer la somme entière.

LE BAILLI.

Je le crois bien, si vous aimez votre cabane ; car dès demain vous pourrez aller voyager.

GENEVIÈVE.

Non. Vous n'aurez point cette barbarie. Épargnez notre misère, je vous en conjure à genoux.

LE BAILLI.

Toutes vos prières sont inutiles.

GENEVIÈVE.

N'avez-vous donc pas une goutte de sang humain dans les veines? Nous avons travaillé avec honneur pendant une longue vie ; et sur nos vieux jours vous nous rendez mendians?

MARCEL.

Nous ne sommes pas loin de la moisson ; et ma cabane ne dépérira pas jusqu'à ce temps là.

LE BAILLI.

Qu'en savez-vous ? Elle peut brûler dans l'intervalle.

MARCEL.

Mais j'aurais toujours payé la moitié.

LE BAILLI.

Il n'est pas en mon pouvoir de mieux faire. Il faut que j'exécute les ordres de monseigneur.

GEORGE.

Monseigneur ne vous a pas ordonné de ruiner, pour quinze misérables écus, une famille de ses vasseaux. Il vous paie pour faire prospérer ses affaires, et en cela vous ne gagnez pas vos gages. Vous chassez les honnêtes gens pour recevoir des vagabons. Lorsque la terre ne porte pas de fruits, le seigneur ne peut exiger aucune redevance ; et il est de son devoir, au contraire, de soutenir ses pauvres paysans. Faites-y bien reflexion ; vous verrez qu'il ne dépend que de vous d'accommoder les choses. Remplissez, pour la première fois, votre devoir, et parlez en faveur de ceux qui vous font vivre. Il n'est qu'une manière de présenter notre situation ; et monseigneur donnera son consentement à tout ce que vous ferez d'après votre conscience.

LE BAILLI.

Vous ne m'apprendrez pas mon devoir. Je n'ai que faire de vos conseils, je vous en préviens.

GEORGE.

Et vous, ne soyez pas si grosssier envers moi, je vous en avertis.

LE BAILLI.

Vous ignorez ce qui peut vous arriver. Je saurai bien vous apprendre à vivre.

GEORGE.

C'est vous qui en avez besoin, non pas moi.

LE BAILLI.

Où prenez-vous la hardiesse de me parler de la sorte.

LA TERREUR, *qui est rentré dans le cours de la scène.*

Mettez-vous à sa place. Faut-il qu'il reste muet devant vous? Il est soldat. Un soldat sait toujours ce qu'il doit dire, et mille fois mieux qu'un bailli. Vous osez, à sa barbe, vilipender son père, et vous voulez qu'il soit là debout comme une vieille femme qui n'a plus de souffle? Qui ne s'emporterait pas de voir ruiner sa famille par la méchanceté d'un homme de votre robe? On sait qu'un bailli ne demande qu'à faire vendre pour gagner ses frais. Il vous a parlé d'abord avec douceur; vous avez fait la sourde oreille. Il n'a plus qu'à vous dire vos vérités.

LE BAILLI.

C'en est trop. (*A Marcel, d'un air furieux.*) Voulez-vous me payer, ou non? Je vous le demande pour la dernière fois.

MARCEL.

Je vous ai déjà dit que je ne le pouvais pas en entier.

GENEVIÈVE.

Nous vous avons offert tout ce que nous possédons.

LE BAILLI.

Tout ou rien. Vous entendrez parler de moi. (*Il veut sortir.*)

GEORGE, *le retenant.*

Faites-y bien attention encore. Il vous en coûterait cher. Je puis donner un placet au roi. Je lui parlerai de la situation de mon père et de votre dureté. Il a ses droits sur les vasseaux avant le seigneur, et il ne permettera pas qu'ils soient maltraités injustement.

LE BAILLI.

Le roi n'a rien à voir dans nos affaires. Votre père doit à monseigneur, et monseigneur veut être payé.

GEORGE.

Que dites-vous? Le roi n'est-il pas le maître? et monseigneur n'est-il pas son sujet? Sachez que mon père vaut mieux que lui à ses yeux. Il travaille, et votre comte ne fait rien. Le roi ne peut souffrir les gens oisifs, parce qu'il sait s'occuper lui-même. Il saura mettre un frain aux méchans.

LE BAILLI.

C'est ce que nous verrons : mais, en attendant, je fais vendre la cabane et la terre. Vous me connaissez bien, pour m'effrayer de vos folles menaces! Oui, le roi va s'amuser à écouter un homme comme vous.

GEORGE.

Pourquoi non? Il écoute tout le monde; et si nous étions tous deux en sa présence, je suis sûr qu'il m'entendrait le premier.

L'AMI DES ENFANS.

LE BAILLI.

Il vous sied, vraiment, de me comparer à un drôle de votre espèce !

GEORGE, *lui donnant un soufflet.*

Vous avez dit cela à un soldat, et non à un paysan. Sors d'ici, vieux scélérat. J'ai regret à toutes les paroles que j'ai pu te dire. Il fallait commencer par où j'ai fini. (*Il le pousse avec violence hors de la cabane.*)

LE BAILLI, *en sortant.*

O mille vengeances !

SCÈNE VIII.

MARCEL, GENEVIÈVE, THOMAS, GEORGE, LA TERREUR.

GENEVIÈVE.

Mon fils, mon cher fils ! qu'as-tu fait ?

MARCEL.

Nous sommes perdus.

GEORGE.

Ne vous inquiétez pas; vos affaires ne sont pas empirées d'un fétu.. Quand nous l'aurions prié tout un siècle avec des ruisseaux de larmes, il n'aurait pas démordu de son opiniâtreté. Il a l'âme d'un démon dans le corps. C'est la première fois que j'ai frappé un homme; mais jamais homme ne m'avait donné le nom d'un drôle. Serais-je un soldat, si je l'avais souffert.

LA TERREUR.

Si tu ne lui avais pas donné ce soufflet, tu en allais recevoir un de moi.

MARCEL.

Qui sait ce qu'il va nous en coûter?

GEORGE.

Quoi! pour m'être vengé d'une insulte.

GENEVIÈVE.

Sûrement, mon fils; avec tout cela, c'est un bailli.

LA TERREUR.

Bah! ce n'est pas le premier bailli souffleté par des soldats. Je crois que c'est un effet de sympathie, qu'un soldat ne peut voir un fripon sans lui donner sur les oreilles.

GENEVIÈVE.

Je ne puis croire qu'il ne se fut laissé à la fin attendrir.

GEORGE.

Non, ma mère, jamais.

GENEVIÈVE, *à Marcel*.

Qu'en penses-tu, mon ami? Ne faudrait-il pas le suivre?

GEORGE.

Ce serait inutile, j'en suis sûr. Vous allez vous exposer encore à des duretés.

MARCEL.

Cela peut être; mais au moins je ne veux pas avoir de reproches à me faire. Viens, ma femme.

GEORGE.

Restez ici, je vous en conjure; vous perdriez vos pas et vos paroles.

GENEVIÈVE.

Non, mon fils, laisse-nous aller. Cela ne gâtera rien.

GEORGE.

Eh bien! faites comme vous l'entendez. Si vous reveniez contens, j'irais baiser ses pieds; mais vous allez voir combien je voudrais m'être trompé!

MARCEL.

Viens, ma femme, essayons ce dernier moyen. S'il ne réussit pas, que la volonté de Dieu s'accomplisse.

GENEVIÈVE.

Puisque Dieu nous laisse la vie, il ne nous laissera pas mourir de faim. (*Elle sort avec Marcel.*)

LA TERREUR.

Ta mère est une femme qui a ses consolations toutes prêtes. Je vais voir de mon côté ce qu'il y a à faire avec nos camarades. (*Il sort.*)

SCÈNE IX.

THOMAS, GEORGE.

GEORGE.

O Dieu n'aurais-je fait qu'enfoncer mes parens plus avant dans la peine! Si je pouvais, au prix de mon sang, les secourir.

THOMAS.

C'est de l'argent qu'il leur faudrait, et tu n'en as pas à leur donner, ni moi non plus. Il ne tenait cependant qu'à eux d'en avoir la semaine dernière; mais ils n'en ont pas voulu, et ils ont bien fait. C'est une chose affreuse de tremper ses mains dans le sang de son semblable!

GEORGE.

Et comment donc, mon oncle?

THOMAS.

Ils trouvèrent un déserteur couché sur le ventre dans un fossé. Ils firent semblant de ne pas le voir. Ils auraient pourtant gagné vingt écus à l'aller dénoncer au bailli.

GEORGE.

Que dites-vous?

THOMAS.

Le forgeron du village ne fut pas si scrupuleux; et il gagna la récompense.

GEORGE, *avec un mouvement de joie.*

O mon oncle! je puis sauver mon père, mais il me faut votre secours. Puis-je compter sur vous?

THOMAS.

En tout, mon ami. Que faut-il faire?

GEORGE.

Agir, et garder un secret: me le promettez-vous?

THOMAS.

Cela n'est pas difficile.

GEORGE.

Mais savez-vous tenir votre parole!

THOMAS.

Comme tu me parles!

GEORGE.

Quelque chose qui puise en arriver.

THOMAS.

Pourvu qu'il n'y ait pas de mal, s'entend.

GEORGE.

Personne n'aura à s'en plaindre.

THOMAS.

Eh bien! tu n'as qu'à parler.

GEORGE.

Écoutez-moi donc..... Mais si vous alliez me trahir?

THOMAS.

Il faut que ce soit une chose bien extraordinaire.

GEORGE.

Cela peut être : mais il n'y a rien de mal pour vous.

THOMAS.

Qu'est-ce donc, enfin!

GEORGE.

Je déserte ce soir; vous irez me déclarer : il vous en reviendra vingt écus, et je paie la dette de mon père.

THOMAS.

Il n'y a pas de mal, me disais-tu? Fou que tu es! j'irai te conduire au gibet, moi, ton oncle!

GEORGE.

Que parlez-vous de gibet? Un soldat n'est jamais puni de mort la première fois qu'il déserte, à moins qu'il n'ait quitté son poste ou fait un complot.

THOMAS.

Oui, mais il passe par les verges, jusqu'à rester sur la place.

GEORGE.

Je n'ai pas à le craindre. Je suis aimé dans le régiment; mes camarades sauront me ménager.

THOMAS.

Non, mon ami, cela ne peut pas être. Ne tromperions-nous pas le roi?

GEORGE, *en pleurant*.

Le roi? Ah! il ne saurait m'en vouloir. S'il connaissait ma situation, il viendrait me porter l'argent lui-même.

THOMAS.

Mais si ton père le savait!...

GEORGE.

D'où le saurait-il, si nous gardons notre secret à nous deux? Je ne mourrai pas pour cela. J'ai souvent hasardé ma vie pour le roi, je puis bien la hasarder pour mon père qui me l'a donnée. Songez qu'il est votre frère, et que nous le sauvons de la mendicité, peut-être de la mort.

THOMAS.

C'est le diable qui m'a retenu ici; je ne sais quel parti prendre.

GEORGE.

Vous m'avez donné votre parole, voulez-vous la fausser? Je déserterai toujours dans mon désespoir, et mon père n'y gagnera rien. Ne me refusez pas, ou vous n'avez jamais aimé votre famille.

THOMAS.

Tu me tiens le couteau sur la gorge, comme un assassin. (*Il reste en suspens.*)

GEORGE.

Décidez-vous tout de suite, le temps presse.

THOMAS.

Mais si tu me trompais! si tu allais mourir?

GEORGE.

Il n'y a pas à le craindre. Je sais souffrir. A chaque coup, je penserai à mon père, et je supporterai la douleur.

THOMAS.

Eh bien! je fais ce que tu veux. Mais s'il en arrive autrement...

GEORGE.

Que voulez-vous qu'il en arrive? Embrassons-nous, et gardez-moi le secret. On fera l'appel ce soir à six heures. Si je ne m'y trouve pas, je serai tenu pour déserteur. Vous me conduirez alors au colonel, et vous direz que vous m'avez surpris fuyant dans la forêt.

THOMAS.

C'est la première tromperie que j'aurai faite de ma vie.

GEORGE.

Ne vous la reprochez pas, mon oncle, elle nous voudra à tous deux des bénédictions. Embrassons-nous encore, et allons rejoindre mon père. Mais, je vous en conjure, ne laissez rien remarquer. S'il peut y avoir quelque mal, Dieu me le pardonnera sans doute. Que ne doit pas supporter un bon fils pour sauver ses parens ! (*Ils sortent.*)

FIN DU SECOND ACTE.

ACTE II.

(*La scène se passe dans la prison du château.*)

SCÈNE PREMIÈRE.

BRAS-CROISÉ, soldat, et le PRÉVÔT du régiment.

(*On entend dans le lointain un bruit de musique militaire.*)

BRAS-CROISÉ, *se réveillant.*

Que le diable emporte ces maudits tambours! Je me suis fait mettre au cachot pour dormir à mon aise; et voilà une aubade qui vient me réveiller. (*Il prête l'oreille.*) Mais quoi! n'est-ce pas une exécution?

LE PRÉVÔT.

Tu ne sais donc pas le malheur du pauvre George?

BRAS-CROISÉ.

De George, dis-tu? Cela n'est pas possible.

LE PRÉVÔT.

Cela n'est pourtant que trop vrai. Il a déserté hier au soir.

BRAS-CROISÉ.

Lui? le plus brave soldat de la compagnie! Il y a long-temps que je ne fais que passer et repasser le guichet, je ne l'ai jamais vu une seule fois en prison.

LE PRÉVÔT.

Il n'est personne qui ne soit étonné de cette aventure. Quand on l'a rapportée au colonel, il n'a jamais voulu le croire. Tout le régiment en est resté confondu. Les grenadiers sont allés demander sa grâce au conseil de guerre, mais il l'a refusée pour l'exemple. On n'a pu obtenir qu'une modération de la peine; et il en sera quitte pour faire un tour par les verges. Cela doit être fini à présent. (*On frappe à la porte.*)

LE PRÉVÔT.

Qui est là?

LA TERREUR, *du dehors.*

Ami! la Terreur! (*Le prévôt ouvre la porte, la Terreur entre en sanglottant.*)

SCÈNE II.

LE PRÉVÔT, BRAS-CROISÉ, LA TERREUR.

LA TERREUR.

O bonté divine! mon pauvre George.

LE PRÉVÔT.

Eh bien! comment se trouve-t-il?

LA TERREUR.

Il a supporté ses souffrances en héros. Il ne lui est pas échappé un seul cri, une seule plainte. Ah ! si j'avais pu lui sauver la moitié du supplice ! sur ma vie, je l'aurais fait d'un grand cœur. Le voici qui vient.

SCÈNE III.

LE PRÉVOT, BRAS-CROISÉ, LA TERREUR, GEORGE, UN SERGENT qui le conduit.

GEORGE, *sur le seuil de la porte, levant les yeux et les mains vers le ciel.*

Dieu soit loué ! Tout est fini, et mon père est sauvé.

LE SERGENT, *à part, dans la surprise où le jettent ces paroles.*

Que veut-il dire par là ?

LA TERREUR, *se précipitant au cou de George, et le baignant de ses larmes.*

O mon ami ! que je te plains !

GEORGE.

Ne pleure pas, camarade ; je suis plus heureux que tu ne penses.

LE SERGENT.

Voulez-vous un chirurgien ?

GEORGE.

Non, mon sergent, cela n'est pas nécessaire.

LE SERGENT, *à part, en branlant la tête.*

Il faut que j'aille instruire de tout ceci mon capitaine. (*Il sort.*)

LA TERREUR, *présentant à George un verre d'eau-de-vie.*

Tiens, camarade, voilà pour te restaurer.

GEORGE, *en lui serrant la main.*

Je te remercie. (*Il boit.*)

LA TERREUR.

Mais, dis-moi donc, quelle folie t'a passée par la tête?

GEORGE.

J'ai du regret de te le cacher; mais je ne puis te le dire. Il faut que mon secret meure dans mon cœur.

SCÈNE IV.

LE PRÉVOT, BRAS-CROISÉ, LA TERREUR, GEORGE, THOMAS.

THOMAS, *à George.*

Te voilà bien satisfait, n'est-il pas vrai, de la vilaine action que tu m'as fait commettre? George, c'est indigne à toi.

LA TERREUR.

Doucement, doucement, ne le tourmentez pas; il a besoin de repos. Un homme n'est pas toujours le même!

THOMAS.

Je ne le sais que trop. Je ne conçois plus rien à lui ni à moi.

GEORGE.

Mon oncle, modérez-vous, je vous prie. (*Bas*) Vous allez détruire tout notre ouvrage.

THOMAS.

Oh! il n'en faut plus parler. Tout est perdu.

GEORGE, *étonné*.

Comment donc? (*aux soldats.*) Éloignez-vous un peu, mes amis, je vous en conjure.

THOMAS.

Ton père ne veut plus me voir, pour t'avoir dénoncé et en avoir reçu de l'argent. Quand j'ai voulu le forcer de le prendre, il l'a rejeté avec horreur, en s'écriant : Que Dieu m'en préserve! A chaque denier je vois pendre une goutte du sang de mon fils. Que veux-tu maintenant que je fasse? je suis furieux contre toi. Tout le village va me détester, on croira que c'est le démon de l'avarice qui me possède. Il n'y aura pas d'enfant qui ne me jette la pierre.

GEORGE.

Soyez tranquille, mon oncle, tout s'arrangera; le plus difficile est passé. Faites seulement que mon père vienne me voir.

THOMAS.

Comment veux-tu que je l'aborde à présent? Mais quoi, le voici qui vient avec ta mère.

SCÈNE V.

LE PRÉVOT, BRAS-CROISÉ, LA TERREUR, GEORGE, THOMAS, MARCEL, GENEVIÈVE.

GENEVIÈVE, *aux soldats.*

Où est-il, messieurs; je veux voir mon fils.

LA TERREUR.

Passez, bonne mère, passez.

GENEVIÈVE, *courant à George.*

O mon cher fils, qu'as-tu fait? comment as-tu pu nous donner cette douleur?

MARCEL, *d'un air sévère.*

Te voilà, malheureux! toute la joie que tu m'avais donnée tu la tournes toi-même en amertume. Tu faisais la gloire de tes parens, tu en fais la honte aujourd'hui. Je suis venu te voir pour la dernière fois.

GEORGE.

Mon père, pardonnez-moi, je vous prie. J'ai subi ma peine.

MARCEL.

Tu l'a subie pour ta trahison envers ton roi, mais non pour ton crime envers nous, que tu déshonores dans notre vieillesse. Après soixante années de probité, je croyais mourir dans l'honneur; et c'est toi qui me couvres d'infamie. Mais non, nous ne tenons plus l'un à l'autre : je te renonce pour mon fils.

GEORGE.

Mon père, vous êtes trop cruel envers moi. Je ne mérite pas votre malédiction : Dieu m'en est témoin. Je ne suis pas indigne de vous.

THOMAS, à part.

Quel martyr de ne pouvoir parler. (*Marcel s'éloigne.*)

GEORGE, *le suivant.*

Mon père, vous me quittez sans que je vous embrasse. Oh! restez encore un moment! (*à Geneviève.*) Et vous, ma mère, serez-vous aussi dure envers moi?

GENEVIÈVE.

O mon fils! que puis-je faire?

MARCEL.

Ne le nomme pas ton fils, il ne l'est plus.

GENEVIÈNE.

Mon homme, pardonnez-lui; c'est toujours notre enfant.

THOMAS.

Oui, mon frère, laisse-toi toucher par son désespoir.

MARCEL.

Tais-toi, tu ne vaux pas mieux que lui, toi qui vends, à prix d'or, le sang de ta famille. Ne me nomme pas plus ton frère que lui son père. Je ne vous suis plus rien.

GENEVIÈVE, *qui, pendant cet intervalle, s'est entretenue avec George.*

Mon homme, il me fait de bonnes promesses; ne nous arrache pas le cœur à tous deux. Mon enfant est la seule chose qui me reste, et je ne pourrais pas l'aimer! je ne pourrais plus te parler de lui! Veux-tu que je meure à tes yeux?

MARCEL.

Tais-toi, femme, et suis-moi. (*Il veut sortir.*)

LA TERREUR, *le retenant.*

Bon homme, c'en est assez. Vous avez bien fait de décharger votre colère; mais puisque le roi le reprend, ne le reprendrez-vous pas aussi? Donnez, donnez-lui votre main. Croyez-vous que je lui resterais attaché, s'il ne le méritait pas?

LE PRÉVÔT.

Vieillard, vous êtes un brave homme. Si tous les hommes tenaient ainsi leurs enfans en respect, je n'aurais pas tant de besogne. Mais souffrez que je vous prie aussi pour votre fils.

GENEVIÈVE.

Vois-tu, mon ami? Comme ces messieurs disent, ils ne lui resteraient pas attachés, s'il ne le méritait pas; ne sois pas plus impitoyable envers lui que des étrangers. (*Geneviève et la Terreur prennent Marcel par la main, et veulent l'entraîner vers son fils.*)

SCÈNE VI.

LE PRÉVÔT, BRAS-CROISÉ, LA TERREUR, GEORGE, MARCEL, GENEVIÈVE, THOMAS, LE CAPITAINE, LE SERGENT, FLUET.

MARCEL.

Attendez; je veux d'abord parler à son capitaine.

(*Au capitaine.*) Ah! monsieur; n'avez-vous pas de regret d'avoir donné hier tant de louanges à mon vaurien de fils? Il me porte sous terre par ce coup-là.

LE CAPITAINE.

Il avait mérité ce que je lui disais de flatteur. Véritablement je n'aurais pas imaginé que mes éloges eussent produit un si mauvais effet. (*A George.*) Mais, dis-moi, qui t'a porté à cette action? Tu dois avoir eu quelque motif extraordinaire. Ouvre-moi ton cœur, quelque chose qu'il en soit. Tu as subi ta peine, et il ne t'en arrivera rien de plus fâcheux.

GEORGE.

Mon capitaine, ne me retirez pas vos bontés, je vous prie. Je chercherai à m'en rendre plus digne.

LE CAPITAINE.

A condition que tu me dises la vérité; car, que tu aies déserté par la crainte des suites de ton affaire avec le bailli, ni moi, ni personne nous ne pourrons le croire.

GEORGE.

Il n'y a pourtant pas d'autres raisons, mon capitaine. Vous savez que je n'ai jamais eu de querelle; et la moindre faute paraît toujours énorme lorsqu'on n'a pas l'habitude d'en commettre. J'en étais si troublé, que j'ai perdu toute réflexion. Et puis la la situation déplorable de mon père achevait d'égarer mes esprits.

LE CAPITAINE.

Que signifiaient donc ces paroles : Dieu soit loué, tout est fini, et mon père est sauvé! (*George paraît saisi d'étonnement; ainsi que Marcel et Geneviève.*)

MARCEL.

Est-ce qu'il disait cela? Dieu me le pardonne, le diable aura tourné sa tête.

GEORGE, *en soupirant.*

Je ne me souviens pas de l'avoir dit.

LE SERGENT.

Moi, je me souviens de vous l'avoir entendu dire en entrant ici.

GEORGE.

Cela peut m'être échappé dans la douleur, sans savoir ce que je pensais.

LE CAPITAINE.

Il faut pourtant que ces paroles aient eu quelque signification.

GEORGE, *dans un plus grand embarras.*

Je ne sais que vous dire.

LE CAPITAINE, *lui prenant la main d'un air d'amitié.*

George, ne cherche pas à m'en imposer. Cette désertion a une autre cause que ta querelle. Je suis offensé de ta dissimulation, et tu perds toute ma confiance. N'est-il pas vrai? c'est pour ton père...

GEORGE, *avec vivacité.*

Que dites-vous, monsieur! ah! gardez-vous de croire...

LE CAPITAINE.

Tu ne vaux pas la peine que je m'inquiète de ton sort. Je ne veux pas en savoir davantage. Tu m'es plus indifférent que le dernier des hommes. Tu ne sais peut-être pas ce que tu perds à me taire la vérité.

THOMAS.

Il faut que je la dise, moi.

GEORGE, *l'interrompant.*

Mon oncle, qu'allez-vous faire ? Voulez-vous nous rendre encore plus malheureux ?

THOMAS, *au capitaine.*

Je puis vous expliquer la chose ; mais je crains que le mal n'en devienne plus grand.

LE CAPITAINE.

Je t'en donne ma promesse; tu n'as rien à craindre.

THOMAS.

Eh bien! c'est à cause de ses parens qu'il a déserté. Il a su m'engager, par de belles paroles, à l'aller dénoncer, recevoir vingt-quatre écus, pour que son père les employât à payer sa dette. Mais celui-ci ne veut entendre parler ni de l'argent, ni de son fils. Débarrassez-moi, monsieur, de cet argent, que je ne puis garder, et tâchez que mon frère profite au moins de ce que ce brave enfant a voulu faire pour lui. La chose s'est passée comme je la raconte. (*Tout le monde paraît frappé de surprise.*)

LE CAPITAINE.

Eh bien! George!

GEORGE, *versant un torrent de larmes.*

Vous savez tout, mon capitaine. Croyez pourtant qu'il n'y a que le salut de mon père qui pût me faire résoudre à passer pour un mauvais sujet. J'ai méprisé la douleur, parce que j'espérais le sauver. Mais à présent que tout est découvert, que mon espérance est perdue, je souffre bien plus cruellement.

MARCEL, *se jetant au cou de Georges.*

Quoi, mon fils! voilà ce que tu faisais pour moi?

GENEVIÈVE, *se précipitant dans ses bras.*

Oui, nous pouvons maintenant l'embrasser; nous pouvons le presser sur notre sein. Mon cœur me disait bien qu'il était innocent.

LE CAPITAINE, *lui prenant la main.*

O mon ami! quelle tendresse et quelle fermeté! Tu es à mes yeux un grand homme. Cependant ton amour pour ton père t'a emporté trop loin. C'est toujours un artifice blâmable.

MARCEL.

Sûrement, sûrement; Dieu m'en préserve d'en toucher seulement un denier.

GEORGE, *à Thomas.*

Voyez-vous, mon oncle, avec votre bavardage!. Que me revient-il maintenant de ce que j'ai fait?

THOMAS.

Oui, voilà : c'est moi qui suis maintenant le coupable. Mais (*En montrant le capitaine.*) monsieur ne sera pas un menteur. Vous avez entendu qu'il m'a promis...

LE CAPITAINE, *à Thomas.*

Donne l'argent à ton frère. (*à Marcel.*) Prends-le, mon ami : ton fils l'a bien mérité. J'aurai soin que tu n'aies pas à le rendre. Une faute extraordinaire demande un traitement hors des règles communes.

MARCEL.

Moi, monsieur? je ne le prendrai jamais.

LE CAPITAINE.

Je le veux; il le faut. (*On entend des cris au dehors.*) Mais qu'est-ce donc?

FLUET.

J'entends crier : Le roi! le roi!

LE CAPITAINE.

Il vient! Dieu soit béni! réjouissez-vous, je vais, s'il est possible, faire parvenir l'aventure à son oreille. (*A George.*) Tu as manqué à ton devoir comme soldat, mais tu l'as trop bien rempli comme fils, pour qu'il n'en soit pas touché. Il le sera certainement; je sors. Attendez-moi.

SCÈNE VII.

LE PRÉVOT, BRAS-CROISÉ, LA TERREUR, GEORGE, MARCEL, GENEVIÈVE, THOMAS, FLUET.

MARCEL.

Vois-tu, le roi est si bon, et j'aiderais à le tromper! Non, jamais.

GEORGE.

Mon père, accordez-moi cette grâce, que j'aie réussi à finir vos malheurs. Vous n'avez plus à vous inquiéter de rien.

LA TERREUR.

Oui, bon homme, faites ce que dit votre fils. Il peut bien vous demander quelque chose à son tour,

Il en guérira plus vite, de vous savoir aise. Vous devez aussi penser qu'après votre mort, votre cabane doit lui revenir.

MARCEL.

Eh bien! je la conserverai pour pouvoir la lui laisser en mourant. Viens, mon fils; pardonne-moi de t'avoir maltraité. Dieu m'est témoin combien je souffrais de te voir un mauvais sujet. Et c'est lorsque je t'accusais que tu remplissais au-delà de tes devoirs envers moi! Comment pourrais-je te récompenser de ton amour, dans le peu de temps qui me reste à vivre.

GEORGE.

Aimez-moi toujours comme vous l'avez fait.

GENEVIÈVE.

Oh! mille fois plus, mon ami. A chaque morceau que nous mangerons, nous nous dirons l'un à l'autre: C'est notre fils qui nous le donne.

GEORGE.

Me voilà satisfait. (*A Thomas.*) Je vous remercie, mon oncle, de m'avoir si bien servi.

THOMAS.

Oui, tu me remercies. Il est heureux que les choses aient tournées de cette manière. Mais reviens-y une autre fois. (*à Marcel.*) Est-ce que tu m'en voudrais encore, mon frère? Si je ne t'avais pas tant aimé, je ne me serais pas chargé de la manigance. Puisque tu pardonnes à ton fils, tu peux bien me pardonner.

MARCEL.

Rien ne saurait excuser ce que tu as fait. Je peux bien prendre sur moi de mettre ma main sur un brasier; mais attiser le feu sous un autre, il y a de la cruauté à cela. Cependant, je ne veux pas te haïr.

THOMAS.

Va, j'ai bien assez souffert pour mon compte. (*Ils se donnent la main.*)

LA TERREUR, *à George.*

Camarade, j'avais de l'amitié pour toi; c'est aujourd'hui du respect que je sens. Tu es à mes yeux aussi grand qu'un général. On ne trouvera jamais d'enfant comme toi. Embrasse-moi, et sois toujours mon ami. (*Il lui tombe de grosses larmes des yeux.*)

GEORGE.

Camarade; je n'ai pas oublié la journée d'hier.

FLUET.

Fi donc, la Terreur! Vous êtes soldat, et vous pleurez?

LA TERREUR.

Et pourquoi donc un soldat ne pleurerait-il pas? Les larmes ne sont pas déshonorantes lorsqu'elles viennent du cœur. On ne m'a jamais vu fuir, ni trembler; mais je mourrais de honte d'être insensible à une bonne action.

LE PRÉVÔT.

George, il y a quatorze ans bientôt que je suis dans le régiment, mais je dois le dire à ta gloire, il ne s'y est jamais rien passé qui approche de ce que tu fais aujourd'hui. Cela te vaudra de l'honneur et du bonheur; c'est moi qui te l'annonce.

SCÈNE VIII.

LE PRÉVOT, BRAS-CROISÉ, LA TERREUR, GEORGE, MARCEL, GENEVIÈVE, THOMAS, FEUET, LE BAILLI.

LE BAILLI.

Avec votre permission.

LE PRÉVÔT.

Que voulez-vous.

LE BAILLI.

Je suis bailli du château; je veux voir ce qui se passe ici. (*A Marcel et à Geneviève.*) Ha, ha! vous êtes venu voir votre fils? c'est fort tendre de votre part. Eh bien! qu'en pensez-vous? Avez-vous autant de satisfaction de lui que vous en aviez hier? Vous imaginiez, parce qu'il était soldat, qu'il pouvait se jouer de tout le monde. Monsieur le militaire, on paie chèrement un soufflet. Cette leçon vous rendra une autre fois plus respectueux envers des gens comme moi.

LA TERREUR.

Allez-vous-en, monsieur, ou bien nous reprendrons les choses au point où George les a laissées hier. Qu'avez-vous à chercher ici?

LE BAILLI.

Je suis dans le château de monseigneur; je pense que personne n'a le droit de m'empêcher d'y faire l'inspection.

LA TERREUR.

Faites-y l'inspection, mais non des moqueries. (*En le prenant par le bras.*) Sortez, ou je vous montre le chemin.

GEORGE.

Un moment camarade. (*A Marcel.*) Mon père, achevez de lui payer votre dette, pour qu'il vous laisse en repos.

THOMAS.

Oui, finissons avec lui ; qu'il n'en soit plus question.

MARCEL.

Voilà votre argent. (*Il lui compte quatorze écus.*) Vous n'aurez pas la peine de vendre notre chaumière.

GENEVIÈVE.

Nous aurons soin, à l'avenir, de n'être jamais en arrière envers monseigneur, du moins aussi longtemps que vous serez son bailli. C'est trop affreux de vouloir gagner sur le pauvre. Acheter à vil prix tout le grain de la contrée, lorsque la moisson est abondante ; en faire des amas dans ses greniers, pour le vendre trois fois plus cher dans le temps de disette ; prêter à plus forte usure qu'un juif, cela est-il donc d'un chrétien, ou même d'un homme ? Voilà pourtant ce que vous avez fait, et ce qui nous a ruinés.

MARCEL.

Tais-toi donc, femme.

GENEVIÈVE.

Non, il faut lui apprendre qu'on n'est pas des buses, et qu'on voit tout son manége.

MARCEL, *au bailli.*

Eh bien, cela fait-il votre compte?

LE BAILLI, *à part.*

Que trop, morbleu! (*Haut et froidement.*) Oui, cela complette bien les trente écus. Mais d'où diantre avez-vous cet argent?

MARCEL.

Que vous importe? vous êtes payé.

GENEVIÈVE.

Nous n'avons pas de compte à vous rendre.

LE BAILLI.

Voyez comme ils sont fiers?

GENEVIÈVE.

Nous voilà quittes. Nous nous serions trouvés heureux de pouvoir vous souhaiter mille bénédictions, si vous vous étiez comporté plus humainement envers nous. Mais vous ne me le méritez pas. Il nous eût mieux valu avoir affaire à un Turc.

LE BAILLI.

Prenez garde à ce que vous dites, vieille radoteuse; vous êtes encore sous ma juridiction.

GEORGE.

Point d'injures, monsieur, mon père ne les souffrira plus; il sait à qui porter ses plaintes.

THOMAS.

Vous ne nous tenez plus les mains garrottées; nous pouvons nous faire rendre justice. Nous remplirons nos devoirs envers monseigneur; mais, si vous croyez nous mener de force, comme auparavant, vous vous trompez.

LE BAILLI.

De quel ton me parlez-vous ? je crois (*en montrant George*) que cet audacieux vous a tous endiablés. Ne me poussez pas à bout, ou je vous montrerai qui je suis.

LE PRÉVÔT.

Un mot encore, je te fais sauter les yeux de la tête.

LA TERREUR, *le poussant par le bras.*

Allons, sortez.

LE BAILLI, *se retournant.*

Si vous me faites lâcher un décret....

LE PRÉVÔT.

Voulez-vous me jeter ce drôle à la porte ? Je t'apprendrai à nous venir braver. (*Les soldats le saisissent, et veulent le mettre dehors. Le colonel paraît; suivi du capitaine et du sergent.*)

SCÈNE IX.

LE PRÉVOT, BRAS-CROISÉS, LA TERREUR, GEORGE, MARCEL, GENEVIÈVE, THOMAS, FLUET, LE BAILLI, LE COLONEL, LE CAPITAINE, LE SERGENT.

LE COLONEL.

Que signifie tout ce vacarme ?

LE PRÉVÔT.

C'est le bailli qui vient ici vomir des grossièretés contre ces honnêtes paysans.

LE COLONEL, *au bailli.*

Êtes-vous ce méchant homme? Restez; j'aurai deux mots à vous dire. (*Au capitaine.*) Le quel des deux est le père ? (*En montrant du doigt Marcel et Thomas.*)

LE CAPITAINE, *lui présentant Marcel.*

Le voici, mon colonel.

LE COLONEL.

Je vous félicite, mon ami. Vous pouvez sentir de l'orgueil d'avoir un tel fils. (*Il s'avance vers George.*) Permettez que je vous souhaite toutes sortes de prospérités. (*En l'embrassant.*) Monsieur, vous êtes mon égal. Je donnerais toutes les actions de ma vie pour celle que vous avez faite aujourd'hui. (*Au prévôt.*) Il est libre. (*Prenant une épée des mains du sergent.*) Vous êtes capitaine. Le roi, qui vient d'apprendre avec transport votre dévouement généreux, vous élève tout d'un coup à ce grade, sur les bons témoignages que le régiment entier a rendu de vous. (*En lui présentant une bourse.*) Recevez ceci de sa part, pour servir à votre équipage. Vous serez admis ce soir même à faire votre cour à sa majesté. (*George veut lui baiser la main.*) Que faites-vous? Non, monsieur. Souffrez plutôt que je vous embrasse.

LE CAPITAINE, *l'embrassant aussi.*

Vous savez, mon camarade, quelle part je prends à votre avancement. Je suis fiers de vous avoir eu dans ma compagnie.

MARCEL et GENEVIÈVE, *tombant aux genoux du colonel.*

O monseigneur! que Dieu vous récompense.

Vous êtes capitaine, le roi vous élève tout d'un coup à ce grade.

LE COLONEL, *en les relevant.*

Ce n'est pas à moi, mes enfans, c'est au roi, c'est à votre fils, que vous devez tout.

GEORGE, *se jette dans les bras de ses parens, et les embrasse tour-à-tour, puis s'interrompant tout-à-coup.*

Je vous demande pardon, mon colonel.

LE COLONEL.

Que dites-vous, monsieur? Ah! vous méritez bien de goûter les plus doux plaisirs de la nature! Vous en remplissez si héroïquement les devoirs!

THOMAS.

Qui m'aurait dit pourtant que je me verrais en passe de faire un capitaine? Car c'est moi qui ai arrangé tout cela. (*Au bailli.*) Je crois à présent, monsieur le bailli, que vous ne serez pas déshonoré de prendre mon neveu sous votre protection. (*Le bailli lui lance un regard furieux et veut sortir.*)

LE COLONEL, *l'arrêtant.*

Un instant, s'il vous plaît... Le roi est instruit de votre barbarie. Il fera rechercher avec soin si vous n'avez pas abusé de votre pouvoir; et malheur à vous, si vous êtes coupable! Sortez maintenant.

LA TERREUR, *à George.*

Monsieur le capitaine...

GEORGE, *l'embrassant.*

Ne m'appelle que ton ami. (*Il l'embrasse encore.*) Je veux l'être toujours.

LE COLONEL, *à George.*

Voulez-vous permettre, monsieur le capitaine, que j'aille vous présenter au régiment? Il vous attend sous les armes. (*Il lui offre la main. George la prend et tend l'autre au capitaine. Il marche entre eux, les regarde tour-à-tour les yeux baignés de larmes. Marcel et Geneviève baisent les habits du colonel, et lèvent leurs regards vers les cieux.*)

GENEVIÈVE.

O Dieu de justice! rends à notre bon roi les honneurs qu'il accorde à mon fils.

MARCEL.

Et fais-lui connaître toutes les bonnes actions, pour lui donner le plaisir de les récompenser.

LES JOUEURS.

Drame.

PERSONNAGES.

M. DE FLORIS.
HÉLÈNE, sa fille.
ALBERT, son fils.
JULES, voisin d'Albert.
AUGUSTE, ami de Jules.
RAOUL,
VICTOR, } jeunes joueurs.
CARAFFA,

La scène se passe dans un jardin commun aux appartemens de M. de Floris et du père de Jules.

LES JOUEURS.

Drame.

SCÈNE PREMIÈRE.

JULES, AUGUSTE.

AUGUSTE.

Que vas-tu donc faire chez Albert?

JULES.

Il faut que je lui parle. Tu le connais aussi, toi?

AUGUSTE.

Seulement pour l'avoir trouvé quelquefois chez nos amis. Vous n'étiez pas alors trop liés ensemble.

JULES.

Je te vois plus souvent depuis que mon père a loué un appartement dans cette maison. Nous avons causé le soir dans le jardin. Il est même venu le premier me trouver dans ma chambre, où nous nous sommes amusés à quelques petits jeux.

AUGUSTE.

Tu n'as plus que des jeux en tête, à ce qu'il me paraît. Je te vois toujours faufilé avec des jeunes gens, tels que Raoul et Victor, dont je n'attends rien de bon.

JULES.

Tu ne les connais que trop bien ! Plût à Dieu que je ne les eusse jamais connus !

AUGUSTE.

Que me dis-tu, mon ami? Mais il est encore temps de rompre société. C'est de toi seul qu'il dépend de fuir ou de rechercher leur entretien.

JULES.

Ah! ce n'est plus en mon pouvoir. Me trahirais-tu, si je te confiais mon embarras?

AUGUSTE.

Nous sommes amis depuis l'enfance, et tu crains de m'ouvrir ton cœur?

JULES.

O mon cher Auguste! ils m'ont rendu bien malheureux. Il m'ont engagé à des choses qui vont me perdre, si mon papa vient à les découvrir. Je n'ai plus un moment de repos.

AUGUSTE.

Tu m'épouvantes, au moins. Qu'est-ce donc, mon ami?

JULES.

Je me suis laissé entraîner hier chez Caraffa ce jeune Italien qui voyage. Il y avait à déjeuner du vin de Champagne et des liqueurs. J'en ai bu pour la première fois, on m'a fait jouer, et ils m'ont gagné tout mon argent.

AUGUSTE.

Te voilà bien puni d'aller boire et jouer comme un libertin. Mais que cette aventure te serve de leçon. Ne joue plus, et ta perte sera un gain pour toi.

JULES.

Oh ! ce n'est pas tout. Écoute-moi seulement et ne me chasse pas de ton cœur. Comme je n'avais plus d'argent, et que je croyais toujours prendre ma revanche en continuant de jouer, ils m'ont gagné ma montre, la garniture de boutons d'argent de mon habit, mes boucles, mes boutons de manche, et tout ce que je pouvais avoir sur moi de quelque valeur. Je dois encore un louis à l'Italien. Si je ne le paie pas aujourd'hui, il doit venir demain trouver mon papa; et tu connais sa sévérité.

AUGUSTE.

Je ne vois qu'un parti à prendre ; c'est de lui avouer ta faute, et de te soumettre à sa punition. Je suis sûr qu'il te ferait grâce en voyant ton repentir.

JULES.

Jamais, jamais. Tu ne sais pas ce que j'aurais à craindre de sa première fureur.

AUGUSTE.

Mais que veux-tu donc faire ?

JULES.

Je n'ose te le dire.

AUGUSTE.

Voyons toujours.

JULES.

J'ai découvert ma peine à Raoul et à Victor. Je

leur ai dit tous les malheurs qui ne manqueraient pas de m'arriver, si mon papa savait ma perte; et nous avons fait un complot pour me tirer d'embarras.

AUGUSTE.

Cela doit être bien imaginé.

JULES.

Ce n'est pas certainement ce qu'il y aurait de mieux à faire. Mais que veux-tu? Je leur ai déjà fait lier connaissance avec le jeune Albert. Il a de l'argent, lui; je lui ai vu une bourse toute pleine d'écus.

AUGUSTE.

Eh bien! est-ce que vous prétendez le voler?

JULES.

Dieu m'en préserve! Ils veulent seulement lui faire ce qu'ils m'ont fait; ensuite ils partageront avec moi le profit, pour que je puisse payer ce que je dois.

AUGUSTE.

Comment pour sortir d'un mauvais pas où tu es tombé par ta faute, tu leur donnes de sans-froid ton ami à dépouiller! Et d'où savez-vous, vous autres, que vous serez les plus heureux? Ne t'exposes-tu pas à perdre encore davantage?

JULES.

Oh que non! J'ai vu qu'il jouait sans malice.

AUGUSTE.

Est-ce que tu joues en aigrefin, toi?

JULES.

Que veux-tu dire; je joue en garçon d'honneur.

AUGUSTE.

Voilà pourquoi tu as perdu. Et si, comme je l'espère, tu joues toujours de même, es-tu sûr de gagner?

JULES.

Je ne sais comment cela doit arriver; mais Raoul m'a bien assuré qu'ils avaient de petites adresses particulières, et que ceux qui ne les entendent pas perdent toujours avec eux.

AUGUSTE.

Des adresses? Il n'y a qu'un mot pour nommer cela; ce sont des escroqueries. Et toi, Jules, tu voudrais t'en servir, ou en profiter? Tu sais que je ne suis pas riche; mais, quand je devrais le devenir comme Crésus, je rougirais d'acquérir ma fortune à ce prix; et je voudrais, pour tout au monde, ignorer encore ton dessein.

JULES.

Mon cher Auguste, prends pitié de moi, je te promets..... je n'ai pas d'autre idée que.....

AUGUSTE.

Qu'oses-tu me promettre pour t'aider à tromper?

JULES.

Non; je veux dire que, si j'ai le bonheur de gagner de quoi satisfaire ce maudit Caraffa, je romps sur-le-champ tout commerce avec les joueurs, et que je ne touche plus une carte de ma vie. S'il m'arrive de manquer à cette promesse, tu peux aller trouver mon papa, et lui dire tout, tout. (*Auguste branle la tête.*) Et puis, ce n'est pas moi qui peut tromper; je ne suis pas adroit. C'est Caraffa qui prend la chose sur lui. Je me laisserai seulement donner des cartes. Ils m'ont promis de ne rien prendre de moi si je perds, et que je ne serais de moitié que dans le profit.

AUGUSTE.

Eh bien ! je veux être témoin de la partie.

JULES.

Je ne demande pas mieux. Je cours inviter Albert pour cette après-midi. Son père est à la campagne, et ne doit revenir que dans quelques jours.

AUGUSTE.

A merveille. Mais je te préviens que si tu te permets quelques tromperies.....

JULES.

Eh ! mon Dieu, non ! Ne me tourmente pas davantage ; ne suis-je pas assez malheureux ? Je voudrais ne t'avoir pas dit mon secret.

AUGUSTE.

Je voudrais aussi que tu l'eusses gardé, je n'aurais à répondre de rien.

JULES.

Et à qui aurais-tu à répondre ?

AUGUSTE.

A ma conscience. Je vois qu'un honnête jeune homme va être trompé.

JULES.

Mais ce n'est pas moi qui trompe ; ni toi non plus.

AUGUSTE.

Garderais-tu le silence, si tu voyais un filou escamoter une bourse, même à un étranger.

JULES.

Bon! Albert en sera quitte pour quelques écus. C'est peut-être un bonheur pour lui; cette leçon le dégoûtera du jeu.

AUGUSTE.

Oui, comme tu t'en dégoûtes toi-même. On joue encore pour regagner ce que l'on a perdu, et l'on emploie des moyens infâmes.

JULES.

Doucement, j'entends quelqu'un à la porte.

AUGUSTE.

C'est le jeune Albert lui-même.

SCÈNE II.

AUGUSTE, JULES, ALBERT.

ALBERT.

Je vous salue mes bons amis.

AUGUSTE.

Bonjour, monsieur Albert.

JULES.

Comment, vous n'êtes pas encore descendu au jardin, dans un beau jour de fête comme celui-ci, où vous n'avez pas de devoir?

AUGUSTE.

M. Albert n'aime pas à courir comme toi. Il sait fort bien s'amuser sans quitter la maison.

ALBERT.

Oh! je me suis déjà promené ce matin de bonne

heure dans le bosquet, et puis j'ai déjeûné sous le berceau avec ma sœur et mon papa.

JULES, *un peu surpris.*

Quoi! votre père est déjà de retour. Vous n'en êtes pas trop content, j'imagine?

ALBERT.

Que dites-vous? J'en ai ressenti une joie, une joie que je ne puis vous exprimer. Après avoir passé trois semaines sans le voir, et lorsque je ne l'attendais que le mois prochain!

JULES.

J'aime bien aussi mes parens; mais, s'ils aimaient les voyages, je ne leur en saurait pas du tout mauvais gré. Je supporterais de temps en temps leur absence pour quelques jours.

ALBERT.

Je voudrais que mon papa ne s'éloignât jamais un seul instant. Il est si doux et si bon!

JULES.

Et le mien si dur et si sévère! Il n'est pas question de plaisirs avec lui.

AUGUSTE.

Qui sait les plaisirs qu'il te faudrait pour te satisfaire? J'ai reçu, moi, les plus tendres témoignages de sa bonté.

ALBERT.

Je croyais que vous n'aviez rien a désirer sur ce point. Depuis que vous demeurez si près de nous, je vous vois presque tous les jours devant la porte. Je suis venu quelquefois vous trouver pour jouer dans votre chambre, ou dans le pavillon du jardin, et je n'ai vu personne qui vous ait gêné.

JULES.

Oui, les jours que mon papa soupe chez ses amis. C'est le seul bon temps qu'il me laisse, et j'en profite. Mais, à présent que le vôtre est de retour, nous ne vous verrons pas si souvent dans la soirée.

ALBERT.

Pourquoi non? Il ne me refuse aucun plaisir permis. Cependant je ne trouve la société de personne au monde aussi joyeuse que la sienne; et l'on croirait, à le voir, qu'il s'amuse beaucoup avec moi. Aussi nous sommes toujours à nous chercher.

JULES.

Voilà ce qui s'appelle un bon père! Il vous permet donc de sortir quand il vous plaît, et d'aller où bon vous semble?

ALBELT.

Oui sûrement, parce que je lui dis toujours où je vais.

AUGUSTE.

Et parce qu'il sait que vous allez toujours où vous dites.

JULES.

Que faites-vous donc, lorsque vous êtes ensemble, pour être si satisfait de vos amusemens?

ALBERT.

Dans les belles soirées d'été, nous allons à la promenade.

JULES.

Mais on est bientôt las de marcher; et je ne vois rien de si triste que d'aller et revenir continuellement devant soi.

ALBERT.

Je le trouve bien doux, après avoir resté assis presque toute la journée. Et puis, en causant de bonne amitié, l'on ne s'aperçoit pas de la fatigue. Je voudrais que vous fussiez un jour de nos plaisirs. Je commence à connaître les plantes et les fleurs; nous nous amusons à en chercher. Et quelle joie, lorsqu'un de nous deux en découvre d'inconnues ! Il faut les observer dans toutes leurs parties, pour les classer. Cette recherche nous rappelle en un moment tout ce que nous avons appris, et nous voilà saisis d'une ardeur nouvelle, pour retourner encore herboriser le lendemain.

AUGUSTE.

Et vos soirées d'hiver, à quoi les employez-vous.

ALBERT.

A parler de mille choses curieuses au coin du feu, lorsque nous sommes seuls, ou bien à nous instruire dans l'histoire naturelle, la géographie ou les mathématiques. Nous jouons aussi de petits drames avez ma sœur et mes amis. Vous ne sauriez croire combien cela nous exerce à parler avec aisance, et à nous bien présenter. Nous trouvons de cette manière, jusque dans nos plaisirs, de quoi perfectionner notre éducation.

JULES.

Mais, pour étudier tant de choses, vous devez bien vous rompre la tête.

ALBERT.

Bon : tout cela s'apprend comme un jeu.

JULES.

Un jeu de cartes me paraît cent fois plus récréatif. Y jouez-vous quelquefois.

ALBERT.

Vraiment oui. Mon papa veut bien de temps en temps me mettre de sa partie.

JULES.

Et vous jouez de l'argent ?

ALBERT.

Sans doute ; mais une bagatelle, seulement pour intéresser le jeu, et pour apprendre à perdre noblement.

JULES.

C'est fort bien ; il faut savoir gouverner sa bouse.

ALBERT.

Oh ! ne croyez pas que l'argent me manque. Mon papa m'en donne au-delà de mes besoins.

JULES.

Et combien donc, pour voir ?

ALBERT.

Six francs par semaine.

JULES.

Voilà une jolie pension ! et tout cela pour vous divertir ?

AUGUSTE.

Oh que non ! J'imagine que vous êtes chargé d'une partie de votre entretien ?

ALBERT.

Oui, de ces petites bagatelles pour lesquelles je rougirais d'aller importuner mon papa. Je vous avouerai, entre nous, que cela me rend beaucoup plus soigneux.

AUGUSTE.

Je le crois. On sent mieux le prix des choses lorsqu'il faut les payer soi-même.

JULES.

Vous avez aussi quelques bonnes aubaines dans l'année ?

ALBERT.

Oui, le jour de ma fête je reçois bien cinq ou six pistoles. Je me trouve à présent cinq bons louis d'or dans ma bourse, sans compter la monnaie.

JULES.

Cinq louis d'or ! que faites-vous d'une si grande somme ?

ALBERT.

Et n'ai-je donc pas mes dépenses ? je paie les mois d'école des enfans de notre portier. J'ai un vieux maître d'écriture qui est devenu aveugle ; je lui fais une petite pension toutes les semaines. J'achète aussi de bons livres, et quelques estampes. Je fais de temps en temps des cadeaux à ma sœur, et je garde le reste pour les occasions où il faut de l'argent, comme pour le jeu.

JULES.

Mais vous n'y êtes pas si malheureux, M. Albert? Vous me gagnâtes encore l'autre jour trente sous au vingt-et-un.

ALBERT.

J'en ai du regret; je suis fâché de gagner mes amis. D'ailleurs, mon papa n'aime pas tous ces jeux de cartes. Il donne la préférence aux dames polonaises et aux échecs.

JULES.

Bah! autant vaudrait étudier ses leçons. On ne joue que pour se divertir. Êtes-vous engagé ce soir?

ALBERT.

Non, je reste au logis. Mon papa doit faire un mémoire pour un pauvre malheureux.

JULES.

Tant mieux, et le mien doit sortir à cinq heures. Venez me trouver. Je tâcherai de vous occuper agréablement. Nous aurons Raoul et Victor. Je veux aussi vous faire connaître un jeune Italien plein d'esprit, qui voyage.

ALBERT.

C'est bon; j'aime les voyageurs; on s'instruit à les entendre. Je cours en demander la permission à mon papa. Restez-vous ici?

JULES.

Non, je vais rentrer pour retenir mes amis. Auguste pourra me rapporter votre réponse.

SCÈNE III.

AUGUSTE, ALBERT.

ALBERT.

Voulez-vous me suivre, M. Auguste? Mon papa sera charmé de vous voir. Il a beaucoup d'estime pour vous.

AUGUSTE.

Je suis très-sensible à ses bontés. L'estime d'un homme aussi sage est flateuse; mais je souffre un peu dans ce moment. Je vous demanderai la permission de rester dans le jardin.

ALBERT.

Oui, faites un tour de promenade pour vous dissiper. Je serai bientôt de retour.

SCENE IV.

AUGUSTE, seul, et rêveur.

Je ne sais le parti qu'il faut prendre. Jules est dans la peine. Si je pouvais l'en voir sortir! Mais quoi? laisser ainsi sacrifier le pauvre Albert! Non, non, le complice est aussi criminel que le malfaiteur. Favoriser de telles friponneries, c'est friponner soi-même. Je vais tout révéler. Mais doucement, voici la sœur d'Albert. Tâchons de l'aider à garantir son frère du péril, sans trahir cependant la confiance de mon ami.

SCÈNE V.

HÉLÈNE, AUGUTE.

HÉLÈNE.

Ah! vous voilà, M. Auguste. Vous êtes seul? Il me semblait avoir vu mon frère s'entretenir avec vous.

AUGUSTE.

Il vient de me quitter à l'instant même.

HÉLÈNE.

Je voudrais bien, si sa société vous était agréable, qu'il ne vous quittât jamais. Je n'aurais plus d'inquiétude sur son compte.

AUGUSTE.

Vous me faites trop d'honneur, mademoiselle. M. Albert est assez bien élevé pour qu'on n'ait rien à craindre de lui.

HÉLÈNE.

Je n'en crains rien, tant qu'il ne verra que d'honnêtes jeunes gens. Mais voulez-vous que je vous parle avec franchise? Je n'ai pas entendu dire des choses flatteuses de ceux que fréquentent M. Jules; et mon frère est bien ardent à se jeter dans leur société.

AUGUSTE.

Je ne me suis pas encore aperçu qu'elle lui ait été pernicieuse.

HÉLÈNE.

Je l'espère; mais, avec de l'esprit, il est doux et

crédule. Il juge tout le monde d'après l'honnêteté de son cœur. Que deviendrait-il, si ceux qu'il croit ses amis étaient des méchans? J'ai bien vu que vous-même vous semblez craindre leur commerce.

AUGUSTE.

Vous savez que je ne suis pas riche ; ainsi je ne dois pas me lier avec des jeunes gens plus fortunés que moi. Je ne veux pas avoir à rougir.

HÉLÈNE.

Mais vous aimez M. Jules. Êtes-vous bien aise de lui voir former ces nouvelles liaisons?

AUGUSTE.

S'il faut vous le dire, j'aimerais mieux qu'il s'en tînt à l'amitié de votre frère. Au reste, ils ont l'un et l'autre des parens éclairés qui veillent sur leur conduite.

HÉLÈNE.

Le mal se remarque quelquefois un peu tard. On peut bien empêcher qu'il n'ait des suites plus fâcheuses, mais non réparer ses premiers effets.

AUGUSTE.

Vous me paraissez, mademoiselle, aimer tendrement votre frère. Écoutez-moi; mais que je ne sois pas compromis. Jules vient de l'engager à l'aller joindre à la maison. Les jeunes gens que vous craignez doivent être de la partie. On y jouera sans doute; tâchez d'en détourner M. Albert. J'étais ici pour attendre sa réponse; mais je pense qu'il ne me convient pas de m'en charger. Il ne tarderait peut-être pas à revenir; trouvez bon, mademoiselle, que je me retire, et songez bien au conseil que j'ai cru devoir vous donner.

SCÈNE VI.

HÉLÈNE, seule.

Voilà qui me paraît sérieux. Ah! mon frère, toi qui fais la joie de mon papa, si tu allais changer pour son tourment.

SCÈNE VII.

HÉLÈNE, ALBERT.

ALBERT.

Les amis de mon papa prennent bien leur temps pour venir le complimenter sur son arrivée. Il ne m'a pas été possible de l'aborder.

HÉLÈNE.

Il me semble que ses plaisirs doivent aller devant les tiens. Tu as donc quelque chose de bien important à lui dire ?

ALBERT.

Très-important pour moi, puisqu'il s'agit d'aller me divertir chez mes amis.

HÉLÈNE.

Chez M. Jules, sans doute ?

ALBERT.

Oui, chez lui-même.

HÉLÈNE.

J'en étais sûre. Je t'ai cependant fait sentir combien cette société me déplaisait.

ALBERT.

Il est vraiment fort à plaindre de ne pas être dans tes bonnes grâces. Comment faut-il donc être fait pour avoir cet honneur?

HÉLÈNE.

Mais, comme toi, mon frère.

ALBERT.

Tu penses te moquer!

HÉLÈNE.

Je parle sérieusement, je t'assure. Tu es un fort aimable et fort brave garçon.

ALBERT.

Que prétends-tu dire par là?

HÉLÈNE.

Je crois parler assez clair. Faut-il expliquer les mots les plus simples à quelqu'un aussi bien instruit? je veux dire, un jeune homme bien né, sensible, honnête, et très-poli envers tout le monde, excepté envers sa sœur.

ALBERT.

Parce que sa sœur est une petite moqueuse, qu'elle fait quelquefois endêver son frère; et qu'elle se croit plus raisonnable et plus avisée que lui.

HÉLÈNE.

Vraiment, j'avais oublié la modestie dans son éloge.

ALBERT.

Mais que veut dire tout ce babil? Je te demande pourquoi tu viens me faire des plaisanteries au sujet de M. Jules? Le connais-tu assez pour en parler?

HÉLÈNE.

Je cherche à le connaître par ses actions.

ALBERT.

Est-ce qu'il t'appelle pour en être témoin?

HÉLÈNE.

Je puis en juger par les personnes qu'il fréquente, et par leur liaison.

ALBERT.

Ah! j'entends; il te déplaît, parce que je le fréquente, et que je suis de sa société.

HÉLÈNE.

Voilà un petit trait d'humeur, mon frère. Il me semble qu'il a des liaisons plus anciennes et plus étroites que la tienne ; et voilà les personnes que j'ai entendu nommer plus d'une fois des vauriens.

ALBERT.

Des vauriens!

HÉLÈNE.

Oui, qui jouent ensemble pour se gagner vilainement leur argent, et le manger plus vilainement encore.

ALBERT.

Voyez la belle merveille, qu'ils s'amusent à jouer, lorsqu'ils sont réunis! Nous jouons bien aussi, nous autres, à gagner ou à perdre, et nous dépensons notre argent comme il nous plaît. Et puis n'ai-je pas été de leurs parties? J'ai vu ce qu'ils jouent, et je les ai même gagnés quelquefois.

HÉLÈNE.

Oui, tu leur as gagné leur monnaie, et ils te gagneront tes écus.

ALBERT.

Que t'importe? C'est moi qui les perdrai, non pas toi. Mais voilà bien ma sœur! Elle serait désolée de ne pas troubler mes plaisirs, quand je ferais tout au monde pour la rendre heureuse.

HÉLÈNE, *lui prenant la main.*

Non, mon frère; tes plaisirs sont les miens; mais je ne me consolerais jamais, s'ils te faisaient perdre tes bonnes qualités et ton repos, et à moi la douceur de t'aimer.

ALBERT.

Oui, je sais que tu m'aime. Je t'aime bien aussi; mais tu m'affliges, de croire que je ne suis pas en état de me conduire.

HÉLÈNE.

Tu ne serais pas le premier qui aurait eu cette confiance, et qui..... Mais voici mon papa.

SCÈNE VIII.

M. DE FLORIS, HÉLÈNE, ALBERT.

M. DE FLORIS.

Ah! mes enfans, je viens de goûter une des plus douces satisfactions de ma vie, la joie de revoir mes amis, et de recevoir les témoignages de leur attachement.

HÉLÈNE.

Il faut bien vous chérir, lorsqu'on a le bonheur de vous connaître.

M. DE FLORIS.

Vous êtes donc bien aises aussi de mon retour?

ALBERT.

Comment ne le serions-nous pas? Vous êtes notre plus tendre, notre meilleur ami.

HÉLÈNE.

Notre maison était un vrai désert pour moi depuis votre absence.

ALBERT.

Je ne trouvais plus d'agrément ni dans mes études, ni dans mes promenades. Ah! sans mon papa...

M. DE FLORIS.

Il faut cependant apprendre de bonne heure à vous trouver sans moi sur la terre; car, suivant le cours ordinaire de la nature, il faudra que je vous quitte le premier.

HÉLÈNE.

Eh, mon papa! auriez-vous le cœur de nous affliger, quand nous ne devons penser qu'à nous réjouir?

ALBERT.

Oui, vous vivrez long-temps encore pour notre bonheur. Mais ne parlons plus de choses si tristes. J'aurais une petite prière à vous adresser.

M. DE FLORIS.

Voyons, mon fils, de quoi s'agit-il?

ALBERT.

M. Jules... Vous savez que son père est notre voisin? Eh bien! il vient de m'inviter à m'aller divertir chez lui.

M. DE FLORIS.

Voilà une nouvelle connaissance que je ne te savais pas. Je suis ravi que tu trouves une bonne société si près de la maison.

HÉLÈNE.

Une bonne société, entends-tu, mon frère?

ALBERT.

Je le crois un brave garçon, et je le trouve de plus très-aimable. On passe fort bien son temps avec lui. Je l'ai déjà vu plusieurs fois, et il m'a fait connaître d'autres jeunes gens.

HÉLÈNE.

De braves jeunes gens aussi?

ALBERT.

Oui, ma sœur. Je les connais mieux que vous, ce me semble. De braves jeunes gens.

M. DE FLORIS.

Lorsque je parle d'une bonne société, mon cher Albert, je veux dire, s'ils sont doux, bien élevés...

ALBERT.

Oui, mon papa, fort doux et fort polis.

M. DE FLORIS.

Honnêtes, appliqués, fidèles à leurs devoirs?

HÉLÈNE.

Comment pourrait-il savoir tout cela, pour les avoir vus seulement dans quelques passades?

ALBERT.

N'ai-je pas été trois ou quatre fois une demi-heure de suite dans leur société?

M. DE FLORIS.

Et de quelle manière s'est formée votre connaissance ?

HÉLÈNE.

N'est-ce pas au jeu ?

ALBERT.

Pourquoi pas au jeu? Mais est-ce au jeu seulement ? N'avons-nous pas causé long-temps ensemble ?

HÉLÈNE.

Et vous n'avez pas joué, surtout?

ALBERT.

Sans doute que nous avons joué. Mon papa me l'a bien permis.

M. DE FLORIS.

Il est vrai. Je vous permets le jeu, lorsqu'il forme un léger délassement pour l'esprit, à la suite du travail et de l'application, lorsqu'il ne peut amener ni une perte qui vous dérange, ni un gain dangereux qui fasse dégénérer ce goût en passion; un jeu tel qu'on le joue ordinairement dans notre famille, innocent, sans vues intéressées, et dans des momens où l'on ne peut rien faire de plus utile.

HÉLÈNE.

Je croyais, mon papa, qu'il n'était pas un seul moment où l'on ne pût faire quelque chose de plus utile que de jouer?

ALBERT.

Mais on ne peut pas être toujours cloué sur les livres, travailler toujours.

M. DE FLORIS.

La réponse d'Hélène est assez raisonnable. On

pourrait sans doute employer plus utilement son loisir, si toutes les sociétés étaient si bien composées qu'on y trouvât un sujet assez fécond d'amusement dans un entretien spirituel, instructif, ou même badin ; mais, lorsqu'on n'a d'autre moyen de prévenir l'ennui, que de se livrer à des réflexions malignes sur ses semblables, à des propos oiseux ou dépourvus de raison, vous savez qu'alors je vous engage moi-même à un jeu récréatif, et que le plus souvent je m'établis de la partie.

HÉLÈNE.

Voilà sans doute vos raisons pour jouer, n'est-ce pas ?

ALBERT.

Est-ce que tu as le droit de me faire des questions ?

M. DE FLORIS.

Pourquoi lui en savoir mauvais gré ? C'est par amitié pour toi qu'elle s'en informe.

ALBERT.

Ou plutôt parce qu'elle cherche à vous rendre mes liaisons suspectes, et qu'elle veut me desservir dans votre esprit.

M. DE FLORIS.

Peux-tu avoir cette idée de ta sœur ?

HÉLÈNE, *le regardant tendrement.*

Mon frère !

ALBERT, *attendri.*

Hélène, pardonne-moi ; j'ai tort de t'accuser. Mais conviens aussi que ta défiance est injurieuse.

M. DE FLORIS.

Peut-être ses soupçons ont-ils quelque fondement. Il faut lés examiner de sang-froid, quand ce ne serait que pour l'en faire revenir, s'ils sont injustes. Nous n'avons pas, je pense, à nous défier de nos dispositions les uns envers les autres. Nous sommes si tendrement unis ensemble! (*Hélène et Albert lui prennent la main.*)

HÉLÈNE.

O mon papa, que vous êtes bon et conciliant!

ALBERT.

Vous oubliez toujours avec nous les droits d'un père, et vous ne montrez que les égards d'un ami.

M. DE FLORIS.

Je ne serais pas digne de vous élever, si je tenais une autre conduite. Un père qui n'est pas le meilleur ami de ses enfans, ne remplit que la moitié de ses devoirs. Je vous pardonnerais peut-être de négliger les témoignages extérieurs de respect qui me sont dus; mais jamais ne manquez à la franchise et à la confiance que j'attends de votre tendresse. Vous ne devez pas avoir un secret, que vous ne veniez le déposer dans mon sein; et, lorsqu'il sera de nature à vous faire craindre que le père en soit instruit, l'ami n'aura jamais l'indiscrétion de le révéler.

HÉLÈNE.

J'espère bien n'avoir jamais de mystères pour un père si indulgent.

ALBERT.

Pourquoi vous cacher nos fautes? Vous pouvez nous en reprendre, mais vous ne cessez pas de nous aimer.

M. DE FLORIS.

Je suis charmé que vous ayez de moi cette idée. Aussi long-temps que vous serez mes amis, comme je suis le vôtre, le père n'aura jamais occasion de punir. Sa prévoyance vous préservera du danger, ou il vous prêtera des secours pour en sortir. Mais il faut qu'il connaisse d'abord votre situation. Ainsi voyons, Hélène, quels reproches tu fais à cette nouvelle société de ton frère.

HÉLÈNE.

Il m'est revenu que ces jeunes messieurs étaient un peu dissipés, et qu'ils avaient continuellement des cartes à la main.

ALBERT.

Et qui t'a fait ce rapport?

HÉLÈNE.

Il ne s'agit pas de savoir qui me l'a dit, mais si la chose est véritable.

M. DE FLORIS.

Je viens de t'exposer mon sentiment sur le jeu. Tout dépend de celui que vous jouez.

ALBERT.

Oh! c'est un jeu qui ne demande pas de grands efforts d'attention, mais qui est bien amusant. Il se nomme le *vingt-et-un*.

M. DE FLORIS.

Je t'avouerai qu'il n'est pas trop de mon goût.

ALBERT.

Pourquoi donc, mon papa? Rien n'est plus simple et plus innocent. Celui qui a vingt-et-un, ou qui en est le plus près, gagne tous ceux qui sont au-dessous.

M. DE FLORIS.

Sais-tu que c'est là ce qu'on appelle un jeu de hasard?

ALBERT.

Oui, parce que je peux perdre ou gagner. Mais n'en est-il pas de même de tous les jeux?

M. DE FLORIS.

Avec cette différence qu'ici le hasard seul décide; au lieu que, dans les jeux de société, je puis, lors même qu'il ne m'est pas bien favorable, employer de sages combinaisons pour prévenir des coups fâcheux, et balancer la fortune de mes adversaires. En un mot, les jeux de hasard ne demandent que des doigts et point de tête; or, un jeu où la tête n'a rien à faire me paraît indigne d'un homme sensé.

HÉLÈNE.

Il ne doit pas même être bien amusant.

ALBERT.

Ah! ma sœur, tu ne sais pas ce que c'est que d'attendre une carte, de la recevoir dans l'incertitude, et d'y lire d'un coup d'œil sa destinée.

M. DE FLORIS.

Parce que la passion de l'avarice s'en mêle.

ALBERT.

Mais encore dans les jeux de société n'y a-t-il jamais que la perte ou le gain.

M. DE FLORIS.

Il est vrai. Seulement on y fixe de certaines bornes à l'un et à l'autre, pour n'avoir à former ni des vœux avides, ni des regrets honteux. D'ailleurs, comme je viens de te le dire, on y tient en quelque sorte la fortune captive par son intelligence. Enfin le pis est que, dans les jeux de hasard, on court souvent le risque d'être la dupe d'indignes fripons.

ALBERT.

Oh! mon papa, croyez-vous? Comment, cela serait-il possible?

HÉLÈNE.

J'imagine qu'ils ont une manière d'arranger les cartes pour se donner toujours celles qui leur conviennent.

M. DE FLORIS.

Voilà effectivement leur secret. J'ignore comment ils le pratiquent, car je n'ai jamais été joueur, et je n'ai pas reçu dans ma société des gens de cette profession. Tout ce que je sais, c'est qu'ils emploient ces moyens, et dans mes voyages j'en ai vu des exemples affreux.

ALBERT.

Oh! racontez-nous-en quelqu'un, mon papa.

M. DE FLORIS.

Volontiers, mon fils. Quand j'étais à Spa, je vis un jeune Anglais qui perdit, dans une soirée, l'argent qu'il destinait à parcourir l'Europe, et tout son bien encore, qui se montait à plus de cent mille écus.

HÉLÈNE.

Mon Dieu! tout son bien! Et comment fit-il donc ensuite pour vivre?

ALBERT.

Il dut être bien furieux.

M. DE FLORIS.

Le désespoir s'empara de tous ses traits, lorsqu'il vit sa fortune entière perdue, et qu'il n'eut plus aucune espérance de la regagner. Il jetait autour de lui des regards que je n'osais soutenir. Il grinçait des dents, se frappait le front, s'arrachait les cheveux. Bientôt il devint stupide et muet, il haletait et râlait comme un mourant. Enfin il se leva avec précipitation, et sortit en forcené.

ALBERT.

Et, parmi ceux qui le gagnaient, il ne se trouva personne qui eût assez de pitié pour lui rendre son argent? Je lui aurais plutôt donné tout le mien pour le tirer de peine.

M. DE FLORIS.

Ils continuèrent de rester assis, et de jouer avec leur sang-froid ordinaire. Ils le regardaient seulement en dessous avec un regard d'ironie et de mépris.

HÉLÈNE.

Oh! les méchans! je suis sûre que personne sur la terre n'aura plus voulu jouer avec eux.

M. DE FLORIS.

Tu ne connais pas l'aveuglement des hommes. Dix fous pour un se mirent aussitôt à sa place. Mais voici le plus déplorable de l'aventure. On apprit le lendemain que ce jeune homme, d'un extérieur très-aimable, et rempli d'ailleurs de qualités et de talens, s'était cassé la tête d'un coup de pistolet.

HÉLÈNE.

Ah! que me dites-vous?

ALBERT.

Mais c'était encore bien fou de s'ôter la vie. Puisqu'il avait des qualités et des talens, ne pouvait-il pas rétablir sa fortune?

M. DE FLORIS.

Tu vois comme une seule faute peut nous priver du sens et de la raison, et nous précipiter dans le désespoir. Peut-être ne put-il résister à l'horrible pensée de tomber du comble du bonheur dans le gouffre de la misère. On apprit aussi dans la suite qu'il avait laissé dans sa patrie une jeune demoiselle très-vertueuse, à qui ses parens avaient dessein de l'unir par un mariage qui lui promettait la plus entière félicité.

HÉLÈNE.

Oh! la pauvre demoiselle, que je la plains! combien elle a dû souffrir à cette triste nouvelle! Il ne mérite plus de pitié après l'avoir oubliée.

M. DE FLORIS.

La honte de lui présenter une main qui venait de lui ravir, ainsi qu'à lui-même, tout le bonheur de sa vie; de lui porter un cœur sur lequel la passion du jeu avait eu plus d'empire que les sentimens d'estime qu'elle était si digne d'inspirer, la douleur de retourner dans sa patrie comme un mendiant; tout révoltait son orgueil, et par une mort criminelle, il crut pouvoir mettre fin aux tourmens de sa conscience.

ALBERT.

O mon papa! je ne touche plus une carte de ma vie, je vous le promets. Je cours trouver Jules, et lui dire.....

M. DE FLORIS.

Doucement, mon fils; tu es toujours trop précipité dans tes résolutions. On ne doit pas renoncer entièrement à un plaisir, parce que son excès peut nous être dangereux. Je t'ai dit souvent qu'un petit jeu de siciété, entre amis, était agréable, innocent, et même utile.

HÉLÈNE.

Utile, mon papa?

M. DE FEOIRIS.

Oui, parce qu'il nous apprend à vaincre notre humeur, et à supporter la fortune dans ses vicissitudes.

HÉLÈNE.

C'est-à-dire, mon frère, à n'être pas triomphant lorsqu'on gagne, et à ne pas laisser tomber sa tête lorsqu'on perd.

M. DE FLORIS.

Il faut bien considérer avant de se mettre au jeu, si l'on est en état de supporter la plus grande perte possible, sans épuiser ses moyens. De cette manière, que l'on perde ou que l'on gagne, on conserve toujours une riante sérénité et une noble indifférence, qui témoignent que notre cœur n'est esclave d'aucune vile passion.

ALBERT.

Dieu merci, je ne suis point avare; mais, pour

m'épargner toute espèce de regrets, il vaut mieux que je ne voie plus ni Jules, ni ses amis.

M. DE FLORIS.

Ce serait une faiblesse dont tu aurais à rougir. Ne peux-tu pas les voir sans jouer?

ALBERT.

Oh! je les connais. Ils voudront absolument que je joue.

M. DE FLORIS.

Eh bien! joue, joue tout ce qu'ils voudront. C'est un moyen de les mieux connaître, pour rechercher ou fuir à jamais leur société. Mais, au lieu d'aller chez Jules, invite-le, avec ses camarades, à venir chez moi. Tu leur diras que ta sœur sera peut-être aussi de la partie.

HÉLÈNE.

Oui, mon papa?

M. DE FLORIS.

Oui, je te le permets.

HÉLÈNE.

Et si ces messieurs me gagnent mon argent?

M. DE FLORIS.

Je te le rendrai. Albert, dis-leur encore que tu attends un ami, et que tu le feras jouer avec eux.

ALBERT.

Mais je n'attends personne. Voulez-vous que j'aille leur faire un mensonge?

M. DE FLORIS.

Il n'y en aura point. N'as-tu pas un ami à la maison? Je pensais.....

HÉLÈNE.

Le malin papa! C'est lui qu'il veut dire.

M. DE FLORIS.

Oui, moi-même. Nous étions déjà d'accord sur cette qualité.

ALBERT.

Oh, oui! ils voudront bien jouer avec moi, si vous en êtes!

M. DE FLORIS.

Pourquoi non? Seulement ne leur dis pas quel est cet ami. Aussitôt que j'aurai terminé mon mémoire, je viendrai vous joindre, et je verrai ce que j'aurai à faire. Jouez toujours en attendant. Ne refusez aucun enjeu qu'on vous propose. Perte ou gain, je vous donne ma pleine approbation.

ALBERT.

Ainsi je vais engager tout de suite Jules et ses amis.

M. DE FLORIS.

Oui, mon enfant. Surtout n'oublie pas Auguste. Je serai charmé de le voir. Tous ses maîtres font son éloge; et vous-mêmes, vous m'en avez dit souvent du bien.

HÉLÈNE.

Il le mérite aussi, je vous assure. C'est un brave garçon, lui.

ALBERT.

Un mot encore, mon papa; resterons-nous dans le jardin?

M. DE FLORIS.

Comme tu voudras. Le temps est doux. Vous pouvez vous mettre sous le berceau, ou dans le petit pavillon.

SCÈNE IX.

M. DE FLORIS, HÉLÈNE.

M. DE FLORIS.

Écoute, ma chère fille, ne quitte pas un moment ton frère; il peut avoir besoin de tes conseils

HÉLÈNE.

Je crois que votre présence serait encore plus nécessaire que la mienne.

M. DE FLORIS.

Comment donc.

HÉLÈNE.

Par quelques mots qui viennent d'échapper à M. Auguste, je soupçonne que les coquins ont fait un complot pour escroquer l'argent du pauvre Albert.

M. DE FLORIS.

Tant mieux, s'il s'y trouve pris. Je laisserai venir ces filous, et je me cacherai derrière le berceau pour les observer. Mais toi, quand tu verrais clairement leurs friponneries, ne fais pas semblant de t'en apercevoir.

HÉLÈNE.

J'aurai bien de la peine à m'en contenir. Combien je souffrirai de voir mon frère devenir l'objet de leurs risées, et la dupe de sa confiance!

M. DE FLORIS.

Il faut qu'il en soit désabusé par lui-même. J'obtiendrai plus aisément de lui qu'il soit à l'avenir plus attentif sur ses liaisons, et je le guérirai peut-être pour la vie de la funeste passion du jeu, à laquelle il me paraît tout prêt à s'abandonner.

HÉLÈNE.

Comment peut-il avoir seulement la pensée de toucher des cartes? Il devrait bien se connaître. Il est si crédule, qu'il ferait naître à tout le monde l'envie de le tromper; et si bouillant, qu'il perdrait la tête au premier coup de malheur.

M. DE FLORIS.

Voilà en effet son caractère. Je ne te croyais pas tant de talent pour observer les hommes.

HÉLÈNE.

Il faut bien qu'on étudie ceux qu'on voudrait servir.

M. DE FLORIS.

Je vois que ces messieurs ne veulent pas perdre un moment. Il me semble déjà les entendre à la porte du jardin.

HÉLÈNE.

Oui, les voilà.

M. DE FLORIS.

Je me sauve à travers la charmille, et je reviendrai par un détour derrière le berceau.

SCÈNE X.

HÉLÈNE, seule.

Qu'il me tarde de savoir comment tout cela va tourner! O mon frère! ce moment doit peut-être décider du bonheur de ta vie.

SCÈNE XI.

HÉLÈNE, ALBERT, JULES, AUGUSTE, RAOUL, VICTOR, CARAFFA.

JULES, *à Hélène.*
Je craignais, mademoiselle, que notre société pût vous importuner; mais M. Albert a voulu...

ALBERT.
Comment l'importuner? J'espère bien que ma sœur nous tiendra compagnie.

HÉLÈNE.
De tout mon cœur, si ces messieurs veulent m'y recevoir.

VICTOR, *avec un air contraint.*
C'est beaucoup d'honneur pour nous.

CARAFFA, *bas à Jules.*
Voilà qui est fâcheux. Nous serons obligés, par politesse, de jouer le jeu qu'elle voudra. Pourquoi venir ici?

ALBERT.

Peut-être que nous aurons un de nos bons amis encore.

RAOUL.

Oui-dà! Et qui donc?

ALBERT.

Vous verrez. Il a une bonne bourse, celui-là.

JULES, *à part*.

Ah! tant mieux.

HÉLÈNE.

Nous resterons ici dans le jardin, si vous le trouvez bon.

AUGUSTE.

Sans doute, nous aurons le plaisir de nous promener.

RAOUL.

Est-ce que vous pensez à vous promener, vous?

AUGUSTE.

Qu'aurais-je autrement à faire?

VICTOR.

Et jouer!

AUGUSTE.

Je ne sais pas le jeu; et, quand je le saurais, je n'ai pas d'argent à perdre.

CARAFFA.

Comme si l'on était sûr de perdre toujours!

AUGUSTE, *en le fixant*.

Oui, monsieur, surtout avec vous. Je vous crois beaucoup trop habile pour moi.

ALBERT.

Si je gagne, je vous promets de vous rendre votre argent.

JULES.

Et moi aussi.

RAOUL et VICTOR.

Nous de même.

AUGUSTE.

Vous m'offensez, messieurs. Perdre mon argent pour le reprendre, ou gagner le vôtre pour le garder, ce ne sont pas là de mes conditions; et s'il faut tous mutuellement se restituer la perte, ce n'est pas la peine de se mettre au jeu.

HÉLÈNE.

C'est bien pensé, monsieur Auguste.

AUGUSTE.

Ne vous mettez pas en peine de moi. Je vous verrai jouer, ou je me promènerai dans le jardin.

HÉLÈNE.

Mon papa ne peut pas avoir l'honneur de vous recevoir. (*On voit éclater la joie sur leurs traits.*) Mais il m'a recommandé de vous bien accueillir. Mon frère, va faire préparer des rafraîchissemens; moi, je cours demander des cartes à Justine.

CARAFFA.

Ce n'est pas la peine, mademoiselle, j'ai des cartes sur moi.

ALBERT.

Comment, sur vous.

CARAFFA.

Oui ; c'est mon livre de récréation.

HÉLÈNE.

Et des jetons, en avez-vous aussi ?

CARAFFA.

Je vous prierai de nous en procurer, à moins que nous ne jouions tout uniment notre argent.

JULES, *bas à Caraffa.*

Vous savez bien que je n'en ai pas. (*Haut.*) Non, non ; c'est le moyen de s'embrouiller toujours dans ses comptes. Ainsi, mademoiselle, si vous voulez avoir cette bonté...

HÉLÈNE.

Il suffit ; je vais chercher la bourse. Viens, mon frère. (*Albert sort avec Hélène, les autres entrent sous le berceau, excepté Auguste qui s'éloigne.*)

SCÈNE XII.

JULES, RAOUL, VICTOR, CARAFFA.

VICTOR.

Je suis fâché que nous faisions ici notre partie.

RAOUL.

Bon ! n'avez-vous pas entendu que son père n'y est pas ?

CARAFFA.

Vous n'auriez pas dû accepter l'invitation, monsieur Jules.

JULES.

Ici ou chez moi, cela ne fait pas une grande différence.

RAOUL.

Et puis, lorsque Albert aura perdu, nous emporterons son butin; et nous irons jouer où nous voudrons.

VICTOR.

Peut-être viderons-nous aussi la bourse de la petite demoiselle.

CARAFFA.

C'est bien là mon compte. Mais soyez prudens. Nous mettrons d'abord les fiches à deux sous, et lorsque le jeu commencera à s'échauffer, nous les porterons à quatre.

JULES.

Vous savez bien ce que vous m'avez promis?

CARAFFA.

Soyez tranquille. Nous sommes d'honnêtes gens. Notre perte, entre nous, consistera en fiches, dont nous ne paierons pas la valeur les uns aux autres. Je vais arranger les cartes de manière que nous perdions quelque chose dans les premiers tours, pour les allécher.

JULES.

Mais vous m'avez mis à sec l'autre jour. Je n'ai plus six sous dans ma bourse. Comment fournir mon enjeu?

CARAFFA.

Vous ne devez rien jusqu'au compte, et alors

nous aurons assez de profit, si nous savons nous entendre.

VICTOR.

Je voudrais bien que l'ami d'Albert se hâtât de venir; ce serait un oiseau de plus que nous aurions à plumer.

RAOUL.

Oui, je ne vois rien de si dupes que ces jeunes gens si instruits.

CARAFFA.

Je pense que nous ferions bien de commencer, pour qu'ils nous trouvent au jeu lorsqu'ils reviendront. (*Il tire des cartes de sa poche.*) Allons, je vais les arranger pour vous faire perdre. (*Il parcourt les cartes et les dispose.*) Tenez, vous allez voir. (*Il donne, une à une, deux cartes à Jules, Victor et Raoul. (A Jules.)* Êtes-vous content?

JULES.

Non, je demande une carte.

CARAFFA.

La voici.

JULES, *regardant la carte.*

Je crêve.

CARAFFA à *Victor.*

Et vous?

VICTOR.

Une carte encore, mais bien petite.

CARAFFA.

Je vous la choisis, tenez.

VICTOR, *regardant la carte.*

Oui, pas mal. Je crêve.

CARAFFA, *à Raoul.*

A votre tour de crever. Une carte, n'est-ce pas?

VICTOR.

Non, je m'y tiens.

CARAFFA.

Je m'y tiens aussi. Combien avez-vous?

VICTOR.

Seize.

CARAFFA.

Et moi vingt. J'ai gagné. Il ne tenait qu'à moi de perdre, en faisant le contraire de ce que j'ai fait, et je veux le pratiquer aux deux premiers tours, pour affriander nos étourneaux. Je tiendrai la banque le premier.

JULES.

Mais comment cela peut-il arriver?

CARAFFA.

Vous m'avez assez payé votre école, pour que je vous montre mon secret : je n'ai rien de caché pour mes amis, quand je tiens leur argent. Vous regagnerez avec d'autres ce que vous avez perdu avec moi, et partant quittes.

JULES.

Ah! voyons, voyons.

CARAFFA.

Je cherche, en mêlant, à rassembler par-dessous les dix et les figures, et par-dessus les cartes basses de deux, ou trois, quatre, cinq. Je vous en donne avec subtilité une d'en haut et une d'en bas. Vous avez quinze ou seize. Vous en demanderez certainement une troisième pour approcher de vingt et un. Eh bien : je vous donne alors une forte de dessous, qui vous fait crever infailliblement.

JULES.

Mais pour séparer, en mêlant, les grosses des petites, vous les connaissez donc par derrière.

CARAFFA.

Voilà mon secret; et je vous l'apprendrai quand vous m'aurez payé le louis que vous me devez encore. La leçon est à grand marché. Demandez à ces messieurs, qui profitent si bien de mes instructions. Mais je vois la petite demoiselle qui revient. Remettons-nous à notre partie, sans qu'il y paraisse.

SCÈNE XIII.

HÉLÈNE, JULES, RAOUL, VICTOR, CARAFFA.

HÉLÈNE, *posant sur la table une boîte de jeu avec des cartes, des fiches et des jetons.*

Vous connaissez le prix du temps, à ce qu'il me semble; vous n'en voulez rien perdre.

CARAFFA.

C'est que je montrais à M. Jules un jeu nouveau pour lui.

JULES.

Vous êtes des nôtres, mademoiselle ? vous nous ferez cet honneur.

HÉLÈNE.

Je ne sais pas encore si je connais le jeu que vous jouerez.

VICTOR.

C'est le vingt-et-un. Il est tout simple.

RAOUL.

Quand vous ne l'auriez jamais vu, vous en sauriez bientôt assez pour nous tenir tête.

HÉLÈNE.

Oh! je le sais un peu. Il serait peut-être plus sage de ne pas m'exposer avec d'habiles gens comme vous. Cependant si cela vous fait plaisir.

JULES.

Oh oui! le plus grand qu'on puisse imaginer.

VICTOR.

Même quand vous nous gagneriez tout notre argent.

HÉLÈNE, *en souriant.*

C'est bien mon projet.

RAOUL, *avec un air hypocrite.*

Cela ne pourrait guère vous enrichir, car nous jouons petit jeu.

JULES, *d'un ton d'impatience.*

Eh bien! à quoi vous amusez-vous? Le temps se perd à causer.

CARAFFA.

Il faut attendre M. Albert. Il est juste qu'il s'amuse; c'est lui qui nous reçoit.

SCÈNE XIV.

HÉLÈNE, ALBERT, JULES, VICTOR, RAOUL, CARAFFA.

ALBERT, *de loin*.

Me voici, me voici! On va vous apporter des rafraîchissemens.

JULES, *allant au devant d'Albert.*

Venez, venez, Nous n'attendions que vous.

ALBERT.

Ah! je vous remercie.

VICTOR.

Faisons le partage des fiches. Combien à chacun?

RAOUL.

Nous sommes six. Chacun en aura vingt, et dix jetons, qui en vaudront cent.

JULES.

Mais, combien la fiche.

CARAFFA.

C'est à mademoiselle d'y mettre le prix.

HÉLÈNE.

Je tiens votre jeu ordinaire.

ALBERT.

Nous jouâmes deux sous la fiche la dernière fois.

HÉLÈNE.

Eh bien! qu'à cela ne tienne. La fiche à deux sous.

JULES, *à Victor.*

As-tu fini de compter?

VICTOR.

Oui, voilà qui est fait. (*Le jeu commence. Caraffa prend la main, Victor et Raoul après lui. Ils disposent si bien les cartes, que la perte est toute entière de leur côté et de celui de Jules.*)

HÉLÈNE.

Hé, hé! si cela continue, j'aurai bientôt accompli ma prophétie.

CARAFFA.

Tant que nous ne jouerons que deux sous la fiche, vous ne nous aurez pas ruinés de long-temps.

VICTOR.

Il n'y a qu'à la mettre à quatre sous.

ALBERT.

Je le veux bien. J'ai une bourse qui n'est pas facile à tarir. (*Il tire sa bourse et fait sonner son argent. Raoul et Victor se regardent avec un sourire. Caraffa lorgne la bourse en dessous, et Jules la considère avec avidité.*)

HÉLÈNE.

Je peux bien risquer autant que mon frère, peut-être.

CARAFFA.

En ce cas, il faut payer d'abord nos dettes, et reprendre ensuite de nouveau notre premier enjeu, pour qu'il n'y ait pas d'embrouillamini. Voyons. (*Il compte ses jetons et ses fiches.*) Je perds six fiches et un jeton : trente-deux sous; les voilà.

RAOUL.

J'ai tous mes jetons; il ne me reste que deux fiches. C'est dix-huit que j'ai perdues. Voilà mes trente-six sous.

VICTOR.

Je suis le plus plus maltraité, j'ai perdu quatre fiches et trois jetons. Les trois jetons trois livres, les quatre fiches huit sous, que voici.

ALBERT.

Et vous, M. Jules?

JULES.

Je suis le moins malheureux. Je perds seulement quinze fiches. C'est trente sous. En voici six. Je changerai six francs à la fin du jeu, pour vous payer les vingt-quatre sous qui restent.

HÉLÈNE.

Non, vous me devrez tout. Je me charge de votre dette, et voilà vos quinze fiches. Voyons ce que je gagne de plus. Voici mon enjeu. Il me reste trois fiches et trois jetons. M. Victor me donnera trois livres six sous, et voilà bien trois jetons et trois fiches que je lui rends. Pour les deux sous de surplus, mon frère lui donnera une fiche; il en donnera aussi dix-huit à M. Raoul pour ses trente-six sous. Albert, il doit te rester encore six fiches et un jeton que pert M. Caraffa, prends ces trente-deux sous. Cela fait-il ton compte?

ALBERT, *comptant.*

Oui, tout juste.

HÉLÈNE.

Ainsi tu gagnes trois livres dix sous, et moi quatre

livres seize, en y comprenant la dette de M. Jules.
Il est assez drôle que nous soyons les seuls à gagner.
Ce n'est pas trop bien recevoir ses visites.

RAOUL.

Oh! je perds toujours, moi.

JULES.

Ainsi les fiches sont maintenant à quatre sous.

ALBERT.

C'est entendu.

CARAFFA, *prenant et mêlant les cartes.*

Allons, je vais recommencer la banque.

SCÈNE XV.

M. DE FLORIS, HÉLÈNE, ALBERT, JULES, VICTOR, RAOUL, CARAFFA, AUGUSTE, qui survient dans le cours de la scène.

(*A l'aspect de M. de Floris, Jules, Victor, Raoul et Caraffa se lèvent, se regardent tout étonnés, et rougissent.*)

M. DE FLORIS.

Ne vous dérangez pas, messieurs, je vous prie. Albert, fais asseoir tes amis.

ALBERT.

Remettez-vous donc, s'il vous plaît. Mon papa ne vient point troubler nos plaisirs. Je vous disais bien que j'attendais un de mes bons amis. Je n'aurais qu'à lui dire un mot pour le faire jouer avec nous. N'est-il pas vrai, mon papa?

HÉLÈNE.

Oh oui! nous serions bien charmés de vous gagner votre bourse, qui vaut mieux que la nôtre. Je suis sûre que ces messieurs s'en feraient honneur et plaisir.

M. DE FLORIS.

Vous savez qu'il n'est pas dans mon caractère de vous refuser. Mais, avant tout, que chacun reprenne sa place. (*Les joueurs sont si troublés qu'ils perdent toute contenance, et laissent éclater sur leur visage une profonde consternation; ils veulent reprendre leur chapeau pour se retirer; M. de Floris les retient.*)

M. DE FLORIS.

Est-ce que vous craignez, messieurs, de jouer avec moi? J'ose vous répondre que je ne suis pas un escroc. (*Ils s'asseoient enfin. A Caraffa.*) C'était à vous, monsieur, de donner les cartes lorsque je suis entré. Continuez, je vous prie; mais voyons d'abord si le jeu est complet. (*Caraffa veut laisser tomber les cartes, M. de Floris les saisit et les parcourt.*) Il est assez singulier que les figures se trouvent toutes ensemble. Hélène, pourquoi donner des cartes si crasseuses? fais-moi passer celles qui sont là dans la boîte.

HÉLÈNE.

Ce n'est pas ma faute, mon papa. Monsieur (*en montrant Caraffa*) en avait apporté dans sa poche; et le jeu était commencé quand je suis revenue.

M. DE FLORIS, *à Auguste, qui s'avance.*

Ah! vous voilà, M. Auguste; je suis enchanté de vous voir. Mais est-ce que vous ne jouerez pas?

AUGUSTE.

Non, monsieur, permettez-moi de n'être que simple spectateur. Vous savez que je n'ai rien à risquer.

M. DE FLORIS.

Je vous loue de votre prudence. (*A Caraffa.*) Tenez, monsieur, voici des cartes plus propres. (*Caraffa les prend d'une main tremblante.*) A quoi jouez-vous?

ALBERT.

Au vingt-et-un.

M. DE FLORIS.

Et combien la fiche?

HÉLÈNE.

Quatre sous. Voilà vingt fiches et dix jetons pour un louis.

M. DE FLORIS.

Un louis! Y pensez-vous? Mais soit, pourvu que tout le monde ait de quoi payer. Allons, messieurs, voyons vos bourses. M. Jules, vous êtes le plus près de moi; commençons par vous. (*Jules pâlit.*) Qu'avez-vous donc, mon ami? Est-ce que vous vous trouvez mal?

JULES, *tremblant*.

Ou-i, mon-sieur, per-mettez que je... (*Raoul et Victor rougissent et suent d grosses gouttes. Caraffa mord ses lèvres, et baisse les yeux.*)

M. DE FLORIS.

Que vois-je? L'un pâlit et bégaie, les autres sont tout en sueur; et vous, monsieur, (*à Caraffa*), vous semblez vous déconcerter?

ALBERT, *surpris*.

Que leur arrive-t-il donc tous à la fois?

M. DE FLORIS.

Je vois qu'il est temps de te l'expliquer. Tu vois, mon fils, les effets d'une conscience criminelle. Heureusement qu'elle n'est pas encore assez dépravée pour se cacher sous un front d'errain, et prendre les traits de l'innocence.

ALBERT.

Que dites-vous, mon papa? Vous vous trompez, je vous assure. C'est ma sœur et moi qui gagnions

CARAFFA, *qui reprend un peu courage*.

Est-ce que nous ne vous avons pas tous honnêtement payés, à l'exception de M. Jules?

JULES.

Oui, parce que vous m'avez gagné tout mon argent par vos escroqueries.

M. DE FLORIS.

Je m'attendais bien qu'ils se démasqueraient eux-mêmes. Rien de si lâche que les fripons. Vois, mon fils, à quelle bande de voleurs tu allais te livrer.

ALBERT.

Non, mon papa, je ne pourrai le croire.

M. DE FLORIS.

Eh bien! parlez, M. Jules, vous me paraissez le moins endurci. N'y avait-il pas un complot entre vous pour escroquer mes enfans?

JULES.

Oui, monsieur, il est vrai; mais on m'y a fait entrer malgré moi. Je ne voulais que ravoir ce que

que j'ai perdu. Oh! si vous saviez tout ce que ce maudit étranger m'a gagné!

M. DE FLORIS.

Vous avez mérité de le perdre en le risquant. (*A Caraffa.*) Restez là, monsieur. (*A Raoul et d Victor.*) Et vous, petits scélérats, sortez de ma présence. Peut-être qu'il est temps encore de vous arracher du vice. Je vais, dès ce soir, en instruire vos malheureux parens.

RAOUL et VICTOR, *tombant à genoux.*

O monsieur! pardonnez-nous pour cette fois, je vous en conjure. Nous ne remettrons jamais le pied dans votre maison.

M. DE FLORIS.

C'est bien comme je l'entends. Mais il ne suffit pas que mes enfans soient à l'abri de votre scélératesse, je dois le même service à tous les pères. Quelle perversité! A votre âge, être non-seulement des joueurs, mais de vils escrocs, les plus méprisables des hommes! Je veux bien encore, par pitié de votre jeunesse, et sur l'espoir d'une meilleure conduite, ne découvrir votre bassesse qu'à vos parens; mais, s'il me revient que vous continuez ce détestable métier, j'affiche votre infamie à toutes les maisons de la ville. Allez, hâtez-vous, et que je ne vous retrouve jamais devant moi, vous m'inspirez trop d'horreur. (*Raoul et Victor se retirent muets et confondus.*)

SCÈNE XVI.

M. DE FLORIS, HÉLÈNE, ALBERT, JULES, AUGUSTE, CARAFFA.

M. DE FLORIS, *à Caraffa.*

Et vous, monsieur, qu'est-ce donc que vous avez gagné à ce jeune imprudent?

AUGUSTE.

Rien que sa montre, ses boucles, et la garniture de boutons d'argent de son habit.

M. DE FLORIS.

Est-il vrai?

CARAFFA, *les yeux baissés et en balbutiant.*

Oui, monsieur.

M. DE FLORIS.

Je sais comment vous les avez gagnés. Mais n'importe; M. Jules les a perdus, et l'a bien mérité. Il faut y mettre un prix et les rendre tout à l'heure.

JULES.

Hélas! monsieur, je n'ai pas de quoi les retirer de ses mains. Je lui dois encore un louis, que je n'étais pas en état de payer.

ALBERT.

O mon papa! si tout ce que j'ai dans ma bourse pouvait y suffire! Tenez, il y a plus de cinq louis d'or; prenez-les tous, pour tirer mon ami d'embarras.

M. DE FLORIS, *attendri, prend la bourse.*

Oui, oui, mon cher fils.

JULES.

Quoi! M. Albert!

ALBERT.

Nous sommes voisins, nous aurons bien le temps de nous arranger ensemble. Vous me paierez de vos économies. Ne songeons qu'au plus pressé. (*Caraffa rend à Jules ses effets.*)

M. DE FLORIS, *à Jules.*

Tout vous est-il rendu?

JULES.

Oui, je les tiens. Ils vont me sauver de la fureur de mon père. Oh! je ne les risquerai de ma vie.

M. DE FLORIS, *à Caraffa, en lui montrant la bourse.*

En voilà le prix, monsieur, il est à vous. Je vais le remettre aux magistrats, pour servir à vous faire conduire hors du royaume. Vous y êtes venu porter le désordre et la corruption; il vous vomit de son sein; vous y avez déshonoré votre patrie; il vous rend à elle pour exercer sur vous sa juste vengeance. Vous ne rapporterez à ses yeux que la note de votre infamie. Éloignez-vous de quelques pas. Votre présence souille nos regards. (*Caraffa se détourne en pleurant de rage.*)

JULES, *se jetant aux genoux de M. de Floris.*

O monsieur de quel abîme vous me retirez! Eh! sans vous, que serais-je devenu? Chassé de la maison de mon père, et peut-être un jour flétri publiquement pour mes vices, je vous dois le repos, la vie, l'honneur. (*Il se relève et saute au cou d'Albert.*) Et vous, généreux Albert, vous que j'allais...

ALBERT.

Oubliez-le comme moi, et soyez heureux.

AUGUSTE.

Je dois rendre cette justice à M. Jules; qu'il a bien souffert pour se laisser entraîner dans le complot.

M. DE FLORIS, *à Jules.*

Eh bien ! vous pouvez continuer de voir mon fils ; mais, après ce qu'il a fait pour vous, je vous regarderais comme le dernier des hommes, si vous ne vous rendiez digne d'être son ami.

JULES.

Oui, je veux le devenir pour toujours.

HÉLÈNE.

O mon papa ! comme vous êtes terrible envers les méchans !

M. DE FLORIS.

Autant que je suis passionné pour les gens de bien. M. Auguste, je suis pénétré d'amitié pour vous, d'après ce qu'on m'a dit de votre réserve et de votre droiture. Vous pouvez, par vos exemples, assurer le bonheur de mon fils. Je ne vous proposerais pas de récompense plus digne de vous que cette douce satisfaction, si je n'avais en même temps à satisfaire ma reconnaissance. Soyez tranquille sur votre sort.

AUGUSTE, *lui baisant la main.*

O monsieur ! je n'avais besoin que de votre estime.

M. DE FLORIS.

Vous voyez, mes enfans, les suites exécrables de la passion du jeu.

ALBERT.

O mon Dieu ! j'en frémirai toute ma vie!

M. DE FLORIS.

Tu vois aussi combien il faut être circonspect dans le choix de ses amis.

ALBERT.

Oh oui, mon papa, et je sentirai surtout combien il est heureux d'en avoir un dans son père.

FIN DE L'AMI DES ENFANS.

TABLE ET MORALITÉS

DU QUATRIÈME VOLUME.

LES PETITES COUTURIÈRES............ *Page* 5

Le travail est le père de toutes les vertus, comme l'oisiveté est la mère de tous les vices. Dès qu'un enfant atteint l'âge de raison, il faut qu'il opte entre eux : de son choix dépendront sa gloire ou son opprobre, son malheur ou sa félicité.

L'AMOUR DE DIEU ET DE SES PARENS............ 18

Ajoutons au charme de ce tableau de piété et d'amour filial l'autorité sacrée de l'Évangile. Voici ce que dit saint Marc en son chapitre 12 :

« Voici le premier de tous les commandemens : Écoutez,
« Israël ; le Seigneur votre Dieu est le seul Dieu ; et vous
« aimerez le Seigneur votre Dieu de tout votre cœur, de
« toute votre âme, de tout votre esprit et de toutes vos for-
« ces. C'est là le premier commandement ; et voici le second
« qui lui est semblable : vous aimerez votre prochain comme
« vous-même. Il n'y a aucun commandement plus grand
« que ceux-ci ; toute la loi et les prophètes sont renfermés
« dans ces deux commandemens. »

Fénelon, l'auteur du *Télémaque*, celui dont les enfans ne doivent prononcer le nom qu'avec un tendre respect;

Fénelon a dit : *La nature m'a donné l'amour de moi, nécessaire pour ma conservation. Mais j'aime mieux ma famille que moi, ma patrie que ma famille, et le genre humain que ma patrie. Dieu par-dessus tout.*

LA MONTRE. 21

Qui vit content de rien, possède toute chose.

(BOILEAU.)

Je vis content de peu de chose,
Et j'ai la paix avec mon cœur.

(Romance de REGNAULT-VARIN.)

CAROLINE. 31
LES OIES SAUVAGES. 33

La main de la Providence a dressé sur cet univers comme une vaste table, où, depuis l'homme civilisé qui se nourrit de froment, jusqu'à l'insecte qui vit des débris d'une feuille, tout ce qui respire trouve, dans ses alimens, la substance qui répare ses forces, et de douces saveurs qui flattent la sensualité. *Miscuit utile dulci.*

UN PETIT PLAISIR CHANGÉ CONTRE UN GRAND. . . . 35

Si le tableau d'une belle matinée du printemps, le pompeux appareil des palais, le charme d'une musique harmonieuse ou d'une belle, riche poésie, le parfum des fleurs, la saveur des vins exquis et des mets délicieux ; si toutes ces jouissances ont de quoi flatter nos sens, combien celle qui pénètre et remplit notre âme leur est préférable ! Tels sont les plaisirs de la bienfaisance ; tel est le spectacle des heureux qu'on a faits.

MATHILDE. 49
L'ESPRIT DE CONTRADICTION 55

Ce n'est quelquefois qu'un travers de caractère, qui produit les mêmes effets qu'un vice de cœur. Il fait oublier les plus belles qualités, et donne à celui qui en est l'esclave l'apparence d'un méchant, tandis qu'il n'est souvent qu'inconséquent, irréfléchi et léger.

EUPHRASIE. 58

Une confiance absolue dans nos parens nous sauve bien des écarts et nous garantit notre tranquillité.

LE PARRICIDE 62

Un législateur s'était gardé d'indiquer le châtiment dû à ce forfait. Il aurait cru faire injure à la nature humaine, ainsi qu'à la société qu'il avait à former. Comme lui, ne supposons pas possible un attentat dont frémit la pensée; et, autant par plaisir que par reconnaissance, chérissons, honorons ceux qui nous ont donné le jour.

CASTOR ET POLLUX. 65

La nature nous crée, l'éducation nous façonne. Un caractère heureux, un bon cœur, recommandent plus un homme à l'estime publique, que les brillantes qualités de l'esprit. Heureux pourtant qui sait embellir les uns par les autres!

LE PARVENU. 69

On plaint rarement un malheureux qui l'est par sa faute.

LA POULE 75

Deux ressources contre le malheur : quand il est léger, on le diminue par l'indifférence; lorsqu'il est grave, on le repousse par le courage.

LE GRAND JARDIN. 83

Que de choses, disait un ancien en contemplant toutes les richesses que le luxe étalait à ses yeux; *que de choses dont je n'ai pas besoin!* Tel doit être le sentiment, telle doit être la devise de l'homme modéré, qui, dans le nécessaire trouve son superflu, et vit heureux dans cette situation désirable qu'Horace a si bien caractérisée par ces mots : *Mediocritas aurea.*

MAURICE. 101

>Dieu laissa-t-il jamais ses enfans au besoin?
>Aux petits des oiseaux il donne la pâture,
>Et sa bonté s'étend sur toute la nature.
>
>(RACINE, *Athalie.*)

LA TENDRE MÈRE. 134

Répétons, pour inscription à ce tableau touchant, ce beau vers sorti du cœur de son auteur célèbre, dont les pulsations correspondaient alors à celles de toutes les mères :

>Le chef-d'œuvre du ciel est le cœur d'une mère.
>
>(VOLTAIRE.)

LE PETIT PRISONNIER. 167

Le plaisir de faire le bien a tant d'attraits, que, pour le goûter, on voit certaines âmes héroïques braver les plus injurieux soupçons. Pratiquer la vertu, avec la certitude de passer pour criminel, c'est le comble de la magnanimité au-delà duquel nul mortel ne peut aller.

LE VIEUX LAURENT. 176

ELSPY CAMPBELL. 179

Il est rare est respectable l'homme riche qui prend sur son superflu pour exercer la bienfaisance.
Mais quels éloges faut-il donner à l'indigent qui, pour secourir un plus indigent que lui, se prive du stricte nécessaire? Aucun : le témoignage de sa générosité est sa récompense dans cette vie mortelle; le sein de Dieu le recueillera dans l'autre.

Correspondance de Juliette et Didier.

FAVORI. 190

ATTAQUE. 198

TABLE. 363

RIPOSTE. 199
JOURNAL DU VOYAGE DE JULIETTE 200
JOURNAL DU VOYAGE DE DIDIER. 205
ESTAMPES DU VOYAGE DE DIDIER. 216

Un commerce épistolaire, établi entre jeunes gens, est un moyen aussi agréable qu'utile de former leur esprit, en développant leur cœur. Qu'un maître sage dirige leur correspondance, par le choix heureux des sujets qu'il présentera à leur plume, il parviendra à donner à ses disciples la connaissance des hommes, celles des choses, et à les leur faire exprimer dans un style avoué par le goût.

LE DÉSERTEUR, ou L'HÉROÏSME FILIAL, drame. . . . 219

Telle a été la perversité de ce siècle, qu'on a placé au rang des vertus le sentiment naturel et simple d'amour et de reconnaissance qui attache les enfans aux auteurs de leurs jours. Ne faisons pas de ces devoirs sacrés un motif d'orgueil, et n'exigeons pas d'être admirés pour ne pas nous montrer scélérats. Oui, si le ciel se complait, et si les hommes applaudissent à la piété d'un fils qui se dévoue pour son père, à la tendresse d'une fille qui guide les pas chancelans de sa mère infirme, la terre doit des châtimens, et Dieu réserve ses vengeances aux enfans ingrats, opprobres de la nature, honte et fléaux du genre humain.

Gloire immortelle aux pieuses Antigones ! Éternelle exécration aux parricides Polynices (*) !

(*) Œdipe eut trois enfans, Etéocle, Polynice, Antigone. Les deux premiers, s'étant réunis pour priver leur père de la couronne, le chassèrent de ses propres Etats. Mais, par une juste punition, ces fils dénaturés le vengèrent en se disputant mutuellement l'empire, et en périssant l'un pour l'autre. Antigone ne quitta point son père aveugle et malheureux. Elle guidait ses pas le long des chemins écartés, et le soir son sein filial réchauffait la tête flétrie du monarque banni. (V. le Dictionnaire de la Fable ; Œdipe à Colonne, tragédie lyrique de M. Guillard.)

LES JOUEURS, drame 301

> Les plaisirs sont amers sitôt qu'on en abuse ;
> Il est bon de jouer un peu,

a dit madame Deshoulières ; mais faire du jeu une occupation habituelle, c'est en même temps vice et sottise. Sottise, puisque le jeu entraîne la perte du temps ; vice, puisqu'on oublie, pour se livrer au jeu, le goût de ses devoirs, et même celui des honnêtes plaisirs :

> On commence par être dupe,
> On finit par être fripon.

Quand l'âge aura mûri la raison de nos jeunes amis, nous les invitons à lire, sur cette importante matière, quelques ouvrages, où les auteurs, soit par des peintures pathétiques, soit par des tableaux ridicules, soit avec les armes d'une saine philosophie, ont attaqué ce vice odieux. Tel est *le Joueur*, de Regnard, comédie dans laquelle ce caractère, admirablement tracé, présente toutes les occasions où l'amour du jeu peut égarer l'esprit et avilir le cœur. Tel est aussi le drame terrible et moral de *Beverley*, par Saurin ; spectacle épouvantable, et malheureusement véridique, où l'on voit le bras d'un père ruiné, lever sur son fils innocent un parricide poignard. Tel est enfin l'excellent ouvrage du vénérable Dusault, intitulé : *De la passion du jeu*. En attendant nos jeunes élèves trouveront des leçons plus à leur mesure dans le drame de *l'Ami des Adolescens*, qui a pour titre : *Les officiers à la garnison*.

FIN DE LA TABLE DU QUATRIÈME VOLUME.

www.ingramcontent.com/pod-product-compliance
Lightning Source LLC
Chambersburg PA
CBHW070846170426
43202CB00012B/1958